轮滑运动技术训练与科学开展研究

LUNHUA YUNDONG JISHU XUNLIAN YU KEXUE KAIZHAN YANJIU

杨柳　张伟民　余胜　著

中国纺织出版社

内容提要

本书首先对轮滑运动的基本知识以及开展价值进行了阐述，然后对我国轮滑运动开展的基本情况进行了剖析，接着对轮滑运动开展的基础与科学指导进行了分析，在此基础上，重点对速度轮滑、花样轮滑、轮滑球以及其他轮滑运动(自由式轮滑、轮滑游戏)训练进行了研究。本书通过简洁凝练的语言、系统明了的结构以及丰富全面的知识点，对轮滑运动的开展和训练进行了深入的分析和研究，充分体现出了科学性、系统性、实用性、时代性等显著特点，是一本参考和借鉴价值都非常高的专业学术著作。

图书在版编目(CIP)数据

轮滑运动技术训练与科学开展研究 / 杨柳，张伟民，余胜著. -- 北京 : 中国纺织出版社，2018.5 (2022.1 重印)

ISBN 978-7-5180-4078-0

Ⅰ.①轮… Ⅱ.①杨… ②张… ③余… Ⅲ.①滑轮滑冰－运动技术－研究②滑轮滑冰－运动训练－研究 Ⅳ.①G862.8

中国版本图书馆 CIP 数据核字(2017)第 231765 号

责任编辑：姚　君　　　　责任印制：储志伟

中国纺织出版社出版发行

地址：北京市朝阳区百子湾东里 A407 号楼　邮政编码：100124

销售电话：010－67004422　传真：010－87155801

http://www.c-textilep.com

E-mail:faxing@c-textilep.com

中国纺织出版社天猫旗舰店

官方微博 http://www.weibo.com/2119887771

北京虎彩文化传播有限公司　各地新华书店经销

2018 年 5 月第 1 版　2022 年 1 月第 8 次印刷

开本：710×1000　1/16　印张：17

字数：220 千字　定价：76.00 元

凡购本书，如有缺页、倒页、脱页，由本社图书营销中心调换

前　言

随着经济的不断发展，社会政治稳定，科技水平不断提升，在一定程度上促进了体育事业的发展。当前，不仅田径、篮球、排球、足球等传统体育运动项目得到了显著的发展，一些时尚流行的运动项目也得到了较好的发展，轮滑运动就是其中的一个重要项目。轮滑运动传入中国的时间较晚，但是，其以显著的时尚性、健身性、内容的丰富性等特点受到人们尤其是年轻人的广泛欢迎和青睐。

当前，轮滑运动不仅在健身领域有着广泛的发展，在学校中的开展也越来越普遍，因为这项运动与学生追求刺激、时尚的需求是相符的。但是，对于轮滑运动，很多人对其并不了解，甚至将轮滑与滑冰混淆。另外，当前的体育方面研究资料中，对轮滑运动的研究往往是作为一个知识点来进行分析的，并没有对其有一个全面且深入的专门研究。鉴于此，特意撰写了《轮滑运动技术训练与科学开展研究》一书，希望能够填补这方面的空白，同时也为轮滑运动的进一步发展提供一定的依据和支持。

本书共八章，其中，第一章阐述轮滑运动的起源与发展、分类与特点、装备与术语等基本知识，由此读者能够对轮滑运动有一个初步的了解；第二章对轮滑运动开展在健身、健心、社会等方面的价值进行了分析，由此读者能够对轮滑运动有更加深入的认识；第三章对我国轮滑运动的开展情况进行了剖析，主要涉及我国轮滑运动开展的影响因素、基本现状以及相关策略等，由此读者能够对我国轮滑运动的开展状况有所了解，为进一步促进轮滑运动发展奠定良好的基础；第四章对轮滑运动开展的基础与科学指导进行了研究，主要包括轮滑运动开展的原理与原则、准备技术、体能储备、安全知识等内容，为轮滑运动训练提供科学的理论指导；第五章至第七章分别对速度轮滑、花样轮滑、轮滑球运动训练进行了分析和研究；第八章介绍了自由式轮滑、轮滑游戏等其他轮滑运动训练，为人们参与轮滑运动提供更多的选择。

本书力求通过简洁凝练的语言、系统明了的结构以及丰富全面的知识点，对轮滑运动的开展和训练进行深入地分析和研究，并体现科学性、系统性、实用性、时代性等特点，使之成为一本参考和借鉴价值都较高的专业学术著作。

本书由湖南理工学院公共体育艺术教学部杨柳、张伟民、余胜撰写完成，并由三人统稿。具体分工如下：

第二章，第四章，第五章，第七章：杨柳；

第六章，第八章：张伟民；

第一章，第三章：余胜。

本书在撰写过程中参考并借鉴了部分专家学者的研究成果和观点，在此表示最诚挚的感谢！另外，由于作者水平及时间、精力有限，书中不足之处敬请指正！

编者

2017 年 7 月

目　录

第一章　轮滑运动概述 …………………………………… 1
　第一节　轮滑运动的起源与发展 ……………………… 1
　第二节　轮滑运动的分类与特点 ……………………… 10
　第三节　轮滑运动的装备与术语 ……………………… 15
第二章　轮滑运动开展的价值研究 …………………………… 24
　第一节　轮滑运动开展的健身价值 …………………… 24
　第二节　轮滑运动开展的健心价值 …………………… 31
　第三节　轮滑运动开展的社会价值 …………………… 46
第三章　我国轮滑运动开展情况研究 ………………………… 65
　第一节　我国轮滑运动开展的影响因素 ……………… 65
　第二节　我国轮滑运动开展的基本现状 ……………… 79
　第三节　我国轮滑运动开展的策略研究 ……………… 91
第四章　轮滑运动开展的基础与科学指导 …………………… 94
　第一节　轮滑运动开展的原理与原则 ………………… 94
　第二节　轮滑运动开展的准备技术 …………………… 99
　第三节　轮滑运动开展的体能储备 ………………… 108
　第四节　轮滑运动开展的安全知识 ………………… 129
第五章　速度轮滑运动训练研究 …………………………… 135
　第一节　速度轮滑运动基本知识 …………………… 135
　第二节　速度轮滑运动基本技术训练 ……………… 142
　第三节　速度轮滑运动基本战术训练 ……………… 155
第六章　花样轮滑运动训练研究 …………………………… 174
　第一节　花样轮滑运动基本知识 …………………… 174

第二节　花样轮滑运动技术训练 …………………… 176
第三节　花样轮滑初级规定图形滑行技术 ………… 190
第七章　轮滑球运动训练研究 …………………… 207
第一节　轮滑球运动基本知识 ……………………… 207
第二节　轮滑球运动基本技术训练 ………………… 212
第三节　轮滑球运动基本战术训练 ………………… 227
第八章　其他轮滑运动训练研究 ………………… 241
第一节　自由式轮滑 ………………………………… 241
第二节　轮滑游戏 …………………………………… 248
参考文献 ………………………………………… 262

第一章　轮滑运动概述

轮滑运动是一项融健身、竞技、娱乐和艺术于一体的体育运动项目。它使用的器材便于携带，技术动作富有美感并能全面协调和综合发展人的各项身体素质，使参与者可以强身健体、精力充沛、意志坚强，并不断完善与提高自我。本章就来研究轮滑运动的基本理论。

第一节　轮滑运动的起源与发展

一、国际轮滑运动的发展概况和现状

(一)国际轮滑运动的起源和发展

轮滑运动(Roller Skating)是一项历史悠久并逐步发展到世界各地的国际性体育运动，受启发于滑冰运动。关于轮滑运动的起源，在国际上有许多不同的说法。史料记载中，最早的轮滑鞋诞生于公元 1100 年，当时的轮滑鞋是利用骨头装在长皮靴脚掌上，以便猎人在冬天也能打猎。在 18 世纪初期，在荷兰冬季冰封的河道里进行滑冰旅行是一项很流行的活动。当时有一名荷兰的滑冰爱好者希望当自然冰融化不能继续滑冰时也能有一种方法进行“滑冰”，为实现自己的这个愿望，他冥思苦想，反复实践，自己动手将木线轴安装在皮靴底下，尝试在平坦的地面上滑来滑

去。他的尝试在反复试验后终于获得成功，并引起了人们的兴趣，于是世界上第一双轮滑鞋诞生了，进而轮滑运动在欧洲兴起。在18世纪60年代，正式出现了两轮滑冰的记载，但此时这种鞋滑起来很难控制。

之后，部分轮滑爱好者对轮滑鞋进行反复的改造。1860年，比利时一位乐器制造商约瑟夫·默林用手工的方式制造了一双轮滑鞋，在一次盛大的化装舞会上，他穿着新发明的带有铁轮的靴子，打算边拉着小提琴边庄严地进入舞厅，想把他的杰作展示给伦敦的观众。结果在还不知道如何刹车以及如何控制那双带有轮子的鞋子情况下，默林撞向了一面价值500英镑的镜子（当时的镜子比金子还贵），撞得头昏眼花，自己也严重割伤，造成了极大的损失。他在一面巨大的镜子前结束溜冰表演，直到这舞会结束时，他仍不知道该如何刹车停止和掌舵方向。的确，单排滑轮鞋技巧的难点不是在于如何开始起步，而是在于如何停止。结果出了意外，因为他没有做出停止的动作，撞碎了舞厅墙上巨大的镜子。第二天，报纸上就报道了默林的冒险行为，从此轮滑运动成为一项“危险运动”，被大众所冷落。

1861年在巴黎举办的世界博览会上，第一次出现了轮滑表演，这把轮滑运动推向一个新的阶段。在轮滑发展过程中，为了轮滑鞋能滑得更快、滑起来更加灵活方便，人们对轮滑鞋进行反复改进，从最原始的“木制大线轴”，发展到单排两轮、单排三轮、中间大轮两头小轮的三轮等，但没有出现太大的变革，鞋的灵活性和安全性依旧不甚理想，使这项运功的发展呈现有时高潮、有时低潮的状况。

直到1863年，来自纽约的詹姆斯·普利姆普顿重新设计制造了以金属轮子代替易损的木制轱辘的新型轮滑鞋，这种轮滑鞋就是现在的双排轮形式，它便于转弯，还能倒滑，活动自如，安全灵敏，滑行起来具有更多的优越性，所以深受欢迎。他也因此发了大财，于是1866年在纽约建造了室内轮滑场，并组织了纽约轮滑协会，从此轮滑运动开始列入体育运动的正式比赛项目。而

1884年美国的理查森和雷蒙德发明了滚珠轴承,这对改进轮滑鞋的技术起了极大的作用。将滚珠轴承应用于轮滑鞋上之后,使轮子转动更容易,轮滑鞋整体更轻,这样就更加推动了轮滑运动的开展。

1908年,纽约麦迪逊广场被打造成轮滑场后,便成为轮滑爱好者的圣地,此后在美国和欧洲相继开业了几百座轮滑场和轮滑厅,使轮滑运动更加普及。1912年,芝加哥的科利瑟姆公众轮滑场开业,有7 000人参加了开幕式的晚会。不仅如此,受到当时冰上运动开展的更为普及和更为先进的影响,轮滑运动也分化出速度轮滑、花样轮滑及轮滑舞蹈等,并举办了各式各样的比赛。19世纪70年代,喜欢竞争和刺激的英国人发明了脚穿轮滑鞋,手持曲棍打球的游戏,也就是现今的双排轮轮滑球,这也算是轮滑运动中的一个项目。

轮滑项目的迅速发展,使得国际的竞赛和交往也越来越多,1924年,英国、法国、德国、瑞士的代表在瑞士蒙特勒集结,成立了国际滚轮溜冰联合会,开始举办速度轮滑、花样轮滑、轮滑球的洲际和世界比赛,轮滑运动开始变得规范化、组织化。

1979年,美国冰球运动员奥尔森兄弟在其家乡明尼苏达州的明尼阿波利斯发现了一双早期的轮滑鞋,轮子呈一条直线,而不是普利姆普顿发明的双排轮轮滑鞋。这双鞋引起了他们的兴趣,于是兄弟俩进行重新设计,根据轮滑鞋的原理,采用现代的材料,他们用聚氨酯做轮子,将其安装在冰球鞋下面,再装上橡胶制的制动器,就制成了现代的单排轮轮滑鞋。

1983年,斯科特·奥尔森成立了专门生产单排轮轮滑鞋和器材的公司,使单排轮轮滑运动迅速地发展,最初在美国流行,继而在全世界普及起来。由于单排轮轮滑鞋在性能上远远优越于双排轮轮滑鞋,因此在大部分项目上都代替了之前的双排轮轮滑鞋,如在速度轮滑比赛中,运动员已经全部穿单排轮轮滑鞋;在花样轮滑比赛中,虽然双排轮轮滑鞋依旧是主流,但现在已经出现了单排轮轮滑鞋的花样轮滑比赛;单排轮轮滑球就像是在平地上打冰球，是与双排轮轮滑球完全不同的两种项目。此外，极限轮滑和轮滑速降等运动项目都是使用单排轮轮滑鞋后产生的。不仅如此，在遍及全世界的群众性轮滑活动中，单排轮轮滑鞋也是绝大多数爱好者所使用的轮滑鞋。

（二）国际轮滑运动发展概况

1.国际轮滑联合会

国际轮滑联合会最早名为国际滚轮溜冰联合会，成立于 1924 年，由德国、英国、法国和瑞士的代表在瑞士的蒙特勒市共同成立。这是世界上最早的国际性轮滑组织。

随着轮滑运动的发展，1940 年 4 月 28 日，在罗马举行的第 43 届国际奥林匹克委员会会议上，轮滑运动正式得到了国际奥委会的承认，从此轮滑运动在世界各地加速发展，得到了更广泛的开展。1936 年在瑞士举行的第 1 届世界轮滑锦标赛，之后国际联合会确定每年举行一次世界速度轮滑锦标赛（包括场地赛和公路赛）、一次世界花样轮滑锦标赛、一次世界轮滑球锦标赛。

1952 年，国际滚轮溜冰联合会正式改名为如今的国际轮滑联合会。1980 年 9 月，国际轮滑联合会第 36 次例会通过决议，正式决定中华人民共和国轮滑协加入该组织。

经过将近一个世纪，国际轮滑联合会已经发展成一个全球性的单项体育组织，管理世界范围内轮滑运动的竞赛、组织和发展。它在 1975 年得到国际奥林匹克委员会的承认，并且成为国际运动联合会的成员和国际世界运动会协会的成员。

2.国际轮滑联合会的组织结构

（1）中央委员会。国际轮滑联合会的最高权力机构是中央委员会，总部设在西班牙的巴塞罗那，共设有 1 名主席，6 名副主席，4 个国标技术委员会的主席，1 名秘书长，1 名审计员。

(2)国际技术委员会。

①速度轮滑委员会。总部设在意大利的罗马，由 1 名主席，1 名副主席，5 名委员组成。

②花样轮滑委员会。总部设在美国加利福尼亚州的雷德伍德城，由 1 主席，1 名副主席，3 名委员组成。

③轮滑球委员会。总部设在葡萄牙的里斯本，由 1 名主席，1 名秘书长，6 名委员，1 名裁判委员会主席组成。

④单排轮轮滑球委员会。总部设在美国密西西比州的林肯，由 1 名主席，1 名副主席，4 名委员组成。

(3)洲际委员会。共设欧洲、非洲、北美、南美、亚洲、大洋洲 6 个洲际委员会。

(4)各国轮滑协会。全世界共有超过 106 个国家和地区的轮滑协会加入了国际轮滑联合会。

3.国际轮滑联合会的主要职责

召开各个国家协会参加的代表大会，研究和解决轮滑运动的发展、进步的有关事宜；制定联合会的章程、法律等；承认和接受国际奥委会(IOC)、国际运动联合会(GAISF)、世界反兴奋剂组织(WADA)的章程、法律等；确立、协作、监督那些从国际技术委员会承办锦标赛的国家协会，以使相关举办国遵守相关规定并办好比赛；向世界宣传轮滑运动，扩大参与人数，壮大参与队伍，推动轮滑运动向前发展。

4.各项目的国际技术委员会主要职责和任务

(1)制定本项目委员会的章程和竞赛规则。

(2)管理、运作本项目的各项赛事的筹备和举办。

(3)进行本项目的技术培训和发展工作，培养该项目的人才。

5.国际比赛发展史

1892 年 4 月 1 日，国际轮滑联盟在瑞士成立，标志着轮滑运动的正规化、国际化。1926 年 4 月，举行了第 1 届欧洲轮滑锦标赛，共有 6 个国家的运动员参赛。1936 年举行第 1 届世界轮滑锦标赛，当时只开设了男子项目的比赛。

(1)速度轮滑

自从 1936 年开始世界锦标赛以来，到 20 世纪末，速滑比赛基本上是一年进行场地比赛，一年进行公路比赛，比赛成绩随着比赛装备的进步和训练水平的提高而不断提升。20 世纪 80 年代发明单排轮轮滑鞋以来，运动员的比赛成绩突飞猛进。现在比赛次数也随着商业化运作不断增多，两年一届的世界锦标赛已将场地比赛和公路比赛结合到一起同时举行，除此之外还有专门的单排轮世界锦标赛、各种杯赛以及多次的轮滑速降比赛等。

(2)花样轮滑

每年举办世界锦标赛和多种赛事。

(3)单排轮轮滑球

单排轮轮滑球是在单排轮轮滑鞋诞生后根据冰球运动变化而来的项目，国际轮滑联合会首先于 1995 年开始举办世界锦标赛，但国际冰球联合会坚持认为应该是他们来领导该项目，并于 1996 年也开始举办单排轮轮滑球的世界锦标赛，这样两大国际组织每年都在举办各自的比赛。通过对比，实际上国际冰球联合会的队伍发展得较快，由于参赛队伍的增多，现在已经分为 A、B 两个组别的世界锦标赛了。

(4)双排轮轮滑球

双排轮轮滑球在南欧、南美、非洲等地得到了广泛的发展，现在在单数年举办世界 A 组锦标赛，世界最高水平的 12 支国家队参赛，在双数年举办世界 B 组锦标赛，约有 20 支国家队参赛。A 组和 B 组间采取每次升降 3 支队伍的方法，即在 A 组的比赛中位列最后三名的队伍将在下届比赛中降到 B 组，B 组排名前三的队伍将在下届比赛升到 A 组。

二、亚洲轮滑运动的发展概况和现状

轮滑运动在亚洲地区开展的时间较晚，一些国家在 19 世纪末 20 世纪初就有了轮滑的活动，但正式将轮滑作为体育运动，并开展相应的正式比赛却是近五十多年的事情。日本发展比较早，于 1953 年成立了本国的轮滑组织——日本轮滑联盟，1955 年加入国际轮滑联合会，是最早加入国际组织的亚洲国家。随着印度、韩国加入国际轮滑联合会后，1978 年这三个国家一起成立了亚洲轮滑联合会。之后，中国、中国台北、中国香港、中国澳门、菲律宾、泰国、巴基斯坦、印度尼西亚等国家和地区相继加入，亚洲轮滑联合会的规模迅速扩大。1985 年在中国香港举行的第一次亚洲轮滑联合会执委会会议上，大会选举日本的野口嘉郎为主席，3 名副主席分别由中国、中国台北、韩国的代表担任，会议确定开始举办亚洲轮滑锦标赛。第 1 届亚洲轮滑锦标赛在日本冈谷举行，有七个国家和地区的运动员参加比赛。比赛的正式项目有速度轮滑、花样轮滑；日本和印度的运动员表演了轮滑球。第 2 届亚洲轮滑锦标赛在中国杭州举行，本届比赛有九个国家和地区参加，并邀请了澳大利亚、新西兰等大洋洲国家参加表演。

如今亚洲轮滑锦标赛每两年举办一次，比赛的内容包括速度轮滑、花样轮滑、轮滑球。目前在亚洲的国家和地区中，中国台北的实力比较强，在速滑和花样上占据着优势地位，始终保持着前三名的水准，韩国在速滑上一直保持着传统强队的地位；而花样则是中国的天下，是我国的传统优势项目；轮滑球方面，中国澳门和日本展现出较高的水平。

三、中国轮滑运动的发展概况和现状

(一)中国轮滑运动发展概况

在我国,轮滑运动开展较晚。20世纪30年代。轮滑运动从欧美地区传入中国,作为一种娱乐性的运动。最初,仅限于沿海个别城市才有几个轮滑场地,北方则将滑轮滑称为滑旱冰,南方称为溜冰运动。当时这项运动仅作为娱乐性体育活动或杂技表演节目,具有更多的娱乐和表演的色彩。新中国成立后,广州、上海、深圳等城市又修建了轮滑场,这些轮滑场除了让爱好者自由运动之外,还经常举办轮滑训练班,建立以青少年为主体的轮滑表演团进行演出,后来,根据传统民间舞蹈的动作改编的溜冰舞,受到广大群众的好评。改革开放以来,轮滑运动进入蓬勃发展的时期,全国各地纷纷开设轮滑场,吸引大量青少年参加专项体育运动。1980年,以改革开放的名义,根据当时体育发展形势的需要,当时的国家体委以中国轮滑协会的名义在9月加入了国际轮滑联合会,这标志着轮滑正式成为我国开展的诸多运动项目之一,同时开始酝酿进行全国性的轮滑运动竞赛。1982年5月在上海首次举行了"金雀杯"全国速度轮滑邀请赛,1983年10月在北京召开了中国轮滑协会正式成立大会,并在北京工人体育场举行了全国速度轮滑邀请赛。1984年在福州再次举办了全国轮滑邀请赛,1985年在河南安阳市举行了第1届全国轮滑锦标赛,在该届比赛中增设了花样轮滑。此后,规定了每年举办一次全国锦标赛。1988年,在广州举行了首届穗港澳轮滑球邀请赛,由于此时澳门地区尚未统一,受到了轮滑球强国葡萄牙的影响,因此澳门地区的轮滑球水平很高,他们向祖国大陆进行授课和展示,北京、上海、长春等地的爱好者学习后,回到家乡纷纷成立了轮滑球队。1989年6月,在吉林省白河举行了首届全国轮滑球锦标赛。

之后,我国轮滑开始参加国际赛事。1985年,哈尔滨体育学院轮滑队代表国家参加了在日本举行的第 1 届亚洲轮滑锦标赛，取得优异成绩。1987 年，在韩国举行的第 2 届亚洲轮滑锦标赛上，我国运动员取得 3 枚银牌，3 枚铜牌的好成绩。

中国轮滑的起步虽然很晚，但在实力上发展很快，已经接近亚洲一流水平。在这段时间，我国轮滑运动水平有了很大的提高，1989 年 10 月，在杭州举行的第 3 届亚洲轮滑锦标赛中，有 9 个国家和地区的运动员参赛。我国运动员获得了男、女花样轮滑个人全能冠军，同时在轮滑球项目上，中国队也获得冠军，以团体总分第一名的成绩称霸亚洲，至此，中国轮滑项目全部取得突破，与国际接轨，成为亚洲轮滑的强国之一。但是必须清醒地认识到，中国轮滑运动距世界先进水平还有一定差距，因此我们还要不断努力，不断提高专业水平，争取早日迈入世界先进行列。

(二)中国轮滑运动的现状

中国的轮滑运动经过将近 30 年的发展，目前在国内各个地区的城市中，青少年参与轮滑运动是十分普遍的，参与者人数众多，各地经常举办一些各种形式的学习班和培训班，从最初的落后的器材、落后的技术已经发展到轮滑运动的亚洲强国之一。

上海黄浦区体育局培养出了多名优秀的花样轮滑运动员，其花样轮滑队在历届的亚洲轮滑锦标赛中都取得了优异的成绩。在速度轮滑方面，近年来也有了突飞猛进的发展，每年都有两到三次全国性的比赛，并且成立了两家速度轮滑基地，承办了速度轮滑世界锦标赛和世界杯系列赛这样的世界顶级赛事。我国在速度轮滑运动的水平上近两年也有了很大的提高，郭丹在第 11 届亚洲轮滑锦标赛上取得了一枚金牌，实现了我国速度轮滑在亚洲锦标赛上金牌零的突破，郭丹此后在 2005 年世界锦标赛上取得了第四名的优异成绩。在轮滑球方面，双排轮轮滑球在中国的发展依旧缓慢，几年才举办一次全国比赛；单排轮轮滑球在我国目前发展较快，虽然尚未举办全国性的赛事，但由中国冰球协会组办的一些比赛使得全国出现了很多轮滑球队。

第二节 轮滑运动的分类与特点

一、滑轮运动分类

(一)速度轮滑

速度轮滑(Roller Speed Skating)是运动员脚穿单排轮或双排轮轮滑鞋为比赛工具,在轮滑场地内或公路上进行竞赛,在规定的距离内以时间的多少决定名次的比赛滑跑速度的运动项目。速度轮滑还是一项考验体能的竞赛项目,比赛时不分跑道,除短距离的场地计时赛采用单独出发的方式外,多数比赛都采用集体出发的形式。

在世界锦标赛上,场地跑道正式比赛距离为300米计时赛,500米淘汰赛,1 000米、5 000米、10 000米、20 000米积分赛;公路比赛包括女子21 000米半程马拉松赛、男子42 000米马拉松赛。场地跑道和室内场地自行车赛场一样呈盆形。比赛形式多样,有逆时针跑圈赛、淘汰赛、规定路线比赛、定时赛、记分比赛、接力赛、分段比赛和追逐赛等。

(二)花样轮滑

花样轮滑(Roller Artistic Skating)源自花样滑冰,是运动员脚穿轮滑鞋,在轮滑场地根据音乐的伴奏下,进行各种曲线、步伐、跳跃、转体、旋转、舞蹈动作的滑行,所以花样轮滑是一项体育与艺术相结合的表演性运动项目。

花样轮滑分为规定图形滑、自由滑、双人滑和双人舞4个项目。比赛在不小于50米长、25米宽的场地上进行。参赛各队每项比赛可以参加3人,男女总计12人。根据动作的难度、舞姿的优美度评分来确定名次。

(三)轮滑球

轮滑球是一项球类的轮滑运动，看上去像是冰球和曲棍球的结合体，比赛打法和冰球十分接近，比赛队员穿着双排轮或单排轮进行比赛，比赛双方各上 4 名场上队员和一名守门员。和冰球运动类似，运动员脚穿轮滑鞋，手执长 91～114 厘米的木质球杆，在一块长 22 米、宽 12.35 米的长方形水泥地或花岗石制成的硬地球场上进行比赛。球门高 1.05 米，宽 1.54 米，分置于球场两端线的中间。比赛用球形如棒球，重量为 155.925 克。运动员可以通过运球、传球，通过团队协作把球攻入对方球门，进一次得 1 分，整场比赛中得分多的队伍为胜者。每场比赛分两局进行，每局 20 分钟。

(四)极限轮滑

极限轮滑(Extreme Roller Skating)是运动员脚穿轮滑鞋，在轮滑场地内的各种道具上进行各种高难度而又十分惊险的滑行、跳跃、转体、翻转等动作。极限轮滑有极限运动的魅力，是一项刺激、高难度、技巧性极强的表演性项目，它是轮滑竞技项目中观赏性最强、最受关注的一项。玩极限轮滑的人被称为“Roller blading”。极限轮滑目前受到年轻人的广泛追捧，主要分为街式和专业场地，专业场地分道具赛和半管赛(U 形池)。

(五)滑板

滑板(Skateboard)是运动员双脚踏一块底下有四个轮子的特制板，在轮滑场地内的各种设施和道具上进行各种惊险的滑行、跳跃、转体、翻转等动作，也是一项刺激、高难度、技巧性极强的表演性运动项目。在极限运动中，所有动作都由参与者自由选择、自由发挥、自由展示，只要是他们能做到的就可以去做，因此很多选手的参与也让滑板项目出现很多独特而创新的技巧和动作。

(六)轮滑速降

轮滑速降(Roller Down Hill)同样是一项惊险、刺激、技巧性极强、难度大的运动项目。轮滑速降中，运动员脚穿单排轮轮滑鞋，从陡峭的高坡上快速往下滑，有的比赛还需运动员绕障碍物做回转式滑下，类似于高山滑雪一样，以速度取胜。

(七)休闲轮滑

休闲轮滑，顾名思义，是以休闲健身为主要目的，穿着单排轮滑鞋，在各种环境和场地中无拘无束地进行自由滑动，对于休闲轮滑的爱好者来说，最主要的活动是“刷街”，即像遛弯一样慢慢滑行，浏览着街景，沐浴着阳光，呼吸着新鲜空气，身心放松。

(八)自由式轮滑

自由式轮滑(Free Style)是一种由多种轮滑形式混合衍生出的特殊轮滑形式，集合了休闲、刷街、花式跳跃、花式刹车、速降、旋转等元素。自由式轮滑大致分为野街和场地两种玩法。野街玩法就是在刷街的过程中运用速降、花式跳跃等其他轮滑形式，展现出独特魅力。场地的自由式轮滑主要就是在固定的场地内进行花式刹停、花式旋转等，当然也可以融汇其他的形式。自由式轮滑中，最有代表性的就是过桩(Salomon)的平地花式。不同于花样轮滑，平地花式讲究过桩的足部花式技巧，有的动作也包括全身性的运动技巧，因此具有非常高的观赏性。

二、滑轮运动的特点

(一)普及性

对于初学者来说，轮滑的基础技术十分简单，只要在走路的基础上将蹬地方向稍改向侧，就能滑行起来，不用人教，自己就能掌握。轮滑运动的竞赛对场地确实有一定要求，但如果只是为了娱乐或锻炼身体，那么街巷、公路，甚至是公园、广场，只要有一块平坦的地面就可以开展。随着人们对轮滑认识的加深，兴趣越来越浓，参与的人数越来越多，轮滑场所也越来越多，社会的普及越来越广，为该项运动的发展创造了良好的环境。现在很多中小学都已将轮滑作为体育课内容之一，这对轮滑运动发展大有裨益。

（二）健身性

轮滑作为体育运动，有着很高的锻炼和健身价值。经常参加轮滑运动，可以有效地改善和提高机体中枢神经系统的功能，提高呼吸系统、消化系统、血液循环系统和内脏器官的功能，全面协调地发展人体在力量、速度、耐力、灵敏、柔韧等各方面的身体素质，使人身体强健、精力充沛、头脑机智、反应灵敏，改善身体机能，提高平衡能力，培养自强不息、勇敢拼搏的良好意志品质。对于青少年身体发育还具有良好的促进作用。

轮滑是一项全身性的运动，也是一项健康的有氧运动，一般来说轮滑的最大氧气消耗量（测量运动强度的基准）是跑步的90%，可以达到强化心血管和消耗脂肪的效果。所以，也有很多人把轮滑作为一项改善体形，减肥塑身的运动进行锻炼。

（三）趣味性

轮滑运动趣味性十足。当我们开始学习轮滑时，从刚能站稳，到轻轻一蹬就可以向前滑行，会体验到无穷的兴趣；当能轻松、自如地滑行和转弯，自如控制把握动作时，继续提高的欲望就会越来越强烈，从而对轮滑产生浓厚的兴趣，促使自己积极主动地练习轮滑，认真学习更高的技术。

（四）灵活性

比起其他体育项目来，轮滑运动有着独特的灵活性。因为在一块很小的光滑空地上就可以进行高难度技巧与艺术的表演，因此，酒店、商场、体育店铺等都可用轮滑表演来招揽生意，甚至还可以作为节目在晚会、年会中表演。

（五）工具性

轮滑运动还有一项其他运动都不具备的特性，那就是它可以当作一种很好的交通工具。一般情况下，在平整的路面上，都可以用轮滑来代替走路，当然抓地性会因路况的不同而有所不同，但基本上都可以。在交通越来越拥挤的今天，轮滑已经成为一种流行和时尚的交通工具，当然，还需要格外注意的是，滑着轮滑穿梭于车来人往的大街上时一定要注意交通安全，避免事故的发生。

（六）环保性

轮滑运动本身不会产生任何污染，倡导健康的环保理念，是一项时尚的健康运动。它倡导绿色、无污染，是低碳生活的一种健身方式，是一种环境友好型体育运动。

（七）安全性

作为一项受欢迎的运动，轮滑运动非常重要的一个特点就是有着较强的安全性。美国麻省大学在研究中有一项惊人的发现，直排轮滑鞋运动对关节所造成的冲击力较跑步对关节的冲击力低约50%。这是因为轮滑运动和跑步在运动原理上不一样，轮滑踏步的时候引起轮子的转动，采用聚氨酯制成的轮子的弹性对关节冲击很小，戴上头盔和护具，摔倒后受伤的危险性很小，所以轮滑反而更安全。因此老年人和小孩子也适合这项运动。

（八）经济性

轮滑运动还是一项经济的运动，因为玩轮滑除了需要购买轮滑鞋和护具外，几乎不用再花费。好的轮滑鞋的使用寿命也很长，无须经常更换。轮滑也不像游泳、网球、篮球等运动那样，需要固定的运动场所，需要在租借场地上花钱，也不用办理会员卡、进入专业场所练习等。

(九)刺激性

虽然在某种意义上来说，轮滑是危险系数较低的一项运动，但这是对一般的业余玩家和爱好者而言的，对于极限高手来说，轮滑其实是一项非常具有挑战与刺激性的运动。极限轮滑主要分为野街式极限轮滑和专业场地极限轮滑，而专业场地的比赛又可以分为道具赛和半管赛。这些比赛中有很多危险动作，对运动员来说其实有着很强的挑战性，比如下梯、跳台、空中动作。评委根据动作的难度和完成情况来评分，在观众大饱眼福的同时也绝对能让你体会到轮滑无与伦比的刺激性。

(十)观赏性

花样轮滑在创立之初是为了在旱地上进行花样滑冰的训练，所以花样轮滑与花样滑冰有着异曲同工之妙。平地花式轮滑同样极具观赏性，从事平地花式轮滑时，运动员穿轮滑鞋运用各种灵活多变的步法绕过放置在地上的障碍物，动作敏捷、灵巧，往往让观众感到惊叹，掌声不断。速度轮滑则与跑步类似，更加追求速度，以至于观赏性稍微差一些，但由于运动的高速度和高难度，使得速度轮滑看起来更具激情。

第三节　轮滑运动的装备与术语

一、轮滑运动的装备与场地

轮滑运动的装备指的是除轮滑场地、轮滑比赛场地和比赛公用设施设备外，练习者或运动员穿戴的专门器材设备，一般分为轮滑鞋和护具两大类。

(一)轮滑鞋

轮滑鞋是轮滑运动中最重要的装备。随着社会的不断发展,科学技术水平的不断进步,为了满足比赛和健身的需求,近几年在轮滑用品研究方面有很大进步,新产品不断被研发出来,越来越符合该项运动的需要。

1.轮滑鞋的种类

(1)休闲轮滑鞋

用于轮滑的休闲健身活动,鞋底是四个轮子排成一条线,轮子后方装有制动器,高鞋腰、中等鞋跟。

(2)跑鞋

通常用于专业运动员追求速度的速度轮滑竞赛。一般是有四个轮子,最多时能够六个轮子排成一线,低鞋腰、低鞋跟,通常不装制动器。

(3)花样轮滑鞋

用于花样轮滑的竞赛和轮滑表演。主要特点是四个轮子排成两排,前后各两个轮子,且两个轮子之间的宽度宽于脚掌,鞋尖前下方安装制动器,高鞋腰、高鞋跟。

(4)特技轮滑鞋

用于特技轮滑,比如在滑杆、跳板或U形池做特技动作。

(5)轮滑球鞋

用于轮滑球运动。利于轮滑球运动中快速前进、转弯、射门等瞬间移动动作,还有急转、急停。

2.轮滑鞋的性能

(1)轮滑鞋受力滑行性能

轮滑鞋的滑动是外力作用的结果,不施加外力,轮滑鞋自己是不会滑动的。对于轮滑鞋的这种性能,大家都十分清楚,但在练习过程中,初学者往往会因为不自觉地身体姿态的变化而使轮滑鞋受力滑动,造成滑行效果受到影响或身体失去平衡。例如初学者在穿着轮滑鞋站立时,有可能会因为身体的晃动,致使身体重心投影点移出两脚轮滑鞋的支撑面,造成轮滑鞋向前后滑动或左右翻转。

(2)鞋的定向滑行性能

在轮滑鞋受到外力的情况下,轮滑鞋的滑动是有一定方向性的。也就是说,轮滑鞋滑动的方向只能是沿轮轴的垂直方向向前或向后滑动,而沿与轮轴平行方向,也就是向左和向右,是不能滑动的。正因为轮滑鞋的这一滑动方向特性,为练习者提供了掌握和控制轮滑鞋滑动的可能。

(3)控制静止

有三种方式能够控制轮滑鞋,使其静止,分别是不对其施力;施力的方向垂直于地面;施力与轮轴平行方向产生一定的分力,但力量小于轮子与地面的摩擦力。

(4)控制滑动

由于施力方向决定了在水平方向产生分力,这一水平分力再分解产生一定的与轮轴垂直的分力,这一分力是轮滑的推动力。控制滑动就是基于上述力学关系通过控制施力大小、幅度和方向而实现的。

(5)鞋的结构及性能的要求

速度轮滑的滑行速度非常快,比赛场地中弯道的半径也较小,为增加向心力,要求运动员弯道滑行时向圆心内倾斜较大的幅度,因此,它需要鞋帮较硬、鞋腰稍高,起到支撑踝关节的作用。优秀选手对鞋有着极高要求,特别是在质量、性能方面有着精细的要求。现在的轮滑鞋一般采用碳纤维材料作为鞋底及鞋帮的支撑部分,用皮革等材料制作鞋里和鞋面,质量越轻越好,性能方面要具有穿脱方便快捷、支撑部分牢固、便于调整位置、防潮湿、防止鞋带散乱和穿着舒适不伤脚等功能。

(6)轱辘的结构及性能要求

轱辘的结构是由轱辘架、胶轮、轴承和轴等构成,性能上要求轱辘架轻便、美观,抗拉强度高和轮的转动部分及轮与地面的摩擦阻力小等,保证在运动时不断裂、不弯曲、不变形,尤其是轮子的性能和质量在某种程度上对运动员的运动成绩影响较大。

速度轮滑鞋结构有鞋带、鞋腰、鞋舌、鞋盖、鞋底、前紧固螺母、后紧固螺母、轱辘、胶轮、轴承和轴。

3.选择适合自己双脚的轮滑鞋

轮滑鞋的好与不好,首先看它的刚性强不强。轮滑鞋的优劣可以从以下方面来判断。

第一,观察轮滑鞋的脚踝部分。脚踝部分是支撑身体重量的一个重要部位,它必须要有一定的硬度来保护练习者,让练习者在意外摔倒的时候能够让脚踝和小腿维持在一条直线的状况而不产生弯曲。如果出现弯曲,就可能把脚扭伤。除了脚踝的包裹性要高以外,还要能够有活动的"关节点"。有的轮滑鞋为了降低成本,只将关节点以"装饰"的状况附着在轮滑鞋上面,这样便大大减低了活动的灵敏度,而这样的鞋质量没有保障,也是不建议去购买的。

第二,观察轮滑鞋的底座部分。所谓的底座就是轮滑鞋下方装置轮子的地方。这个地方承受身体的大部分体重,所以也得有一定的质量要求。但是因为底座必须要卸下轮子才能知道是否坚固,所以一般来说还是大多以脚踝的部分做初步的判断。

穿上轮滑鞋后,脚尖和鞋尖的空隙大概要小于1厘米,和穿鞋所留下的空间有些差距。因为在做轮滑运动的时候,要求脚和轮滑鞋有一定的稳定度,如果鞋与脚的间隙太大,双脚便没有办法有效地被固定住。

除此之外,整体穿起来的舒适度也十分重要。因为当脚上的鞋子穿起来不舒适的时候,自然就会影响你持续学习轮滑的意愿。

4.轮滑鞋的养护

(1)经常检查轮子、轴承是否牢固,若松动就要及时紧固,避免零件丢失造成安全隐患。

(2)定期清洗轴承,发现轴承异常或过度磨损时,应及时检测、更换,以免损伤轮子和轮架。

(3)滑行中轮内刃磨损较多,应定期左右调换轮子的方向和位置,以延长使用寿命。

(4)轮子、轴承、闸皮等易磨损的部件用到一定程度时,要及时更换调整,以保证安全和滑行效果。

(二)服装及护具

在轮滑运动中除了轮滑鞋以外,护具也是必不可少的装备。护具除了包括最基本的护膝、护肘、手套外,还有安全帽和防摔裤等。在护具的选择上,必须要高度重视,要选择质量高的护具。因为运动伤害有的时候并不是刚受伤就能显现出来,有可能是一段时间之后才会浮现。而且对运动伤害的人来说,要完全复原更是不容易。所以事前的安全防范是很有必要的。就护膝来说,护膝的功能在于当练习者摔跤的时候,能够分散外界对膝盖的力量,吸收受冲击时的冲量,并且形成向前的情形,直到逐渐停止。而质量不佳的护具,很可能在使用的时候因为没有衬垫、固定性不够好,而在使用者摔倒时没办法吸收冲力或是会因为撞击而移动,没有实现保护功能。

1.服装

轮滑运动员的服装多种多样,其质地、款式、花色各有不同。随着运动水平的不断提高,对服装的性能要求也越来越高,质地、款式、花色及质量要求也越来越具体,以不断适应该项运动发展的需要。

速度轮滑运动员的服装大体可分为两种,一种是训练服,另一种是比赛服。训练服没什么特别要求，一般要求轻便、透气，有利于完成训练内容即可；比赛服则要求更加紧身，以便减少风的阻力，但是不应影响运动员的活动灵活性。

2.护具

(1)手套。速度轮滑运动员在比赛时必须佩戴手套，一般要求轻便、不易脱落、耐磨损。由于运动员滑行速度较快，常会出现摔倒等现象，手套可以缓解手与地面的摩擦和惯性，降低身体的疼痛感。

(2)头盔。速度轮滑运动员进行比赛时必须要戴坚硬的头盔，以保证个人安全。现阶段运动员使用的头盔一般是由硬塑(ABS工程塑料)材料制成，样式美观，颜色各异。

(3)护肘及护膝。护肘及护膝是为了防止运动员在训练及比赛中，肘、膝部被摔伤。为减轻装备的质量，设计者将护肘及护膝设计得更轻巧、美观、方便和实用，便于运动员的比赛。

(4)保护眼镜。保护眼镜是用来保护运动员眼睛的辅助器材，主要功能是防止强光和风沙对眼睛的伤害。保护眼镜具有透明度、弹性较好和不易破裂等特点。

二、轮滑运动的术语

(1)前滑。面向滑行方向，向前滑行。

(2)后滑。背对滑行方向，向后滑行。

(3)滑足。在地面上滑行的腿和脚。

(4)浮足。在滑行过程中，离开地面的脚及其腿部。

(5)刃。轮滑鞋底装有几个小轮子，当人体向内或向外倾斜时，使身体重心偏移到轮子不同部位，这些不同的部位称为轮子的刃。

(6)平刃。当练习者直立，体重均匀地分配到每个轮子时，把支撑重心或用力的轮子正底部称为平刃。

(7)内刃。当人体向内倾斜时，身体重心偏向轮子的内侧部分(单排轮滑鞋)或两个内侧轮子(双排轮滑鞋)，我们把支撑重心或用力的轮子内侧部分(单排轮滑鞋)或两个内侧轮子(双排轮滑鞋)，称为内刃。

(8)外刃。当人体向外倾斜时，身体重心偏向轮子的外侧部分(单排轮滑鞋)或两个外侧轮子(双排轮滑鞋)，我们把支撑重心或用力的轮子外侧部分(单排轮滑鞋)或两个外侧轮子(双排轮滑鞋)，称为外刃。

(9)双平刃滑行。两脚以对称支撑重心的方式，平刃滑行的滑行。

(10)双前内刃滑行。两脚以对称支撑重心的方式，用轮子的前部内刃滑行的滑行方法。

(11)双前外刃滑行。两脚以对称支撑重心的方式，用轮子的前部外刃滑行的滑行方法。

(12)双后内刃滑行。两脚以对称支撑重心的方式，用轮子的后部内刃滑行的滑行方法。

(13)双后外刃滑行。两脚以对称支撑重心的方式，用轮子的后部外刃滑行的滑行方法。

(14)双内刃滑行。两脚以对称支撑重心的方式，内刃滑行的滑行方法。

(15)双外刃滑行。两脚以对称支撑重心的方式，外刃滑行的滑行方法。

(16)左内刃滑行。左腿支撑重心，左脚以内刃滑行的滑行方法。

(17)右内刃滑行。右腿支撑重心，右脚以内刃滑行的滑行方法。

(18)左外刃滑行。左腿支撑重心，左脚以外刃滑行的滑行方法。

(19)右外刃滑行。右腿支撑重心，右脚以外刃滑行的滑行方法。

(20)左平刃滑行。左腿支撑重心,左脚以平刃滑行的滑行方法。

(21)右平刃滑行。右腿支撑重心,右脚以平刃滑行的滑行方法。

(22)左前刃滑行。左腿支撑重心,左脚以轮子的前部(单排轮滑鞋)或前部轮子(双排轮滑鞋)的内刃滑行、主要支撑或用力的滑行方法。

(23)右前内刃滑行。右腿支撑重心,右脚以轮子的前部(单排轮滑鞋)或前部轮子(双排轮滑鞋)的内刃滑行、主要支撑或用力的滑行方法。

(24)左前外刃滑行。左腿支撑重心,左脚以轮子的前部(单排轮滑鞋)或前部轮子(双排轮滑鞋)的外刃滑行、主要支撑或用力的滑行方法。

(25)右前外刃滑行。右腿支撑重心,右脚以轮子的前部(单排轮滑鞋)或前部轮子(双排轮滑鞋)的外刃滑行、主要支撑或用力的滑行方法。

(26)左后内刃滑行。左腿支撑重心,左脚以轮子的后部(单排轮滑鞋)或后部轮子(双排轮滑鞋)的内刃滑行、主要支撑或用力的滑行方法。

(27)右后内刃滑行。右腿支撑重心,右脚以轮子的后部(单排轮滑鞋)或后部轮子(双排轮滑鞋)的内刃滑行、主要支撑或用力的滑行方法。

(28)左后外刃滑行。左腿支撑重心,左脚以轮子的后部(单排轮滑鞋)或后部轮子(双排轮滑鞋)的外刃滑行、主要支撑或用力的滑行方法。

(29)右后外刃滑行。右腿支撑重心,右脚以轮子的后部(单排轮滑鞋)或后部轮子(双排轮滑鞋)的外刃滑行、主要支撑或用力的滑行方法。

(30)纵轴。在花样滑行的线路中,将两个或两个以上的圆构成的图形,沿圆心连线将图形纵向分为对称半圆的那一条线,称为纵轴。

(31)横轴。在花样滑行的线路中,将两个圆构成的图形,沿两圆相交点与两圆心连线成垂直方向将两圆分开的一条线,称为横轴。

第二章　轮滑运动开展的价值研究

作为一种体育运动项目，轮滑运动具有自身个性和特点的同时，也具有体育运动的共性特征，同其他体育运动项目一样，轮滑运动在身体、心理和社会三个方面都具有比较突出的价值。本章就轮滑运动开展的健身、健心和社会价值进行研究。

第一节　轮滑运动开展的健身价值

轮滑运动所具有健身价值主要从人体各系统生理功能的改善方面得以体现出来，本节主要从心血管系统、呼吸系统、神经系统、运动系统等方面来对轮滑运动的健身价值进行阐述。

一、轮滑运动促使心血管功能提高的价值

（一）促使心脏的动力得以提高

通过参与轮滑运动，人体心脏的跳动力会得到相应的加强，同时还能够不断提高心脏的每搏输出量。根据相关运动实践研究可知，经常有规律、科学地参与轮滑运动者，其心脏体积要比不经常运动者大。此外，经常参与轮滑运动的人，其心脏的容积与心脏壁的厚度也比不运动的人要好。据研究表明，长期坚持参与轮滑运动的人每次心脏收缩的搏出量要比不运动的人高 10%左右，这就使其心脏跳动的次数随着每搏出量的增多而减少。例

如，不运动的人每搏出量如果是 70 毫升，其心脏跳动的次数每分钟需要达到 70 次才可以使身体各器官代谢的需求得到满足。参加轮滑运动之后，人的每搏出量如果达到 80 毫升，那么其心脏跳动的次数每分钟只要 62 次就可以使各器官的需求得到满足了。人体心脏每分钟跳动的次数变得缓慢之后，就会延长心脏舒张时间，使心脏有充分的时间来休息，如此心脏便能不断趋于健康。

此外，在参与轮滑运动过程中，人们为了完成一些较为剧烈的动作，身体需要有大量的能量来提供支撑，能量需求量要远远大于静止时的需求，为了使内脏与肌肉的能量需求得到保证，心脏就会以高频率跳动，从而增加了跳动的搏出血量。体内血液循环的频率也会因血管舒张而加快。当心跳的频率为 100 次/分钟左右时，并且持续十分钟以上保持这样的频率时，则能够使心脏得到很好的锻炼，促进心肌的大幅增强，也有利于血管韧度和强度的加强，从而使各种心脏病发生的可能性降低。

据研究表明，轮滑运动能够很好地提高参与者的血液循环质量，能够很好地避免血液供应不充足情况的发生，而且能够加强血管的舒张能力以及收缩能力，以更好地为血液畅通循环提供保证。

（二）改善心血管系统的功能

在改善心血管系统功能方面，轮滑运动同样具有非常重要的价值，主要是因为通过参与轮滑运动能够提高血管的收缩度和舒张度，也能够增加毛细血管的量，以更好地保证血液流通更加通畅，在短时间内能够促使血液向身体不同部位的组织细胞进行流通，同时身体不同组织细胞也能够更加充分地获取氧气和营养物质。与此同时，经过身体各个组织细胞代谢所产生的物质向排泄系统各个器官运输的进程也会加快。这一过程有利于肌肉耐力的增强，也有利于肌肉疲劳的延缓。对心脏自身的血管功能，轮滑运动同样也具有一定的改善作用，它能够促使心脏细胞更加充分地供应氧气和血液，从而使心肌梗死与冠心病的发病可能性变小。

(三)加强细胞和组织的活力

经常参加轮滑运动有利于增加体内血液中的白细胞与红细胞。白细胞具有很好的免疫能力,它能够使抗体得以产生,并能够有效地消灭侵入人体内部的细菌或病毒,从而促使身体保持健康状态。大量的血红蛋白包含在红细胞中,血红蛋白的携氧能力很好。有越多的红细胞,就说明在血液循环中血液能够携带越多的氧气。当有了充分的氧气供应时,身体就能够在较为轻松的状态中运动,否则进行轮滑运动时很容易感到疲劳。通过参加轮滑运动,能够不断增强组织和细胞的活力。大量实践证明,轮滑运动不但能够促进血液运氧能力的提高,使运动疲劳有效减少,而且也能够促进人体免疫力的提高。

(四)加快人体新陈代谢

人们要想使自身的生理功能维持一个正常状态,就需要将体内的代谢物向外界不断排出,排出的同时从外界获取细胞所需的营养物质,这是使机体顺利进行新陈代谢的基础保障。因为代谢物质向排泄系统各个器官的输送离不开血液循环,所以说,轮滑运动既能够改善心血管系统的功能,同时还能够进一步增强人体的新陈代谢能力。

二、轮滑运动促使呼吸系统机能提高的价值

(一)锻炼呼吸肌,使之更加发达

呼吸肌主要包括腹肌、肋间肌、膈肌等肌肉。通常来说,人体肌肉在轮滑运动中需要有大量的氧气供应,所需要的氧气量要比静止时多得多。在轮滑运动中,所有的动作是与人体自身的呼吸节奏相互配合的,呼吸肌随着动作而有节奏地配合着。呼吸肌有

节奏性的运动能够锻炼其内部的腹肌、肋间肌及膈肌肌肉，能够促进肌肉力量的强壮，从而促进呼吸肌的壮大。肌肉舒张力收缩力量也会随着呼吸肌的壮大而增强，呼吸时会伴随一定的肌肉运动，肌肉运动的幅度会随着呼吸肌的增强而不断增大。通常用呼吸差来对呼吸运动幅度的大小进行衡量，呼吸差是指尽力吸气和尽力呼气的胸围大小变化的差额。人们如果经常进行轮滑运动，其呼吸差就能够达到 8～16 厘米，与之前没有参加轮滑运动相比，高出其一倍多。呼吸时吸入与排出的气体都很多，气体频繁交换，这有利于轮滑运动时人体组织细胞对氧气的需求得到不断满足。

（二）增加肺活量

所谓肺活量，是指人体肺部所能够容纳的空气量的最高限度，通过呼吸系统能够将人体呼吸系统的工作能力水平很好地反映出来。所以，人们经常使用肺活量的测量来对自身的体质状况进行衡量。性别、年龄以及运动程度等都会影响人体肺活量的大小。通常而言，男性成年人正常的肺活量平均值是 3 500～4 000 毫升，女性成年人正常的肺活量平均值是 2 500～3 000 毫升。与正常的成年人相比，儿童与老年人的肺活量平均值要小。经常有规律地参加轮滑运动，可以促使人体肺活量得以明显增强。

（三）降低呼吸频率

人体每分钟呼吸的次数就是呼吸频率。通常来说，正常男性成年人的呼吸频率是 12～18 次/分钟，与男性相比，正常女性成年人的呼吸频率要较快一些，老人和孩子的呼吸频率要比成年人更快。因为参与轮滑运动能够使人体的呼吸肌变得强壮，从而也会增加每次正常呼吸的气体量，加大呼吸的深度，这就使得呼吸频率不断减少。人体的呼吸系统是否有较强的功能，主要从呼吸频率的快慢中反映出来。

三、轮滑运动促进神经系统机能提高的价值

(一)促进神经系统反应灵敏、准确

人体神经系统主要是由脑、脊髓和周围神经共同构成，在轮滑运动中，人体所做的各种轮滑动作都是通过神经系统的支配，依靠肌肉、骨骼、关节来完成的。神经系统不仅能够对轮滑的运动过程进行调节与控制，而且能够对轮滑动作完成方法是否正确进行直接感受，在神经系统的支配作用下，参与轮滑运动能够使骨骼、肌肉与关节变得更加准确与灵敏。

(二)加强神经系统的调节作用

在轮滑运动中，每个动作几乎都需要身体的左右侧相互配合来完成，身体的配合有利于均衡地发展人的左右脑。在轮滑运动过程中，动作的刺激有利于人体神经系统反应能力的增强与提高，使神经系统的调节能够快速、准确地判断外界环境的变化，并做出一些支配或调整来适应外界变化。

人体在进行轮滑运动时，当身体内积累的热量达到一定程度时，或面对极高的外界气温时，神经系统会及时并且准确地做出一些反应，并向相应的器官传达相关的命令，从而增加皮肤的血流量，使皮肤表面的毛孔不断扩张，这时汗液就会从毛孔中排出，从而达到消热的效果。

同样的道理，当人们在冬天进行轮滑运动时，面临寒冷的刺激时，神经系统会及时做出正确的反应，从而使肌肉变得紧张，同时收缩皮肤血管和毛孔，减少血流量，达到积热的效果。

四、轮滑运动促进运动系统功能提高的价值

轮滑运动对人体运动系统功能提高所产生的价值，主要体现

在轮滑运动对骨骼、关节和肌肉的影响方面，具体如下。

（一）轮滑运动对骨骼的影响

骨的增长程度与骨周围肌肉活动频率成正比，即周围肌肉如果经常活动，骨就会有明显的增长变化。轮滑运动相对较为剧烈，当人们参与轮滑运动时，而且运动时间较长时，就会促进骨密质的不断增厚，骨径也会因此而变得更粗，附着在骨上的肌肉就会突起，这是显而易见的。而且，外界的压力或张力变化也会引起骨小梁排列的相应变化。

与此同时，通过参与轮滑运动还能够加强骨的新陈代谢，并改善其血液循环。所以，从骨的形态结构来说，通过人体的运动，骨也会产生一定的适应性变化。骨的形态结构因为轮滑运动而发生变化后，骨会不断变得坚固，而且十分粗壮。在受到外界的压力后，骨头也不会轻易变弯、变折。如此一来，轮滑运动就会提高人的身体健康水平，促进其轮滑运动成绩的提高。

当人处于儿童少年时期时，骨的新陈代谢进程较快，如果在这一时期进行轮滑运动，而且运动强度与运动时间适宜的话，就会对骨的生长与发育非常有利。如果适当地将纵向的压力作用于长骨，骨的矿物质代谢就会保持正常。进行轮滑运动时，骨会在垂直方向上受到来自外界的作用，从而就会产生相应的变化，如骨密质不断变厚，骨干开始变粗，这对骨是有积极影响的。然而，当处于儿童少年阶段时，骨具有很大的可塑性，倘若轮滑运动的训练不合理、不科学，就会影响骨的顺利生长与发展。所以，人在参与轮滑运动时，要注意动作的规则性与合理性，以此来使骨骼的健康生长得到有效的保障。在结束一次轮滑运动之后，放松与休息很重要，这会对骨骼产生保护作用。

人们在参与轮滑运动时，一定要注意循序渐进与持之以恒，尽可能参与不同的轮滑项目，遵循全面训练与专项训练相结合的原则。如果只是做一些单一的轮滑动作，而且动作完成得不科学，即使当前骨有了很好的发展，也会在一段时间后恢复到之前的状态。只有长期的、循序渐进的、科学的轮滑运动训练才能使骨的弹性得到良好的保持，避免骨的老年性变化早早出现。

(二)轮滑运动对关节的影响

1.提高关节的灵活度

关节具有明显的灵活性特征，当人们在轮滑运动中练习拉伸的时候，关节周围肌腱、韧带和关节囊就会得到很好的伸展，这就会增加关节运动的幅度，从而促进关节灵活性的增加。关节不会处于绝对的灵活状态，一定程度上而言，稳固性与灵活性是相对的，二者可以同时在关节中体现出来。人们在参与轮滑运动时，不但会发展身体力量，而且也经常会做一些伸展性的动作，这会促进关节灵活性的提高，也会使关节的稳固性得到相应的增强，既稳固又灵活的关节有助于轮滑运动成绩的提高与健康身体的获得。需要强调的是，当人处于儿童少年时期时，不要做剧烈的轮滑运动，因为这一时期的人关节发生脱位的可能性很大，要注意避免脱位现象发生。

2.增强关节的稳固性

参加轮滑运动会使人体的骨关节面骨密质变厚，这就使关节能够承受更大的来自外界的作用力。长时间从事轮滑运动对于关节面软骨的变厚是有利的，从而能够使关节的缓冲能力增强。如果参加轮滑运动的时间较短，关节软骨就会变得肿胀，结束运动后，关节软骨就会恢复到之前的状态。通常关节软骨的这种变化在年轻人中更为常见，年龄越大，出现这一现象的可能性就越小。轮滑运动还会促使关节囊和韧带不断加厚，也会增加肌肉的力量，这有利于使关节变得更加稳固。

(三)轮滑运动对肌肉的影响

1.增大肌肉体积

就表面来说,通过参与轮滑运动,人体肌肉会受到来自外界的诸多刺激,如果刺激过大,那么就会促使肌肉产生变大的现象。之所以产生这一现象,主要是因为,在参与轮滑运动时,外界力量会对肌纤维产生一种刺激,从而对肌纤维原有的排列状态产生影响,从而扰乱排列顺序。结束一次轮滑训练并处于休息状态后,肌纤维会重新进行排列与组合,受运动时外界刺激的影响,重新排列的肌纤维会变得更多、更粗壮。

2.减少肌肉中的脂肪

人的身体中会有一定量的脂肪存在,保温和作为储备能量等是脂肪的主要功能与作用。但是,如果体内储备了大量的脂肪,除发挥自身的作用外,多余的脂肪会向肌肉周边转移,并在转移后的位置堆积起来。肌肉在收缩时,周围的脂肪会出现摩擦的现象,这会使肌肉收缩的速度减慢,使肌肉的运动负荷增加。而参加轮滑运动会使肌肉周围的脂肪逐渐减少,达到减肥与塑形美体的作用。

第二节　轮滑运动开展的健心价值

一、轮滑运动的心理学原理

影响人们参加轮滑运动锻炼的心理因素主要包括运动知觉、心理定向、时间判断、思维、想象、注意力、情绪、意志、精神活动特点与个性特征等。

(一)心理定向

心理定向指的是动作开始以前以及完成动作过程中心理的准备状态和注意的指向性。心理定向对于掌握和提高技术动作非常重要。心理定向能够造成诸多积极的综合反应,并且促进心理活动的调整。准确的心理定向能够帮助人的动作在内容、结构等方面调整得完全符合技术特点,这样运动时就能够及时在头脑中设计完成动作的模式,并依据模式进行自身的全部行动。

在轮滑运动过程中,运动者因练习方法和手段的不同,会引导其形成不同的心理定向,而不同的预先心理定向对形成不同的技术特点和技术风格会产生重要的影响,这是由于不同的运动者注意力的集中点不同而造成的。

(二)运动知觉

运动知觉反映着人脑对外界事物和人体自身运动的状态。它是一种由许多感觉要素构成的复杂知觉,如重力感觉、速度感觉、肌肉感觉、用力感觉等。人脑对外界事物的运动状态的反映是客体运动知觉,人脑对自身运动状态的反映则被称作主体运动知觉。这两种运动知觉在轮滑运动中各有其独特作用。

轮滑运动参与者的运动技术是以运动操作为基础实现的,而准确、协调的运动操作,是以高度分化的运动知觉为基础的。因此,精确分化的运动知觉在运动技术练习中的作用非常重要,良好的运动知觉能够保证各种技术动作的掌握。

(三)情绪

情感是人体对客观事物是否能够满足自己的需要而产生的体验。情绪是情感体验过程的具体形式。

据心理学研究表明,情绪对轮滑运动技术的掌握起着非常重要的作用,一般来说,良好的情绪可以起到"增力"作用,如明显地增强人的活动能力,使人体运动能力进一步提高等。而不良的情绪的“减力”作用则是显而易见的，具体表现为精神不振、无精打采、心灰意冷、注意力不集中等。

因此，情绪对人们参加轮滑运动具有重大的影响，如果运动者不带着稳定的情绪去参加轮滑运动，又不能很好地控制自己，则其很难掌握好动作技能。而倘若其情绪稳定、精神饱满、注意力集中、斗志昂扬，就一定能在轮滑运动中收获颇多。

（四）意志

意志是人为了实现既定目标而支配自己的行动，并且在行动时自觉克服困难的一个心理过程。需要指出的是，意志与行动是作为一个整体而存在的。

参与轮滑运动能使人们拥有坚强的意志品质，坚强的意志品质对于其掌握动作技能，增强身体素质等具有重要的作用。

（1）锻炼者在轮滑运动中肌肉有时会处于非常高的紧张程度，并且需要完成各种不同难度的动作，此时意志努力能够满足完成动作的需要。

（2）锻炼者在参加轮滑运动时需要高度集中注意力，在意志努力作用下，克服外部和内部刺激的不良影响。

（3）锻炼者在参加轮滑运动时由于机体各系统全面运转，容易导致疲劳，甚至是运动损伤的产生，意志坚强者能够克服由于疲劳和运动损伤而产生的消极情绪，并坚持长期参与轮滑运动。

（4）轮滑运动的某些动作强度大、危险性高，会对锻炼者增添畏惧心理，而坚定的意志则有助于锻炼者克服这种畏惧恐慌的心理。

（五）注意力

注意力是心理活动对一定对象的选择性指向和集中，是一种心理状态。在进行轮滑运动时往往强调注意力的集中。

大量的研究和实践表明，进行轮滑运动，能够使人的大脑进入最佳学习状态，这是因为轮滑运动能够使人的大脑细胞更加柔韧，细胞之间的相互联系也更加紧密。大脑细胞之间的联系越紧密人们接受新知识的速度也就越快。同时，进行轮滑运动能有效改善脑部血液循环，加快新陈代谢，减轻压力的感觉，所以对于集中注意力的作用非常明显。

二、轮滑运动的心理过程

(一)感知过程

1.运动与感觉系统

(1)动觉

动觉也叫作“运动觉”或“本体感觉”，这一感觉负责将身体运动的信息传输给大脑，使机体对身体各部位的位置和运动有所知觉。动觉主要包括肌觉、腱觉、关节觉和平衡觉这四部分。当身体参与活动时，肌肉与肌腱的扩张与收缩，以及关节之间的压迫，都能够产生刺激并引起神经冲动，传入中枢神经系统而引起动觉。动觉是发展高水平运动技能的关键。

(2)视觉

视觉对轮滑运动来说是至关重要的，其中最重要的一点就是动作是否合理离不开视觉的帮助。

(3)听觉

听觉刺激能够有效诱发动觉枢的兴奋，使人产生强烈的节奏感，引发听觉和动觉的联合知觉，这种联合知觉能够在轮滑运动中发挥重要的作用。

(4)触压觉

触压觉是由于非均匀分布的压力在皮肤上引起的感觉，分为触觉和压觉两种。触觉是指因外界因素刺激接触皮肤表面造成皮肤的轻微变形而引起的感觉，压觉则是指使皮肤明显变形而引起的感觉。在轮滑运动中，对触压觉也有较高的要求。

2.运动与知觉系统

(1)空间知觉

空间知觉包括人的形状知觉、大小知觉、深度知觉、立体知觉、空间定向等。空间知觉包括两种:方向知觉和距离知觉。

(2)时间知觉

时间知觉是对时间长短、快慢、节奏和先后次序关系的反映,时间知觉能够揭示出客观事物运动和变化的延续性和顺序性。自然界的有规律的周期性变化和人体内部自然的生理变化是人类能够产生时间知觉的主要依据。

时间知觉与时机掌握和情绪态度有着非常重要的关系。轮滑运动中,准确地把握时间知觉是完成动作的关键因素。

(3)运动知觉

运动知觉反映了人体对外界物体和自身的运动,运动知觉的实现往往需要通过视觉、动觉、平衡觉等多种感觉来协调。

(4)专门化知觉

专门化知觉是锻炼者由于长期的健身练习而形成的一种综合性知觉,专门化知觉对锻炼者在自身运动和环境等两方面因素能够做出精确的分析和判断,是对锻炼者心理要求的一个重要方面。其特点主要包括以下几点。

①综合性。多种分析器在同一时间协同活动才能产生正确的知觉。

②专项性。不同分析器根据不同的特点,能够在运动中的不同的专门化知觉中起到独特的作用。

③专门化知觉中,动觉是其主要因素。需要注意的是,测量专门化知觉往往要采取多种方法,这比单一的测量方法更加全面和有效,同时还要注意锻炼者知觉特征的个体差异性。

(二)记忆过程

人在日常生活中的每一个举动都与运动记忆有关。运动记忆与人体的肌肉活动密切相关，因此它和形象记忆、情绪记忆等有明显的区别。

1.短时运动记忆与长时运动记忆

短时运动记忆是指在对一个动作的练习停止后，其遗忘的速率会随着时间的变化而变化，遗忘的进程先快后慢，但其记忆的内容并不会全部忘记。而长时运动记忆是指学习一项运动技能后，在熟练掌握后能够记忆相当长的一段时间。这两种记忆过程在日常生活与运动中都是常常发生的。

2.运动表象

运动表象分为内部表象与外部表象。内部表象是指以内部直觉为基础，以内心体验的方式感受自己的运动操作活动，其实质是动觉表象或者肌肉运动表象。外部表象是指表象时可从其他人的角度看到其表象的内容，其实质是视觉表象，并没有感受到身体内部的变化。内部表象时的肌肉活动往往要高于外部表象时的肌肉活动。

3.运动记忆中的信息加工

认知心理学认为，在短时记忆的很短时间内，个体对产生于本身的刺激通过知觉组织加以处理，将零散的信息组合成一个包括多个单元的、便于记忆的整体，这一过程就是运动记忆中的信息加工。对每个人来说，在短时间单纯依靠记忆是很难准确的记住太多内容的，这时就需要在大脑中进行某种组合加工，以“组块”的形式储入短时记忆。

（三）思维过程

思维可以分为直观行动思维、具体形象思维、抽象逻辑思维三种。通常直观的行动思维在个体发展中的转化防线有以下两个。

(1)在思维中的成分逐渐减少,而具体形象思维增多。

(2)高水平的操作思维发展迅速。

操作思维能够有效反映肌肉动作和操作对象的相互关系,因此锻炼者对运动技能的掌握以及表现都离不开发达的操作思维。此时的操作思维就超出低级的直观形象思维的范畴了。

三、轮滑运动促进心理健康的价值

(一)改善个体的情绪状态

在对个体心理健康进行衡量方面,情绪状态是其中最为主要的指标。人类社会比较错综复杂,在面对诸多压力时,往往会产生紧张、忧愁、压抑等各种情绪反应。

个体通过参加轮滑运动能够有效地将生活、学习、工作中的不愉快的情绪、行为和意识进行转移,从而使人能够从痛苦和烦恼中摆脱出来。而且还可以帮助个体摆脱焦虑的情绪,保持一个乐观的心态去生活。

(二)提高人的智力功能

智力功能受非智力成分的影响很大,如一个人的身体状况不好,情绪不稳定,精神高度紧张,那么他的智力功能就会降低。

个体经常参与轮滑运动,能够促使自身的记忆力、反应能力、注意力、想象能力、思维能力等方面得到提高,同时还能够保持稳定的情绪,开朗的性格,积极乐观的态度,促使智力功能得到提高。

(三)确立良好的自我概念

自我概念是个体主观上对自己的身体、思想和情感等的评价。它是由许多自我认识所组成,包括"我是什么人""我喜欢什么""我不喜欢什么""我主张什么"等。经常参与轮滑运动能够促使个体体格变得更加强健，保持充沛的精力，并改善其身体自尊和身体表象。

身体表象是指头脑中形成的身体图像。身体表象障碍在正常人群中普遍存在。

身体自尊主要包括一个人对自己运动能力的评价，对自己身体外貌（吸引力）的评价，对自己身体的抵抗力的评价，对自己身体健康状况的评价。

身体表象和身体自尊与整体自我概念有关，无论男性还是女性，对身体表象的不满意会使个体自尊（自我概念的积极程度）变低，并产生不安全感和抑郁症状。一些运动方面的专家认为，肌肉力量与身体自尊、情绪稳定性、外向性和自信心相关，并且加强力量训练会使个体的自我概念显著增强。

（四）消除生理和心理疲劳

疲劳是一种综合性症状，不仅与人的生理因素有关，同时，也与人的生理因素密切相关。当一个人的情绪消极或任务超出人的能力时，生理上和心理上就会很快产生疲劳。疲劳对人体危害很大，会严重影响人的机体健康。

机体在持续紧张的学习和工作的压力中，极易造成身心疲劳和神经衰弱，保持良好的情绪状态和参加中等强度的轮滑运动能够使身心得到有效放松，使自己能够健健康康的生活。

（五）治疗心理疾病

运动被公认为是一种心理治疗方法。有研究表明，1 750 名心理医生中，80％的人认为运动是治疗抑郁症的有效手段之一，60％的人认为应将运动作为一种治疗方法来消除焦虑症。

作为一项时下比较流行的深受人们喜爱的运动项目，轮滑运动在人的心理健康方面有着非常积极的作用。在紧张的生活、学习和工作中，人们难免会遇到各种各样的挫折，造成个体出现焦虑症和抑郁症等。通过经常参与轮滑运动能够使个体的焦虑情绪得到有效降低，促进人的身心健康，从而有效避免一些心理疾病的发生。

四、轮滑运动促进智力发展的价值

在人的心理健康方面，智力是基础，长期参与轮滑运动能够很好地对人的记忆力、注意力、想象力等能力进行提高和改善，同时还能够促使人们保持稳定的情绪，培养人们积极、开朗的性格。据研究表明，人在智力活动过程中，如果伴随着学习、思考和发现真理的兴奋、激动，就会产生愉快的心理体验，这种健康的情感能强化人的智力活动，促进智力发展。轮滑运动能有效地发展人的智力，这主要表现在以下几个方面。

(一)有效减缓应激反应

应激，是指个体对应激源或刺激做出的反应，当个体所感知的环境要求与他所认为的自我能力之间不平衡时，就会出现应激反应。经常参加轮滑运动，可降低肾上腺素受体的数目或敏感性，降低心率和血压，从而减轻处于消极应激下应激源对生理的影响。国内外的相关研究也表明，经常从事锻炼的人与习惯坐着的人相比，更少产生生理上的应激反应。因此，轮滑运动在降低个体应激反应方面有着非常明显的效果。

(二)有效增强神经系统功能

经常参加轮滑运动能对人的神经系统进行有效调节，使神经系统机能更加准确和灵活，兴奋与抑制的转换更加合理与协调，对外界刺激的反应更加迅速。人体大脑重量与大脑皮层厚度增加的同时，容纳信息的脑神经细胞树突也增多，这为人的智力发展提供了必要的物质基础。而经常参加轮滑运动能有效促进人体血液循环，提高呼吸系统的功能，在这样的环境下，大脑能有效获取养分，提高记忆力和想象力，最终达到提高脑力劳动效率的目的。由此可见,轮滑运动具有有效增强人体神经系统功能的价值。

(三)消除疲劳,提高学习和工作效率

疲劳可以说是一种综合性症状,它与人的生理和心理有着密切的关系。人的各项活动都是通过大脑皮层来调节的,紧张的学习和工作能带给人们一定的负面情绪,而当一个人情绪消极或任务超出个人的能力时,其生理和心理就会很快产生疲劳。而轮滑运动能使人的中枢神经得到积极的休息,能有效消除机体的疲劳,从而提高学习和工作效率。

五、轮滑运动促使情感体验增强的价值

在轮滑运动中,除了要对参与者接受相关运动信息过程中的认知因素进行关注之外,还要对参与者的情感体验给予充分的关注,以最大程度地彰显和发挥出轮滑运动增强情感体验的价值。

(一)创设情境,培养情感

情感是人们对客观事物的态度体验,它具有一定的波动性和感染性。在轮滑运动中,如果人们总是板着脸孔、不苟言笑,则这种尴尬的氛围容易给人产生一种压抑感,无法激发人们锻炼的潜能,使得情感交流异常频繁,这对参与者参与轮滑运动是非常不利的。因而要想改善这种人际关系,每个人就要以诚相对、以情相待,将感情、友爱、真情融于轮滑运动锻炼之中。在这种环境氛围下,人们才能获得良好的轮滑运动锻炼效果。

(二)培养兴趣,调节情感

人的学习兴趣是对学习活动或学习对象的一种力求认识或趋近的倾向,这是学习活动的内驱动力,通常带有浓厚的情感色彩。轮滑运动锻炼是一个受负荷刺激、造成一定身体困难和疲劳

的活动，它的效果只在多次锻炼后才能显现出来，这很容易使锻炼者的情感受到冲击并对锻炼失去兴趣。这就要求锻炼者应从其心理发展的特点去做恰当的培养与调节。诸如降低近期目标、多选自己感兴趣且效果显著的锻炼动作等，会让自己从尝到“甜头”中获得快感，并重新找到锻炼的乐趣。培养了兴趣，调节了情感，学习了知识，并意识到自己存在的价值，这正是健康教育的目的。

（三）合作互动，激发情感

轮滑运动锻炼的过程，就是人与人之间交往互动并共同发展的过程。就其本质来说，轮滑运动就是一种沟通与合作，是人与人围绕着共同的目标来展开对话的过程。这可以是经验的交流、技术的切磋，也可以是保护、帮助、互相勉励，这些内容包括知识信息、情感、态度等各个方面。谁也不是高高在上的强者，而是伙伴和朋友，在合作中探索、求知，并在互助中陪伴、进步，这是教育成功的重要标志。这种积极学习的情感激发，有利于学生丰富个性的展现。

六、轮滑运动促使意志品质提高的价值

意志品质，是一个人的果敢性、坚韧性、自制力以及顽强和自主独立等精神，它是在克服困难的过程中培养和表现出来的。经常参加轮滑运动锻炼，人们能有效地提高自己的思维能力和心理能力，培养顽强的意志品质。

（一）培养目的性

现代心理学认为，人的意志行动是在一定动机支撑下，通过克服困难达到一定目标的活动。由此可见，人的意志行动具有强烈的目的性。在进行轮滑运动时，需要人们根据自身情况制定一个切实可行的运动计划，需要强调的是，整个运动锻炼计划的目

的必须要明确，若是目的不明确，锻炼者在思想上就会缺乏一定的动力，行动上也就不能积极主动。在参与轮滑运动时，具有明确的目的性，那么参与者便能够更为有效地进行锻炼，并且也更加容易获得相应的锻炼效果，锻炼者从中才能真正体验到动作的乐趣，获得快感。由此可见，经常参与轮滑运动能够培养人的行为的目的性。

（二）培养果断性

果断性属于人的意志品质中的重要组成部分。锻炼者在确定了一定的锻炼目标后，还要确定具体的操作方式与方法，并且在锻炼后还要认真总结，比较计划中优劣动作的选配，并做出明确的判断，如此能有效培养人的果断的精神。

在轮滑运动锻炼中，人们需要一定的果断性，在锻炼中能正确看待每一个动作、每一个计划与全局的关系，对每一个动作都能做出果断的决定。长此以往，人们的果断性能得到良性发展，并在日常生活中大大提高。

（三）培养坚韧性

在克服困难方面，意志行动具有非常重要的意义。良好的意志品质，能够有效帮助人们克服苦难，并完成相应的既定目标。坚韧性是意志品质中重要的部分，人们要想达成目标，要有勇往直前的品质和顽强的毅力与坚韧性。轮滑运动锻炼是一个主动接受负荷刺激，造成一定困难和疲劳的活动过程。其锻炼效果只有在多次锻炼后才能显现出来。有的人在锻炼中不能吃苦、急于求成，结果却不能如愿以偿；有的人不了解轮滑运动锻炼的规律，不能很好地控制自己，无法取得理想的锻炼效果，就开始怀疑自己，从而丧失了锻炼的信心，半途而废。因此说，轮滑运动锻炼本身就是对人的意志的磨炼和品质的培养，经常参加轮滑运动锻炼能够促使人的坚韧性得到很好的培养和增强。

（四）培养自主性和独立性

轮滑运动锻炼具有个体的可接收性和适应性的特点，它所确定的锻炼目标、制定的锻炼计划或运动处方，必须从锻炼者的体质状况、动作的可承受性等出发，才能达到增强体质、修塑健美体形的最佳效果。所以说，人们在轮滑运动锻炼中需要进行一定的心理考量，要求锻炼者独立思考，充分发挥自己的聪明才智，才能把握全局，立于不败之地。因此，在培养人的独立性和自主性方面，轮滑运动具有非常重要的作用。

七、轮滑运动排除心理障碍的价值

（一）调节和克服焦虑

焦虑是指由于无法达到目标或无法克服障碍，人们所体验到的身体和生理平衡状态受到威胁后而形成的一种担忧、紧张并带有恐惧的情绪状态，它会对人的工作效能产生很大程度的影响。焦虑主要包含生理唤醒、情绪体验以及威胁、不确定性和担忧的认知表征三种成分。其中躯体焦虑、认知焦虑在人们的现实生活中具有特殊的意义。而大量的实践表明，经常参加轮滑锻炼能有效地调节和克服焦虑。

1.促使消极情绪得以转变

轮滑运动在促使人身体得以健康的同时，还能够使人从心理上得到愉悦。在参与轮滑运动中，高度紧张的精神能够将不良的心理压力有效地抵制、疏导和消除，促使人形成健康的性格特征，这对情绪的稳定具有很大的作用。

2.培养自信心

参与轮滑运动能够消除积蓄的肾上腺素和其他代谢产物，并且能够促使脑垂体分泌大量的内啡肽，有效缓解人的心理压力。同时，轮滑运动锻炼者的体形逐渐变得丰满、匀称、健美，体态变得端庄、大方、优美，体验到实现自我价值的一种发自内心的喜悦。成功—肯定期望—自信提高—成功，这种周而复始的循环往复，对培养锻炼者的自信心是非常有帮助的。

（二）调节和克服恐惧与胆怯

恐惧是指对某一特定事物或情况产生异常强烈的害怕或紧张不安的内心体验，并出现回避反应。恐惧在生理上表现为促肾上腺皮质激素以及其他可刺激杏仁核的化学物质较多，因而杏仁核容易被激活，在神经通路刺激交感神经下，出现血压增高、瞳孔放大及汗腺、利尿激素分泌加速等。轮滑运动能够对人的恐惧和胆怯心理进行有效的调节和克服，所以在参与轮滑运动的过程中应重视以下几点。

1.不断提高运动技能

在轮滑运动中，个体通过不断地拼搏进取获得机体的发展。各种难度动作的组合、大重量负荷的尝试、技术技能的提高，都为锻炼者健康心理的良性发展提供了条件。

2.多样化、科学化

在轮滑运动中，通过降低相应的难度来减轻心理负担；通过提供保护来增强安全感，把较难练习的部位或动作进行分割或孤立练习，以利于动作掌握、节奏控制和效率的提高，从而激发勇气、提高自信，最大限度地抑制心理障碍的产生与发展。

（三）调节与克服过度紧张的心理

过度紧张是指因一时的心理、生理负担过大，超过了机体本身的忍受能力而引起的一种急性过度疲劳。通常表现为面色苍白、出冷汗、极度疲劳等症状，严重者可能会出现语言不清、四肢发抖、呼吸短促的情况。需要注意的是，在运动锻炼中，适度紧张是必要的，它能充分调动人完成目标的潜能，但是如果紧张过度，则会产生消极的影响。大量的实践表明，经常参与轮滑运动能够使人的过度紧张心理得到有效的调节和克服。

1.生理调节

（1）表情调节，是指有意识地改变自己面部的表情和姿态以调节和控制情绪。“情动于中而形于外”。例如，在参加轮滑运动锻炼前，有意放松面部肌肉，不咬牙，用手搓面部等。

（2）呼吸调节，是指通过调节呼吸的频率、深度和方式以控制情绪。例如，在参加轮滑运动锻炼的过程中，因情绪紧张而出现呼吸不完全时，可采用缓慢的呼气和吸气方式，利于降低兴奋；情绪低落时的紧张可用长吸气与有力的呼气练习，有助于提高兴奋水平。

（3）活动调节，是指通过身体活动方式的改变控制情绪。例如，情绪过于紧张时，在轮滑运动锻炼的过程中，可用小强度、大幅度、慢速度的方式进行练习。

2.认识调节

（1）暗示调节，是指通过语言暗示调节情绪。如用“我很镇静”的暗示语言代替“我很紧张”等念头；用“我能举起来”的暗示语代替“举不动了”的念头。

（2）表象调节，是指通过表象控制情绪和行为的方法。例如，表象较为成功的一次锻炼场景，体验当时的积极情绪，以增强信心，克服和抵御心理障碍。

第三节　轮滑运动开展的社会价值

一、轮滑运动促进人们生活方式改变的价值

（一）缓解生产生活疲劳

在现代社会不断发展中，随着社会生产力的快速提高，人们开始从繁重的体力劳动生产中解放出来，并且脑力劳动开始不断增长。因传统的体力劳动所产生的疲劳，也从全身性转向大脑局部、转向高级神经系统。人类生产方式的变化改变了社会的劳动性质，也因此改变了人们的生产生活方式。

现代生产生活方式的改变对人们的身心健康产生了深远的影响。轮滑运动，尤其是大众健身性轮滑运动具有促进个人身心健康发展的实践特性，它不仅可以通过轮滑运动者的肢体运动，使运动者在日常生产生活中高度疲劳的神经系统得以休息，从而有助于缓解大脑工作的疲劳和转移疲劳，缓解精神紧张，调节全身平衡。

在现代生活中，轮滑运动是一种科学、有效的有氧健身运动，能活跃人们的现代脑力劳动加大的生活方式，对于当前以脑力劳动为主的人类来说能发挥到越来越大的弥补和协调作用。轮滑运动具有协调优美的动作，并且能够促进身体的全面锻炼。这样的轮滑运动对人的精神压力具有缓解作用。人们在轮滑运动的练习中，动作轻松优美，有利于心理紧张与烦恼情绪的缓解与排除，人们在练习中对轮滑运动所带来的欢乐尽情享受，陶醉其中，内心逐渐得到安宁，精神压力逐步得到缓解，从而保持愉悦的心情与积极向上的活力。

(二)适应现代生活节奏

现代社会竞争激烈，社会生活节奏不断加快，而且随着社会的不断发展，社会生活节奏的加快将成为一个重要的发展趋势，在这样的社会发展背景下，人们为了适应快节奏的生活、适应社会竞争，就不得不调整生活节奏，轮滑运动锻炼正是给予了人们进行科学健身和调节生活节奏的一种运动形式。

具体来说，轮滑运动对人们适应现代生活节奏的调节和增强作用主要表现在以下几个方面。

首先，通过科学、长期参与轮滑运动锻炼，轮滑运动者心理、生理都将得到改善，并在此过程中，有助于运动者掌握多变化、多种类、多节奏的运动方式，这无疑有利于提高他们完成各种生产、生活动作的能力，有助于运动者在生产生活中的各种动作都准确、协调、敏捷，避免多余动作出现。

其次，实践证实，轮滑运动可锻炼人体的神经系统、心血管系统、呼吸系统，有助于提高人体对快速节奏生活的应变能力和耐久能力，进而有利于人们在日常生产生活中克服快节奏生产生活的不适应性，避免在面对快节奏生活时产生抵触、恐惧、烦怨和焦虑等心理障碍，有效抑制身心紧张。

最后，通过轮滑运动锻炼还可以扩展人们的生活空间，能帮助人们从快节奏的生产生活中解放出来，使人们享受运动所带来的快乐，同时，也有利于人们在运动之后以更加积极、主动的状态投入到生产生活中去。

(三)丰富余暇活动内容

社会的发展和科技的进步使得人们从生产中解放出来，劳动者的余暇时间日益增多，余暇活动也逐渐得到不断丰富，参与丰富多彩的休闲活动成为人们生活的一部分，融入现代生活方式之中。

随着人们健康观念的增强，把体育活动作为余暇活动内容的人也越来越多。轮滑运动是一种集健身、娱乐、益智为一体的运动方式，因此成为众多人们的余暇活动项目之一。余暇时间里进行轮滑运动锻炼，不仅可以使人们疲劳的身体得到积极性的休息，使人们更加精力充沛地投入工作和学习中；还能增强体质，健壮体格，提高轮滑运动群体身心各方面的适应能力。因此，为适应现代生活方式，增强人的适应性，就应该提高对轮滑运动锻炼的认识，掌握更多的轮滑运动的自我锻炼方法。

（四）丰富个体精神生活

现代物质文明的不断发展使普通大众都可以选择更多种类的余暇活动内容和方式。而且，休闲生活已经成为现代人不能缺少的生活组成部分。鉴于休闲方式的多样性，其对社会发展所带来的作用也是多方面的。

轮滑运动是一种健康的生活方式，通过参与轮滑运动，可以使人们的身体得到有益的锻炼，从而极大地促进轮滑运动者的身体健康水平保持在较高状态下。身体的锻炼也会促进心理的积极反应。通过参与轮滑运动，人们的休闲方式和内容可以得到正确的引导，向有利于社会进步的方向发展，同时个人的精神生活也会得到不断丰富，进而促进社会精神文明建设不断发展。

此外，轮滑运动还有助于美体塑形，更重要的是在此基础上提高人的审美能力，轮滑运动具有提高学生审美意识与审美能力的重要作用。健、力、美同时蕴含于轮滑运动中，静态的人体造型和动态的运动节律都具有美的特质，都表现出人们向往美。轮滑运动不仅在运动过程中突出了“美”的要素，而且在运动结果上也得到了淋漓尽致的体现。个体参与轮滑活动时主要从以下两方面获取成就感与审美感。一方面是大众健身人群通过科学轮滑活动而获得完美身体曲线；另一方面是轮滑运动员通过激烈与公平的竞技轮滑比赛而获得成绩。

在参与轮滑运动的过程中，人们还能够汲取到相关学科的知识，有助于身心得到充分自由的均衡发展，从而实现自我的完善与发展。

(五)回归自然和享受现代生活

通过轮滑运动锻炼,能够进一步提高人们在自然环境中的生存能力。在自然环境中,参与轮滑运动锻炼,既能够获得良好的健身效果,同时还能够减少因环境污染而对身体所造成的损害。由此可以看出,利用自然、贴近自然、回归自然,积极开展自然环境下的轮滑运动对于人们生存能力和基本体能的改善和提高具有积极的促进作用。通过在自然的环境中进行轮滑运动锻炼,能够使人们的生活和工作学习压力得到有效缓解,改善身体技能,从而达到身心俱受益的目的。

根据马斯洛的需要层次理论,人的需求依据不同的条件有高低之分,人只有在低层次的需求满足之后,才会产生对高层次需求的追求和向往。这种需求的层次一定是逐层的,而一般不会发生“越层”追求。该理论中基本生活需求(包括吃、穿、住等问题)是人的最低层次的需求,而最高层次的需求则为精神方面的需求。按照马斯洛的理论,当人的吃、穿、住问题得到解决之后,就会寻求精神方面的需要。根据这一理论再将视线回归到我国的现状,随着我国经济的发展,我国大部分地区在21世纪的今天,基本的温饱问题已得到大体解决,即低层次的需求已得到满足,在这种情况下,我国人民具有了高层次的精神需求,轮滑运动不仅能使人们体会和享受运动之美,还有助于提高人的审美意识和能力,还能通过轮滑知识的学习丰富精神文化生活,因此轮滑运动在人们身体、精神需要两个方面都能满足。

就社会发展来说,在未来一段时期内,轮滑运动的参与人数和影响范围会不断增加。随着我国体育事业的快速发展,我国普及轮滑活动的条件已经初步形成。一方面,人们对掌握低强度的轮滑运动方法来充实自身闲暇实践的需求逐渐增大;另一方面,人们也更为迫切地需要通过参与轮滑运动这种方式来缓解日常工作生活中的紧张与烦恼。总而言之,轮滑运动将以培养人类健康身体的方式来提供更多的快乐与享受，它是人们享受生命的重要方式之一。

二、轮滑运动促使人们社会适应力与竞争力提高的价值

（一）轮滑运动能够提高人们适应社会的能力

社会适应是指个体或群体通过自身或周围环境的调整，改变观点、态度、习惯、行为以适应社会的条件和要求的过程，是个体不断社会化的过程。个体的社会适应能力会随着年龄的增长而逐渐提高，主要表现为正确价值观念的逐渐形成、良好人际关系的逐步建立、平等意识和参与意识逐渐增强、合作精神逐渐提高。

1.缓解人的亚健康状态

亚健康状态是基于健康和疾病之间的一种状态。在早先的健康理论中认为，人只是会处在健康与疾病的两种状态之中。而最新的研究结果表明，除了健康与疾病的两种身体状态外，人体还存在一种介于二者之间的状态，即“亚健康状态”。当人处在“亚健康”状态中时，会有一种说不出的不适感，较多时候表现出一种疲乏、嗜睡、无精打采、注意力不集中以及健忘等状况，但是通过医学检查又检查不出有何种疾病。

世界卫生组织的一项全球健康调查结果显示，在全世界仅有约5％的人是完全健康的，20％的人被诊断为患有疾病，其余75％的人则处于亚健康状态。在我国，人体健康状况的三项百分比大体也是如此，具体为处于健康状态的人占15％，处于不健康状态的同样占15％，而剩余的70％的人都处于亚健康的状态。在“亚健康”状态的人群当中，知识分子、广大白领职工和蓝领工人是“亚健康”的主体，约占70％。可见，亚健康已成为一种普遍现象，它影响着人们的生存和发展，对人们的生活质量有着负面的影响。

对于人体健康来说,轮滑运动具有非常大的促进作用,这是毋庸置疑的,并且已经得到了人们的赞同。在现代社会,人们的健康观念有了一定的转变,身体、心理和社会适应能力的三维健康观成为人们的共识,因此人们对体育也就有了促进身体、心理和社会适应能力的要求,轮滑运动能够使人们的这一需求得到很好的满足。

现代社会的生存压力,人们生活在快节奏的生活环境中,身体压力和心理压力同样威胁着人们的健康水平。轮滑运动将有氧运动的优势发挥出来,在健身领域中占有重要的地位。[1] 通过参与轮滑运动,人们的体力与精力得到了恢复,并且身心也得到了愉悦,同时也促进了社会交往,提高了社会适应能力。可以说,轮滑运动充分满足了人们在现代社会对体育健身运动的要求,经常参与轮滑运动,并将其作为一种现代生活方式,将会缓解亚健康状态,并促进身心健康。

2.培养人的社会意识

轮滑运动蕴含着丰富的文化价值,它有助于培养人们的社会意识,主要包括自由意识、平等意识、公平意识、和平共处、开放意识以及崇尚知识与人才的社会意识,具体分析如下。

(1)轮滑运动体现了参与的自由和平等性

轮滑运动是人们在认识到健美体形、体态重要的基础上,在渴望获得良好的身体素质、优美的体态、结识更多的朋友等的情感激励下产生的休闲、健身、健心运动,轮滑运动是一项在全世界范围内广泛流传的运动形式,任何人,不分肤色、贫富、贵贱、种族、信仰和性别,都可以参与到轮滑运动中去,并且都可以通过自身的努力获得成功,体验到更大负荷对肌肉刺激的快感,接纳或付出对伙伴真诚的关爱,这一过程,充分体现了人与人的平等。

每个人都有参与轮滑运动锻炼的自由,这种平等参与、平等

---

[1] 胡芳.研究轮滑文化及其社会价值[J].文体用品与科技,2013(04).

拥有、友好相处的氛围必将帮助人们以平等的观念渗透到人们的日常生活中去，使人们能保持一颗自由和平等的心去处理好所遇到的一切事情，最终这种自由和平等的观念和行为就会成为社会生活的一种共识和常态。

(2)轮滑运动锻炼体现了付出与收获的公平性

参与任何一项体育运动都必须长期坚持，才能收到预期的效果，轮滑运动的锻炼也不例外，在长期的轮滑运动过程中，小到一块肌肉生理横断面的增大，大到一个人体形体态的巨大变化，这些都是建立在坚持不懈、持之以恒的大量体力、精力消耗的基础上的，与此同时，健身者还要承受身体疲乏和肌肉酸痛之苦。但是，这种付出与回报是成正比的，因此参与轮滑运动最能让人直接领悟到成功，轮滑运动锻炼也可以由此培养人们不断拼搏进取的人生观。

(3)轮滑运动比赛体现了人与人的和平相处

轮滑运动比赛中，运动员之间更多的体现的是体能、体形及成效的竞争，但这种竞争是建立在统一规则基础上的公平竞争，越是公平的竞争越是能体现人与人之间的和平共处，这种融洽的人际关系、团结互助的和平友好观念和行为是潜移默化的，长此以往，就必然使人们养成了和平相处的社会价值趋向。

(4)轮滑运动强化人们的开放意识

现代体育运动的产生与发展离不开现代社会的各方面背景，它的发展与精神文化是密切相关的。现代体育思想体系的确立中，一个基本的立足点就是精神文化。体育运动的出现是一个重要的社会进步与文化发展的现象，其对社会各个领域如政治、经济、哲学、道德、教育、美学等所产生的影响都是广泛而深远的，总而言之，其有利于社会的进步与文明的发展。体育运动的发展需要依托社会政治、经济、文化等各方面的力量，其发展呈现出开放性的特征，具体表现为“走出去”，也就是从对其他国际及民族的优秀文化进行吸收，使自己的内容不断变得全面与丰富。这也是人类社会全球化发展的重要体现。历史的发展表明，文化的发展离不开传播与交往所发挥的积极作用。社会要想取得快速的发展,就需要从多方面、多渠道来获取社会信息,加强与外界的交流。

从上述观点来看,轮滑运动要想取得快速的发展,就需要加强不同地区,甚至是国家、民族间的交往与沟通。个体在参与体育活动的过程中也会有这样的意识,会积极从外界优秀的文化中汲取营养,通过借鉴提高自己的鉴赏能力,同时也提高了自身的开放意识。

(5)轮滑运动可引导人们崇尚知识

要想取得理想的轮滑运动锻炼效果,不仅是靠反复的力量大小的抗衡、长时间的训练,还要运动者具有顽强的意志,当然轮滑运动的技术与方法的较量,知识与力量的交融更能给予人们对运动知识、运动规律的思考,如果没有明确的目标,缺乏科学系统的锻炼,即使是再长的锻炼时间,也会收效甚微。

对于任何一名健身者来说,科学系统的锻炼都是提高训练效果的可靠保障,同时也是避免由于错误动作引起损伤产生的先决条件。如果掌握的轮滑技术不规范,那么所获得的锻炼效果就会大打折扣,甚至出现一些损伤。因此,对于轮滑知识的系统学习和掌握是非常重要的。在日常生活中也是如此,要想少走弯路,也必须加强对知识和规律的学习,否则任何盲目的努力都会付之东流。

总之,轮滑运动内容丰富,动作多变,加上新奇激昂的音乐,使得每个动作都充满力量,使主体的自我得到表现,激情得到宣泄,从而产生乐观、炽热的情感,进而产生积极向上的生活态度,体会人生的乐趣,抑制不良人生观、价值观的滋生。[1] 轮滑运动有助于个体良好社会意识的形成,有助于个体形成健康的社会观和价值观。

---

[1] 刘聪.大众轮滑的社会价值探讨[J].哈尔滨体育学院学报,2010(28).

3.实现个体的现代化

现代社会的快速发展一方面是物质的发展,另一方面也需要有随之发展的人的精神和意识来匹配。很显然,现代社会的发展非常依仗人的作用,正因如此,才使得“以人为本”的发展理念盛行。物质资本和劳动资本的增加对经济增长有着重要作用,传统的经济理论观点认为它们是经济增长的主要依赖,从现代社会的实际出发,这种观点已不符合现实。在现代社会,物质资本和劳动力数量的增加为现代社会经济的发展做出重要贡献,但是应该认识到,与之相比,人的知识、能力、健康对社会经济的贡献更大。

轮滑运动能提高劳动者的身体素质,培养运动者的良好的社会意识的形成,还能促进个体不断地学习新知识并不断创新、探索,从这个意义上讲,参与轮滑运动可以被看作是对人力资源的一种投资行为,这种投资所获得的效果就是将人的身体转化为健康的身体,以便增加投入到生产当中的资本存量,而提升人力资本对促进和实现人的现代化具有重要的作用。

(二)轮滑运动促进人们社会竞争力的提高

现代社会竞争激烈,在面对如此激烈的竞争环境时,为了求生存,求发展,必须培养自己的竞争意识,具备应有的竞争手段,而轮滑运动正是实现这一目的的有效运动方式。具体来说,体现在以下几个方面。

1.轮滑运动锻炼使人适应挫折和失败

参与轮滑运动,大到长期的训练计划,小到每一次训练课,无不以追逐美好为目的,无不以每一次的成功喜悦或每一次的失败沮丧而告终。

轮滑运动锻炼的残酷性往往表现在运动者的成功只能是相对的、暂时的,成功是下一阶段努力和挑战的起点,挫折和失败又将纷至沓来,只要运动者追求不已,挫折和失败就会永无止境。

当然，轮滑运动学练过程中，当运动者经历了酸、甜、苦、辣之后，也就更能体会到成功的喜悦。这个“挫折—奋斗—成功—再挫折—再奋斗—再崛起”的过程，如同每一个成功者永不停息奋斗的人生一样，折射着人生的喜怒哀乐。因此，轮滑运动锻炼可使运动者在锻炼中建立起良好的不断进取的意识，使人能正视运动过程中所遇到的挫折和失败，端正心态，相信这些都是暂时的，并做好再次出发、重新开始拼搏和奋斗的准备。

2.轮滑运动比赛使人重视靠实力获胜

竞争在体育活动中是普遍存在的，在参与体育活动的过程中，学生必须在既定的规则与要求下通过努力达成所愿，这有利于激发学生的斗志、培养其敢于拼搏的精神、提高其抗挫能力。

轮滑运动比赛是在公平、公开、公正的基础上进行的，否则这种竞争将毫无意义可言。因此，不论运动员的资历多深，人缘关系多好，只要站在轮滑运动比赛场上，就必须用实力来证明自己。

在轮滑运动比赛中，运动员的体态的优劣和体质的强弱暴露无遗。强者就是胜者，弱者就会被淘汰，这就是实力的竞争，同时也是对运动员的努力和付出的检验。每一位参与者都将懂得优胜的结果来自于强大的实力，一切用实力说话，这是轮滑运动比赛给人们最大的启迪，要想获得这种强大的实力，就必须经过艰苦的努力，就必须始终充满斗志并坚持不懈地努力获得不断的进步。

三、轮滑运动增强人们个性及人际关系的价值

（一）轮滑运动对个体协作意识和能力的促进

1.影响个体的协作意识

体育能培养个体的团结协作精神。在集体体育运动项目中，

参与者需要通过与同伴的默契配合来赢得胜利,因此体育有助于个体集体主义精神的建立和团结合作意识的提高。作为一种特殊的社会文化活动,轮滑运动以人为本、以不断满足人们身体与精神的享受和发展需要为目的。强烈的自身参与、频繁的人际交往是大众轮滑的鲜明特征。[1]

轮滑运动的动作中主要是全身的自然动作,参加运动的包括全身所有的关节与肌肉群,无论大小。轮滑运动的组合动作较为复杂,要想做好组合动作,就要提高组成组合动作的每个单一动作的完成速度,每两个动作之间的连接必须紧密流畅,不能间断,全身肌肉要时刻保持相互交替的紧张与放松,并且要协调配合好各个关节屈伸动作的节奏。轮滑运动的动作中,单个关节的局部运动很少,许多关节共同参与的复合型运动很多,复合型运动中有些动作需要对称完成,有些需要依次完成,无论使用何种方式完成,都离不开全身关节与肌肉的协调与配合,这些都是身体协调能力的表现。重视协调配合、重视集体协作是轮滑运动给予运动者的重要运动启发。

大众轮滑更多的是以集体练习的形式出现,一个团结的集体其影响力是巨大的,它的形成和保持取决于每一个成员是否具有强烈的协作意识和群体精神。在大众集体轮滑的练习过程中,轮滑运动为培养健身者的协作意识和群体精神提供了有利条件。无论是在大众集体轮滑健身练习,还是团体轮滑比赛中,对于轮滑运动者来说,协作意味着运动成绩会突飞猛进,协作表示着运动目标的早日实现。这种在真情与汗水的交融中所形成的协作精神、在共同拼搏进取中形成的集体力量是伟大的。

现代社会是一个开放的社会,在我国当前这个开放、和谐的环境中,人与人之间谁都离不开相互协作,任何一项任务的完成都需要与他人交流、协作。例如,学生的学习需要与教师不断交流、与同学之间相互促进;城市白领的工作也需要同事的支持和

---

[1] 邢宝萍.论大众轮滑在后奥运时代的社会价值[J].运动,2010(8).

协作。通过参与轮滑运动，有助于参与者协作意识的形成，但是应该认识到，个体的协作意识并非朝夕而就，它是在人与人之间相互不断磨合、不断认识的过程中逐步形成的，同时也必将会有机地融入个体的学习工作中，增强他们社会适应能力。

2.提高个体的协作能力

现代社会对人才的要求越来越高，单个人才能力发挥是有限的，必须融入集体之中。在现代社会，与他人良好的协作能力是现代社会对于人才质量和规格的一项基本要求。良好的协作能力，能有效避免个体用一个人的有限精力去完成无限的工作，同时，协作能力是个体在社会中取得事业成功的基本能力。当前，在各学科、各行业、各领域呈现既高度分化，又相互渗透；既高度综合，又纵横交错的新态势下，各项科学研究和成果的形成、生产方式和科学技术创新，也越来越趋向于向学科交叉、行业合作的方向发展。因此，现代社会中的每一个人都应当具备协作意识、提高协作能力。

在轮滑运动过程中，人与人之间通过轮滑这一特殊的交往方式，培养着每一位锻炼者的协同配合的能力、待人接物的能力、豁达坦荡的心胸，以及运动者“忍辱负重”的涵养，这就为锻炼者在日后处理人际交往中的协作能力奠定了良好的基础。[1]

（二）轮滑运动对个体适应社会角色的促进

1.促进个体良好社会个性的形成

个性是指个体固有的观念、习惯、态度、性格、气质与行为。个性是一个人比较稳定的心理、生理素质和社会行为特征的总和，是一个人能否适应社会或能否被社会接受的关键因素。一般情况下，有两方面的因素会影响学生个性的形成与发展，即遗传

---

[1] 张瑞林.健身健美[M].北京：高等教育出版社，2005.

因素和包括家庭、学校、社会等的社会环境因素。在个体良好个性的形成过程中,体育活动发挥着积极的影响与作用。轮滑运动是直接对人的机体施加影响的项目,它不仅能影响到人体的身、心理属性,促进身心的健康发展,而且还能作为社会教化的手段来促进个性的形成和发展。

轮滑运动对个体良好社会个性的形成的促进作用主要表现在以下几个方面。

(1)轮滑运动对人的个性形成具有调整功能

轮滑运动不仅需要有体力、智力和情感的参与,更要求人们有较高的体能和技能的投入。在每次寻求动作技能有重大飞跃的关键时刻,它要求轮滑运动者必须接近和突破自己的生理和心理极限。感受这一过程也是个人发现自己个性的优势及不足,使轮滑运动者正确地认识自我、发现自我和改造自我,加速人的社会化形成的过程。

(2)轮滑运动对人的个性形成具有约束作用

轮滑运动内容丰富、活动方式多样,在参加轮滑运动的过程中,每一个人在活动中都不同程度地接受着环境的约束与限制,被迫接受着他人的督促与激励。在这种环境中,体格健壮、体态优美者备受赞赏和追崇,这就在一定程度上促进和激励更多的人为了追求美而坚持不懈地积极努力和锻炼。这种无形的约束力能转变成继续拼搏向上的有形动力,因此作为社会中的个体,每一个个体总是心甘情愿地接受来自具有共同目标和价值观的群体的约束。

(3)轮滑运动可使人形成积极向上的个性特征

促进个体形成社会需要的个性并胜任相应的社会角色,是体育的重要功能之一。这一功能主要体现在体育的主动性、实践趣味性、直接参与性等方面。轮滑运动学练对于个体良好个性的形成具有积极的促进作用。具体来说,在轮滑学练活动中,运动者的身体练习较多,在此过程中,不同轮滑学练者之间交流的机会也较多,因此通过参与轮滑运动,可使运动者学会竞争、学会合作，学会与人相处。可见，轮滑运动对运动者良好个性的形成起到的作用。此外，通过参与轮滑学练，可使运动者提高学习自主性、培养良好的意志品质和集体主义精神。这对于运动者在社会生活、工作中，适应社会发展需要，作为社会的建设者构建健康文明的和谐社会具有重要作用。

作为体育运动的一种，轮滑运动是直接对人的有机体施加影响的体育运动项目，在参与轮滑的过程中，轮滑运动不仅能影响到参与者的生理属性、心理属性、促进身心的健康发展，而且还能作为社会教化的手段，促进参与者积极向上的个性特征的形成与发展。

(4)轮滑运动可使人形成具有丰富情感的个性

社会结构和形式决定着社会成员的情感。在现代社会，现代人的这种情感表现为强烈的责任感、道德感、追求感。人类的情感不断丰富。轮滑运动对人的丰富情感个性的促进主要表现在以下几个方面。

①轮滑运动的自我意识感、群体约束感和主动积极感，激励着参与者以固有的道德规范自己的行动。

②在轮滑运动中，运动者以执着的追求驱动自己竭力去拼搏。

③在轮滑运动中，运动者以复杂而难以预料的情感，领略着成功的欢欣和失败的痛苦。

轮滑运动给人提供的情感体验是多种多样的，这顺应了现代人对情感的多方面需求。从体育文化教育的角度来看，个体参与轮滑运动需要有身体的直接参与，而且轮滑运动有着很强的开放性，经常会发生时空的转化，不同个体之间的沟通与联系也很频繁，这对于个体运动效果的提高都是非常有利的。由此可以看出，轮滑运动所具有的这些特征对于个体良好个性的形成而言，比其他活动更能发挥积极的作用。而且，这对于个体参与轮滑运动自主性的提高、良好意志品质的培养以及集体主义价值观的建立也都起着积极的作用。

2.促进个体胜任不同的社会角色

在社会结构中，需要有具备多种特定权利、义务和行为规范的人员组成。社会是有许多人构成的一个复杂的关系整体，作为社会中的人，需要扮演不同的社会角色，这就要求个体应完成人的社会化，能在不同的社会关系中扮演好不同的社会角色。轮滑运动，恰好为人们提供了尝试社会各种角色的机会，并且也检验着每个人适应各种角色的能力，督促着每个人提高胜任各种角色的能力。

社会角色学习包括的内容有很多，轮滑运动对于运动者社会角色培养有着较为独特的作用，具体表现如下。

(1)在轮滑学练过程中，指导员的示范和学员的模仿是轮滑教学活动完成的主要方式和手段。在这个轮滑运动中，学员的模仿学习的方式对于所有轮滑内容都适用。因此，通过不同教学活动角色的模仿与扮演，能够加强学员的角色互换意识，从而强化轮滑学练者的社会关系意识，有利于轮滑学练者在日常生活中也能深入认识自己的社会角色，并能正确理解和控制自己的社会行为。

(2)参与轮滑运动可以增强轮滑学练者的情感体验。在轮滑运动过程中，轮滑学练者有可能扮演不同的角色，比如运动员、教练员或观众等，这些不同角色扮演的过程，对于轮滑学练者体验不同角色的情感及心理，提高社会角色的扮演能力，适应社会大有裨益。

(3)参与轮滑运动可约束轮滑学练者的行为，使轮滑学练者学会遵守规则。在轮滑运动中，每一位参与者在活动过程中都不同程度地接受团队活动的约束、限制、督促与激励，这就促使每个轮滑学练者都必须适应群体的需要。这种“适应”不仅表现在技术、技能方面，而且还表现在精神层面。在团队活动中，优异者将得到赞扬和激励，反之，则会受到贬斥和忽视。而人在社会中也必然存在于多个不同的社会群体结构中，作为社会群体中的一员，必须遵守该群体的规则，同时必须遵守整个社会的规则。

通过在轮滑运动锻炼中的角色学习，可以使轮滑学练者懂得社会角色是与人们的某种社会地位、身份相一致的一整套权利、义务的规范与行为模式，也可使轮滑学练者们体会到经过个人努力是可以成功扮演各种社会角色的，从而体验出人的主观努力是改变社会地位的重要途径。

（三）轮滑运动对个体良好人际关系的促进

人既具有自然属性又具有社会属性，自然属性是人存在的基础，但人之所以为"人"，不在于人的自然性，而在于人的社会性。人的社会化在社会的生存与发展中起着非常重要且深远的影响作用。关于人的社会化，尽管有不少学者都对此有一定的研究，但是，在研究角度和重点方面还没有形成统一。对于人的社会化，简单来说，就是社会将一个"自然人"教化为一个"社会人"的过程。

在人的社会化过程中，人际关系发挥着重要的作用。有哲人说过，人生的美好是人情的美好，人生的丰富是人际关系的丰富。无论是在享受美好人情的温馨、宽慰、甜蜜，还是在经历和忍受人际关系中冲突的烦恼、茫然、愤怒，你都不会怀疑，人不能没有朋友，人不能不与别人交往。可以想象，孤独的人生一定会黯淡失色的。

轮滑运动以其项目自身所特有的优势，在对个体的良好社会关系的形成方面起到了良好的促进作用。社会学研究曾指出，影响人际关系的主要因素有沟通能力、对身体语言的理解和使用能力、自我意识水平和移情能力等。而轮滑运动恰恰对影响人际关系的主要因素具有直接作用。因此，应当重视轮滑运动的方式，来培养和提高轮滑运动者的人际交往能力。

1.提高个体的沟通能力

体育能提高人的交际能力，尤其是对于集体性运动项目而言，参与体育活动的个体必须经过交流并最终达成一致意见才能顺利地进行体育活动。因此，体育活动为个体与他人进行人际交往提供了一个良好的平台。

由于轮滑运动项目的特殊性，每一个参与者都要经历由开始不会、不懂，到后来能独立设计锻炼计划，其间每一个技术动作细节都是在教师或教练员的讲解示范、伙伴的真诚互助和参与者的努力拼搏中进行的。因此，轮滑学练者学习轮滑的过程中经常存在纠正动作技术的沟通，伙伴间相互保护、切磋经验的友爱性的交往及练习过程中的自我沟通。这种沟通不仅具有直观性、及时性和准确性，而且也是主动性沟通、注意力集中性沟通和信息交流充分性沟通的典型范例。因此，经常参与轮滑运动锻炼，对提高人的沟通能力，形成良好的人际关系，有着积极的影响。

轮滑运动的开展普遍是以集体形式进行的，人们在教练的引领下共同练习。参与轮滑练习的人各具特色，他们来自不同的阶层、环境甚至种族，所以这种形式下进行轮滑运动练习有利于人们社会交际范围的扩大，人们从单一的生活与工作环境中解脱出来，与不同的人群接触，视野不断开阔，与人交流与沟通的能力也逐步加强，从而丰富了自己的生活。人们在轮滑运动的集体练习中建立了深厚友谊，甚至成为对方生命中的重要一部分。所以，轮滑运动不仅具有强身健体的作用，同时也具有促进个体交往的重要作用。

2.改善个体自我意识水平、移情能力和社交技能

在对人际关系进行制约时，自我意识的水平是具有针对性的。在社会生活中，人与人的情感表达是不同的，例如一些人表现得非常含蓄，常常得不到有关自我的真实反馈，从而使其更脱离现实，并导致其自我意识水平越来越低，移情能力越来越落后，社交技能越来越简单，最终成为只会自以为是、天下唯我独尊的人。

在轮滑运动学练过程中，每个人担当着不同的角色，教师或

伙伴所做的评价是阶段性的，它会随着运动者体能、体态的不断变化而改变。这种反馈很容易变成促使自己去拼搏、进取、向上的动力。通过轮滑运动锻炼所形成的自我意识，在不断的运动实践中将变成一个人的自觉行动，这种自觉行动会促进个体社交技能的提高。

四、轮滑运动提高人们民主意识的价值

民主是社会进步的一个重要标志，是社会文明的象征，是社会公德和法律要求的具体体现。具体来说，民主是指人们对社会事务具有参与或自由发表意见的权利。一个人没有适应社会需要的民主意识和民主行为，他将受到社会公德和法律的约束和限制。

（一）轮滑比赛程序的民主化是促使轮滑学练者形成民主意识的有效途径

现代社会中的民主包括两个方面的含义，即目标的民主和程序的民主。轮滑运动参与的大众性和比赛结果评定的公开性，在程序上决定了轮滑比赛必定是个民主过程。

对于热爱轮滑运动的人来讲，人人都可以平等地参加每一项轮滑活动的内容，并在活动中“获取与其天赋相适应的运动成就”，在轮滑正式和非正式的比赛中，每个人都能从组织或锻炼实践中感触民主化程序，这就使得轮滑比赛的参与者主动或被动地养成民主化的作风，这有助于其社会性民主意识的形成。

（二）轮滑比赛内容的民主化处理规范着轮滑学练者的社会民主性行为

轮滑运动对培养人适应社会的民主意识，养成民主行为，具有示范作用。具体表现在以下三个方面。

首先，人人都有参与轮滑运动的自由和权利，轮滑运动民主化的产生影响着人民主行为的养成，是教育和引导参与者成为民

主法制成员的有效方式。

其次，在轮滑运动比赛前，任何人都不得以任何越轨的手段制造比赛结果。这种公开性和透明度，是轮滑运动结果民主化的保证，这种规范化的行为也必然会影响轮滑运动参与者、竞技者和比赛受众，并使更多的社会大众受到影响。

最后，轮滑比赛的结果是在严格规则控制下公平、公正产生的，因此轮滑运动的民主是典型的程序民主。在轮滑比赛中，比赛规则和其他相关竞赛文件使参与者形成了一种“契约关系”，这种“契约关系”要求每一个参与者都力争在比赛中最大限度地发挥自己的能力战胜对手，同时又要承担义务允许对手在平等条件下与自己竞争。

总之，民主化是体育竞技活动的一个重要属性，对于轮滑运动来说也是如此，通过轮滑运动的民主化意识和行为的影响，能促进人们在社会生活中倡导民主精神、遵循民主制度。

第三章　我国轮滑运动开展情况研究

轮滑运动作为一项较为流行的时尚体育运动项目，受到广大年轻人的欢迎与喜爱。轮滑运动在我国已经得到了较为广泛的发展，并且在学校中也普遍开展。本章主要对我国轮滑运动开展的影响因素、基本现状以及策略等方面的内容加以分析和研究，由此能够对我国轮滑运动开展的基本情况有所了解和掌握。

第一节　我国轮滑运动开展的影响因素

通常情况下，能够影响我国轮滑运动开展的因素主要有以下几个方面。

一、经济因素

经济是社会发展的基础，轮滑运动作为上层建筑的一部分，其必须在经济基础上才能得到相应的发展，经济基础会对包括发展规模和发展模式在内的所有发展因素都产生一定的制约作用。从我国当前轮滑运动的总体情况上看，宏观上经济基础好、生活水平高的地区和人群轮滑运动发展相对较好。

通过对近年来参加全国轮滑比赛的地域分布情况的调查和分析可以得知，除辽宁和黑龙江得益于水冰传统和基础外，能够常年坚持派队参加比赛的基本上是我国经济相对发达的地域，如北京、上海、浙江、广东等地。由此可以得知，在国家和地方各级体育主管部门对作为非奥运项目的轮滑项目不再投入经费的情况下，凸现出经济发展水平客观上对轮滑项目发展状况起到了重要的决定性作用。

二、政治因素

我国体育的政治功能不仅在当前，在今后相当长的时间，仍将表现突出，这是毋庸置疑的。轮滑运动作为非奥运项目，由于其政治功能的相对弱势，在现阶段一定会对其发展产生一定的影响。

（一）国家政策

《体育事业"十一五"规划》的总体目标讲"以举办和参加年奥运会为契机，广泛开展群众体育活动，初步建成具有中国特色的全民健身体系，不断满足群众日益增长的体育文化需求，使全民族的健康素质明显改善。不断提高竞技运动水平，增强我国竞技体育的总体实力。不断深化体育改革，大力发展体育产业，努力创建各种社会力量竞相参与、充满活力的体育体制和运行机制。进一步提高体育管理的科学化、法制化水平，努力实现体育事业全面、协调、可持续发展。"由此可以看出，体育工作最重要的一个目标是"为国争光"。因此可以确定的是，现阶段体育工作的政治功能将得到进一步的巩固和提高。

由此也得知，轮滑运动作为我国虽正式立项但却被定位为非奥运项目，在"奥运争光计划"备受重视的今天，从国家政策层面决定了轮滑项目的弱势地位。另外，由于受全运会战略的影响，多数省、市至今未成立轮滑协会且多年未举办过正式的比赛。缺乏国家政策支持、政府部门宏观扶持和引导，也使得我国的轮滑运动在整体上发展缓慢。

（二）管理体制

管理体制对我国轮滑运动开展具有重要的影响，具体如下。

1. 管理体制的类型划分与特点

国家在对体育运动管理的过程中所形成的相对稳定的组织结构形式、权力分配方式和在一定管理制度规范、约束下展开的运行机制的总称，就是所谓的体育管理体制。体育管理体制对国家、社会和个人在体育领域中的地位，以及他们在体育领域中的权力和利益的比例分配以及所起的作用都产生重要的决定性作用。但由于各个国家的经济与政治体制、国家经济发展程度、民族文化与传统等方面的不同和差异，决定了世界各国的体育管理体制的性质、内容与结构也各有不同，但在总体上，按照管理主体和权力归属的角度划分，多数专家和学者认同世界各国的体育管理体制可划分为政府管理型、社会管理型和介于政府管理型和社会管理型之间的结合型。

(1)政府管理型体制

通常来说，政府管理型体制是指由政府设立专门的机构管理体育，政府的权力高度集中，并采用行政的手段和方式进行从宏观到微观等各个层次的全面管理，从制定总体发展规划，直至组织各级、各类体育活动等几乎都由政府机构负责，而各种社会体育组织则不具实质性的管理功能。政府管理型体制本身具有一定的优势和不足。具体来说，其优势主要表现为：有利于强化领导、集中调配、统筹兼顾；不足则主要表现为：易于抑制社会对体育的参与和支持，因而最终限制社会体育的发展。目前世界范围内古巴和朝鲜是采用政府管理型体制的典型国家。

(2)社会管理型体制

社会管理型体制是指由各种社会体育组织进行管理，政府一般不设立专门的体育管理机构，政府对于体育事务很少介入和干预，即使在介入和干预时，也常常采用立法或经济补贴等方式间接地进行。社会管理体制的优点是有利于发挥和调动包括体育社团组织在内的社会各方面的积极性，缺点是难以整合资源，各个体育项目、体育组织之间难以统筹协调。当前，美国和意大利等国是较为典型的采用社会管理体制的代表。

(3)结合型管理体制

结合型管理体制顾名思义,就是指由政府和社会体育组织共同管理的体制,政府对体育实行宏观管理,制订方针、政策,发挥协调、监督的职能,社会体育组织在政府的宏观管理下,负责本项目的业务管理。结合型管理体制本身也具有一定的优势和不足。具体来说,其优势主要表现为:对发展政府的主导宏观调控作用,鼓励社会对体育的支持和参与较为有利;不足之处则主要表现为:在宏观与微观的界定、权限的划分和利益的分配等方面则存在一定的困难。目前世界上多数国家采用这种管理体制,如日本、韩国、德国等。

2. 我国的体育管理体制

以上述体育管理体制的分类为主要依据,可以将现阶段我国的体育管理体制在类型上归为结合型体育管理体制,但是,我国的结合型管理体制又是具有鲜明时代特征和中国特色的体育管理体制。

我国改革开放前的体育管理体制是典型的政府管理型体制,也就是平时大家耳熟能详的“举国体制”。在当时的国家经济体制、政治体制和社会背景下,“举国体制”对于论释和发挥体育的政治功能做到了淋漓尽致。改革开放以后,随着我国经济、政治体制改革的逐步深入,我国的体育管理体制改革也在不断深入。以 1986 年原国家体委发布《关于体育体制改革的决定草案》为起点,到 2006 年发布的《体育事业“十一五”规划》以来的二十年里,体育改革所带来的观念的变革与更新、管理范围的拓展、管理手段的创新等初见成效,在体育行政机构进一步精简上得到了体现,进而成立了各个运动项目管理中心,打破了原有体育行政部门管、办一体化的职能结构,体育行政部门的具体业务工作渐进式地移交给了各运动项目管理中心。各个运动项目中心的建立是我国所特有的组织机构形式,其定义为事业单位而非政府机构或社团组织，将中国特色充分体现了出来。

由此可以看出，在当前的一个时期内，我国体育管理体制尚处于由政府主导型的体育管理体制向结合型体育管理体制的过渡期，这一过渡期甚至可以认为是过渡初期。具体来说，可以从以下几个方面得到体现。

第一，从形式上来说，尽管成立了各个运动项目管理中心，但政事分开、管办分离并不彻底，管得过多、统得过死等问题未有根本性改变。比如，在人事方面各个中心仍没有独立任免权，在具体的业务领域，业务性较强的竞赛规程、竞赛规则等仍须报有关体育行政部门批准，购买固定资产须执行政府采购制度，甚至购买国际机票也要到指定机构购买，非奥运项目中心多数为差额拨款自收自支等等，当然，成立运动项目中心对于盘活体育项目的无形资产起到了积极的促进作用。

第二，作为竞技体育部分，现行管理制度的主导思想仍然是突出政治功能、强化“举国体制”、倡导“奥运争光”。2005 年全国体育局长会议指出“……举国体制是我国竞技体育在国际竞争中取得胜利的基本经验和制胜法宝，必须坚定不移地坚持下去，不能有丝毫动摇。全国一盘棋、国内练兵、一致对外是我国竞技体育举国体制的精要所在，也是社会主义制度的优越性在我国竞技体育领域中的具体表现。”。所以，奥运项目不仅尽享“举国体制”在人、财、物等方面的保障，也占尽成立项目中心后盘活无形资产的各项便利。

第三，作为群众体育部分，由于不涉及“奥运争光”，再加上政治功能的弱势，“举国体制”的保障已经基本丧失，而在社会主义市场经济条件下的盘活无形资产方面，也因为其弱势地位而“盘活”有限。

3. 我国轮滑项目管理体制

国家层面现行轮滑项目管理体制有两种，一种是对内的(图 3-1)，一种是对外的(图 3-2)。

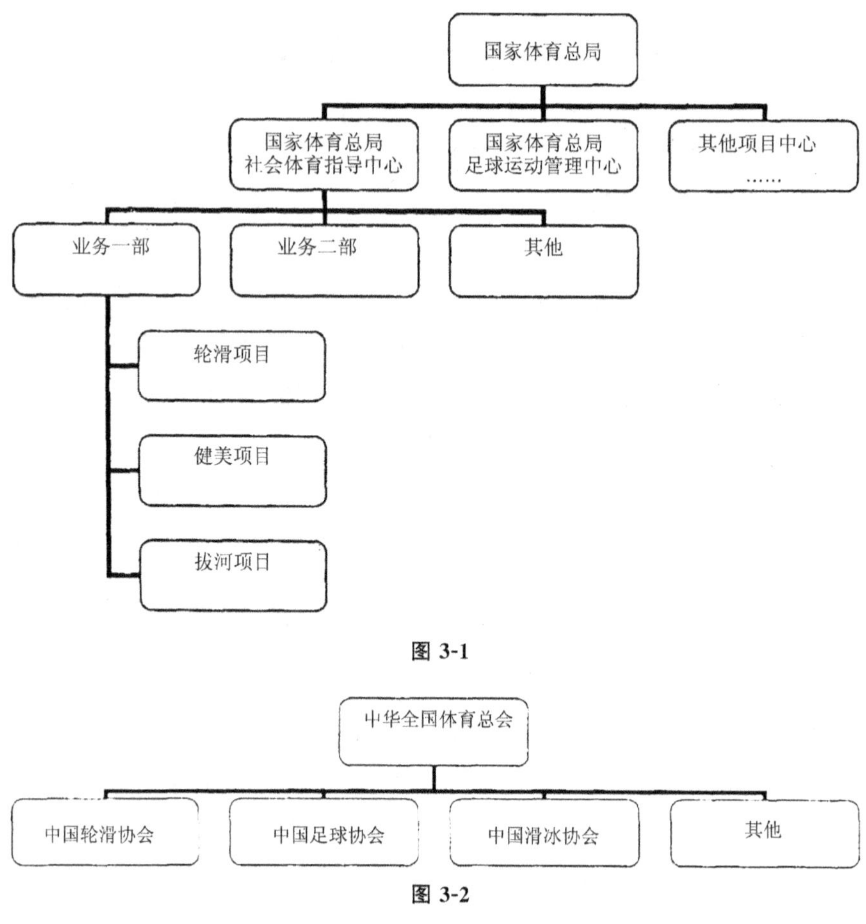

图 3-1

图 3-2

（三）法制建设

1. 现行轮滑运动规章制度

截至 2006 年 10 月，以原国家体委、国家体育总局、国家质量监督检验检疫总局和国家标准化管理委员会、国家体育总局办公厅、国家体育总局社会体育指导中心、中国轮滑协会名义发布的与轮滑运动直接相关的规章制度有 7 部：《轮滑裁判员技术等级实施细则》《轮滑运动员技术等级标准》《轮滑活动管理办法》《花样轮滑技术水平测试暂行办法》《体育场所开业条件与技术要求分轮滑场所》（国家强制性标准）《轮滑运动员注册与交流实施细则》《轮滑教练员技术等级标准》。

2. 存在的问题和原因

在“有法可依”方面，主要存在着以下两个方面的问题。

一方面，虽已有部轮滑运动的专项规章制度，但在竞赛、培训、职业资格鉴定、专项器材审定等方面还存在很多空白。人员不足，特别是专业人才不足、不专，是造成这种局面的一个首要原因。

另一方面，是在已有法规颁布的情况下，另一部门起草的文件与已发布法规相冲突时，仍批准其发布的问题。比如，1999 年国家体育总局颁布实施的《轮滑活动管理办法》（社体字［1999］283 号文件）第 2 条明确规定“轮滑活动是指使用各种滚轴类鞋、板等类似器材主要包括单排轮滑鞋、双排轮滑鞋、滑板等在各种场所进行的速度轮滑、花样轮滑、轮滑球、极限轮滑、滑板以及经国家体育总局审定的归类项目的竞赛、训练、表演、培训、技术交流、娱乐等活动。”第 4 条对“国家体育总局社会体育指导中心主管全国的轮滑活动，中国轮滑协会具体组织实施管理”做出了明确的规定。但在《轮滑活动管理办法》仍然有效并正常施行的情况下，国家体育总局又于 2001 年下发了《极限运动管理办法》（体水上字［2001］51 号文件），其中第 2 条也规定了“极限运动包括滑板和极限直排轮滑”，并在第 4 条中明确“国家体育总局水上运动管理中心主管全国的极限运动”从而使轮滑项目不仅在“有法可依”方面自相矛盾，也在客观上造成了国家对轮滑项目管理上的交叉与实际工作中的矛盾，更导致“有法必依”“执法必严”“违法必究”无从谈起。而利益冲突往往是导致这一问题的根本原因。

三、传媒因素

传媒对轮滑运动的发展有着非常重要的影响和作用，究其原因，主要取决于传媒的交流信息功能、宣传教育功能、传播知识功能和满足人们精神及文化生活的服务功能。轮滑运动在我国的发展,固有其本体需要的根本原因,以及经济、政治、文化、思想观念、专业人才队伍等因素的影响,更有在传媒影响下的社会模仿、相互感应的重要原因,包括报纸、杂志、广播、电视、网络等在内的各类传媒已成为影响轮滑运动发展越来越重要的因素。

具体来说,传媒因素对我国轮滑运动的影响,可从以下几个方面得到体现。

(1)通过传媒对轮滑运动的报道导向、倾向方面的分析可以得知,目前各类传媒对轮滑运动的传播情况基本上是积极和正面的,或是对轮滑运动本身特点的介绍与推荐,或是对轮滑赛事活动的宣传报道。

(2)通过对传媒关注的主、被动关系方面的分析可以得知,已经开始出现由原来的轮滑业内人群主动邀请、争取,向新闻传媒主动关注转变。

(3)通过对传媒关注的质、量方面的分析可以得知,已经由零星的泛泛介绍轮滑运动、泛泛报道轮滑活动,向多篇幅、大篇幅、多视角方面来探究轮滑运动的特点、功能和作用,讨论轮滑项目现行制度,培育打造轮滑运动明星方面拓展。

(4)通过对传媒关注的自身种类方面的分析可以得知,已经由较单一的体育类报纸、杂志,向综合类传媒发展,特别是近几年来,专业性轮滑运动网站的兴起以及中央电视台和其他地方省、市电视台对轮滑运动的关注,对大众认知轮滑运动,起到了非常重要的影响。

以中国轮滑协会的日常工作为例,在还没有建立起中国轮滑协会官方网站之前,协会在进行下发轮滑比赛、培训、会议等活动通知或者发布轮滑运动方面的规章制度等工作时,基本是通过各省、市的社会体育指导管理中心和轮滑协会这一渠道采用信件或传真等方式进行。但是,由于在这些原因的影响下,相关信息不能或者不能及时传达到相关轮滑运动队或轮滑俱乐部手中,很多轮滑俱乐部和轮滑爱好者并不是都在地方社体中心和轮滑协会登记备案，这就对轮滑运动的发展产生了直接的影响。中国轮滑协会官方网站建立之后，这一矛盾就得到了有效的缓解。网站内容包括赛事一览、轮滑运动、轮滑名录、协会介绍、轮滑论坛和留言板、友情链接、协会公告、赛事传真、各地信息、热帖连接、焦点回放、相关专题等栏目，大众可以通过浏览网站获得最新轮滑活动信息，查询以往轮滑活动情况、比赛成绩等情况，了解轮滑运动的相关规章制度，还可以通过网站论坛发表看法，可以向中国轮滑协会等有关方面提出意见和建议，可以下载有关资料等等。这样一个相互沟通、交流的渠道的建立，不仅能够使轮滑活动相关信息的快速传播得到有力的保证，而且还能使中国轮滑协会工作的透明度有所增加，中国轮滑协会也可以通过这一渠道及时了解和掌握轮滑运动的发展情况，尤其是了解和掌握大众对协会工作的建议和意见，并以此鞭策中国轮滑协会的工作，提高工作效率，把握工作方向，从而对中国轮滑运动的发展起到更加积极的推动作用。

四、大众认知与参与因素

行为取决于思想。具体来说，这主要体现在两个方面：一方面，社会大众在思想和观念上对轮滑运动的认知，对大众对轮滑运动的基本态度起到重要的决定性作用；另一方面，社会大众在对轮滑运动有了基本的认知态度后，其参与轮滑运动的动因便对其具体的参与行为起到重要的决定性作用。

（一）大众认知

在我国改革开放之前，在国家大环境的影响下，社会大众在观念上多数认为参加轮滑运动旱冰是“不良”少年的“不良”行为，特别是在当时青少年的娱乐方式和内容还不丰富的情况下，虽然青少年很喜欢轮滑旱冰，但多数家长对此项运动持否定态度。进入 20 世纪 80 年代，随着我国经济、政治、文化生活的不断发展，国家对轮滑运动开始正式认可，并且还将其列入体育竞赛项目，其活动形式、活动内容、项目名称都得到了系统的规范和管理，人们的观念才逐渐发生变化。

以家长为代表的社会大众也逐渐开始转变观念，对轮滑这项运动在孩子的成长方面所起到的积极的、健康的、有益的的作用有了进一步的认识，在行为上也逐渐由反对、禁止向赞成、鼓励方向转变。根据文献资料的调查和随机访问结果显示，现阶段，社会大众普遍认为轮滑运动是最适宜青少年参与的体育活动之一。它除具有锻炼身体、增强体质，培养人们勇敢顽强、克服困难、超越自我的意志品质，培养人们竞争、团结、协作的社会意识的作用和功能外，更有轮滑运动所特有的青春、时尚、阳光、健康、动感、环保等特点。

通过对 2005 年参加全国轮滑比赛的运动员年龄结构分析，得出以下结论：参加全国比赛的 9～13 岁的运动员占 53%，13～17 岁的运动员占 27%，17 岁以上的运动员占 10%。而且在 17 岁以上组别中超过 23 岁的运动员只有 3 人。另外，从中国轮滑协会 2005 年对我国目前参与各种轮滑活动的人群抽样调查中可以看出，轮滑运动在我国的参与主体基本以青少年为主（约占 95%），中、老年人从事轮滑运动的比率较低。在现阶段，北京、上海、江苏、浙江、广东、湖南等省市的大、中、小学校中，很多都开设了轮滑课程或在课外体育活动中开展，在学校，轮滑运动人群数量逐年增加，已经成为更多学生的业余爱好和锻炼身体的方式。

但是，从全国范围上来说，社会大众在观念上对轮滑运动的认知仍然存在障碍。从相关的调查了解中发现，现阶段，我国社会大众对轮滑运动较为了解的仍然占少数（轮滑运动在一定程度上属于城市运动，而农村人口在我国所占比例约为 70%），相当一部分人仍然只知“旱冰”而不知“轮滑”为何物，对其的认识还停留在“不良”的层面上。特别是现阶段国家有关行政部门的现行文件中仍称“轮滑”为“旱冰”，管理思想还是以“堵”为主。

（二）大众参与动因

设定轮滑运动的利益相关者，能够为分析社会大众参与轮滑运动的动因提供一定的便利。通常情况下，可将轮滑运动的利益相关者分为业余爱好者、运动员、技术指导人员如教师、教练员、裁判员、家长、俱乐部、协会社团组织和赞助者等。也许上述利益相关者分类不确切、不科学或有交叉且不涵盖全部，但可以代表轮滑运动的参与大众。这些利益相关者对于直接参与或间接参与轮滑运动的动因各不相同。

(1)业余爱好者和运动员等参与人群中，青少年是参与主体，他们参与轮滑运动的动因往往是由于轮滑运动本身的魅力青春、时尚、阳光、健康、动感、环保，还可以锻炼身体和磨炼意志。

(2)技术指导人员参与轮滑运动的动因往往是：社会需求、工作需要或就业需要。

(3)家长作为轮滑运动参与主体——青少年人生之路的规划者和决策者，参与轮滑运动的动因主要有：第一，希望孩子通过轮滑运动锻炼身体、磨炼意志、塑造人格等；第二，看到了轮滑运动未来的发展前景以及孩子参与轮滑运动在今后升学、就业等方面的优势条件，甚至经济回报。

(4)轮滑俱乐部、协会等社团组织是轮滑运动发展的载体之一是其存在的理由。

(5)赞助者参与轮滑运动的动因主要是：轮滑运动本身的特点和参与主体两大因素，或为经济、名誉回报，或为社会公益。

五、专业人才因素

不管在什么样的领域，关键性力量都是专业人才队伍，他们对某一领域的成熟程度和发展质量有决定性影响。轮滑运动专业人才的数量和质量，不仅会对轮滑运动发展产生关键性的影响，而且还是直观体现轮滑运动发展现状的标志。现阶段，由于轮滑运动在我国是以政府主导发展体育运动中的弱势项目，轮滑运动的从业人员现阶段多以兼职为主，专职为辅，导致其专业人才队伍建设非常薄弱。

轮滑运动的专业人才主要包括以下几种类型。

（一）理论科研人才

从相关的调查中可以发现，在全国范围内，尚没有轮滑运动专项的科研科目，更没有轮滑运动专项的科研场所，在轮滑理论科研方面虽有少许轮滑运动方面的专著和论文，但研究人员全部为“半路”兼职“出家”。

（二）管理人才

在现行管理体制下，掌握实际管理权的管理者基本上是体育行政部门含事业单位工作人员，而他们绝大多数人员身兼多职，管、办关系尚未彻底理顺的情况下，协会制、俱乐部制等实体化制度与保障体系尚未建立的情况下，决定了他们的工作内容繁杂，不可能在单一的轮滑项目上投入太多的精力。

（三）专业技术人才

轮滑项目发展的最薄弱环节，就是专业技术人才方面，这一方面也能够最直观地将轮滑项目的质、量充分体现出来。以带队参加全国轮滑比赛的教练员为样本，通过对有关专家、俱乐部负责人和部分教练员、裁判员、运动员的访谈，反映最大的是针对教练员业务水平而提出的认为我国轮滑运动近些年来一直在低水平上徘徊，其主要原因是教练员队伍的结构和素质问题。现有的轮滑教练员中，总体上文化程度偏低，大部分都没有经过系统的专业知识学习，对轮滑运动技术的理解和从事系统训练工作确实很难胜任，甚至优秀运动队的教练员不懂得运动营养、不懂得基本的运动生化指标。当然，由于受国家大环境的影响，目前所谓的轮滑项目高水平运动队均没有科研服务与科技攻关的配套保障。

需要特别强调的是，轮滑运动是从冰上项目派生出来的运动项目，从运动训练学角度看，轮滑运动与冰上项目属于同一运动项群，但在高水平技术领域仍然有较大差别。再者，由于轮滑项目的弱势，现阶段，该项目还没有相对成熟的、系统的技术理论，还没有形成相对成熟的项目体系，在高水平竞技运动训练方面和大众普及培训指导方面也没有相对成熟的可遵循的“教科书”，也对轮滑教练队伍的进一步学习和技术水平的提高产生了一定的制约作用。

六、竞赛因素

由于轮滑运动自身的魅力和特点，吸引了广大青少年和以家长为代表的社会大众的广泛关注和参与，但是需要强调的是，参与者保持长久的热情和持续地参与到轮滑运动中，并不仅仅是由于单纯的兴趣和爱好，如此，便充分体现出了竞赛的作用和功能。

（一）竞赛与配套制度

公正、公平、公开的竞赛，作为激烈抗争和游戏特点的竞技活动，是体育项目的最高表现形式，竞赛结果的不确定性也为轮滑运动本身增辉添彩，使之富有魅力。除了竞赛本身的杠杆作用外，配合竞赛实施的相关制度，也是吸引人们参与轮滑运动的重要因素之一。

从相关的调查研究中可以发现，每年参加全国轮滑比赛的地区和运动员人数均有不同程度的增加。

自 1998 年国家颁布实施《轮滑运动员技术等级标准》以来，由于该标准有助于达标运动员的升学、就业，比以往参加轮滑比赛更具实际意义，由此对更多人产生了吸引力，从而使更多的省、市以及运动员参与轮滑活动。

(二)竞赛与项目的增设

轮滑运动传统竞赛项目包括速度轮滑、花样轮滑和轮滑球,自20世纪90年代极限轮滑和滑板项目引进我国,21世纪初自由式轮滑平地花式轮滑引进我国以来,轮滑运动又陆续增设了极限轮滑和自由式轮滑的竞赛,除此以外,对轮滑项目的参与人群特点加以考虑,在全国比赛中还增设了少年组比赛,这些措施都非常好地吸引了广大青少年参与进来,在这种良性互动中,对轮滑运动的发展产生了积极的推动作用。

(三)国际交流与合作

在办好国内赛事的同时,为了使轮滑运动的影响力得到进一步的扩大,并且学习国际轮滑项目的先进技术与办赛经验,多年来,我国不仅经常性的派队出国参赛,还先后举办了2届亚洲轮滑锦标赛、2届国际自由式轮滑公开赛、1届世界锦标赛和1届世界杯赛,这就在一定程度上促进了我国轮滑运动的发展。

上述这些对我国轮滑运动现状与未来发展产生重要影响的因素之间并不是孤立存在的,而是互相制约、互相影响的辩证关系。以政治经济学原理为依据可以得知,经济是基础,经济基础决定上层建筑,上层建筑又反作用于经济基础。无论是政治、传媒、大众认知与参与,还是专业人才和竞赛,都属于上层建筑的范畴,因此经济因素应是上述诸因素的主导因素或者是基础性因素。

现阶段,我国宏观经济发展态势良好,传媒的新闻宣传客观、正面,大众认知与参与积极,竞赛制度不断完善、内容不断丰富、形式不断创新,这些因素是当前对我国轮滑运动发展产生积极影响的重要因素。但是,由于国家对轮滑运动的重视不够,再加上轮滑运动专业人才队伍建设的薄弱,导致政治因素和专业人才因素成为当前对我国轮滑运动发展产生消极影响的因素。

第二节　我国轮滑运动开展的基本现状

一、我国轮滑运动开展的总体现状

轮滑运动在各个领域中都得到了一定的发展，其中，最主要的是健身领域和学校领域，具体如下。

（一）轮滑运动在大众健身中开展的现状

当前，我国综合国力的增强，经济水平不断提高，社会基础设施建设越来越好，人民生活越来越富裕，社会健康知识越来越普及。人们对健康的认识越来越深刻，越来越注重健康，意识到健康是提高生活质量的必备条件，认识到健康的重要性，参加体育运动的人也越来越多。

首先，作为一项集休闲、娱乐、健身于一体的时尚运动，轮滑运动受场地限制较小，初学者的接受难度较小，因此受到了广大人民群众的喜爱。齐丽敏在《对黑龙江省大众轮滑运动发展的可行性研究》，与魏晓磊、梁爽在《关于长春市大众轮滑运动现状的研究》中，都对轮滑受场地限制较少、老少皆宜非常适合大众健身的观点进行了阐述和说明。

其次，大众轮滑运动的健康发展得益于社会各个方面的积极促进。陈新亚在《我国轮滑俱乐部现状的调查与分析》中通过大量调查与分析，得出了以下结论：随着轮滑运动的发展，轮滑俱乐部应运而生，但由于轮滑运动发展的速度较快，其相应组织管理没跟上。并为轮滑俱乐部以后的发展提出了宝贵建议。

最后，轮滑运动的发展普及对大众轮滑运动的健康发展起到积极的推动作用。从相关的调查研究中可以得知，轮滑运动群众基础雄厚，发展迅速，其参与主要成员是学生，轮滑消费水平较高，大众轮滑比赛较多，但标准轮滑场地较少。

（二）轮滑运动在高校中开展的现状

轮滑运动被引入高校之后，一直受到学生的极大欢迎，广大学生被轮滑的时尚性、趣味性、观赏性、刺激性所深深吸引而加入到轮滑运动中来。

鉴于此，很多高校中都开设了轮滑的课程，各高校轮滑俱乐部也相应成立。从相关的资料中可以发现，我国目前对高校轮滑运动的相关研究较多，不仅发现了其中的很多问题，并针对这些问题提出了相应的对策与建议。在《吉林省普通高校轮滑教学现状及发展对策》中王玫等人通过相应的调查分析可以得知，轮滑运动虽然在高校发展较为迅速，但高校开展此项运动基础较薄弱，场地、教练、活动氛围都有待于增强。同时还提出了一些宝贵建议。

轮滑运动在大学生健康方面所产生的影响和作用是非常重要的。在《谈轮滑教学对大学生身心素质的影响》这篇文章中，王志洪等人提到轮滑运动受到学生的喜爱，不仅仅是它趣味性强，还有其能够改善身体机能状态，提高免疫力降低发病率的优点。场地器材不受限制、易学等优点比较适合高校开展。雷慧等人同样在《普通高校轮滑运动开展的实践与研究》这篇文章中指出，高校参与轮滑运动的学生身体素质、形态、机能受到轮滑运动的良好作用，对心理健康也起到了积极的作用。由此可以看出，轮滑运动不仅能够对大学生的身体健康起到积极的促进作用，而且对其心理健康发展也会产生积极的影响。在《浅谈心理训练在速度轮滑教学和训练中的体会》一文中，陶玉晶等谈到了轮滑运动对增强学生的自信心，克服心理障碍有积极良好的作用，能够提高学习的积极性。

尽管轮滑运动在高校中的发展势头越来越好，但是也不能忽视的是，轮滑运动在我国开展较晚，轮滑运动开展还有很长的路要走，完善组织管理、强化教师队伍、大规模高水平的比赛较少，轮滑运动在高校还需不断推广完善。

(三)轮滑运动在中小学开展的现状

轮滑运动在中小学体育教学中开展的并不是很好，造成这一现象的原因有很多。轮滑运动自身的特点对中小学生有很大的吸引力，对其身心健康也有积极的意义，朱林凯等人在《试析广东省中小学生大力开展轮滑运动的意义》这篇文章中就提出了大量开展轮滑运动对中小学生身心发展的益处。很多人对轮滑运动的益处也有了一定的了解和认识，可是轮滑运动在中小学并没有得到较好的发展。从相关资料中可以发现，这方面的研究相对较少。李达在其硕士论文中提出根据现阶段情况，轮滑运动在推进素质教育和“健康第一”“终身体育”的指导思想下，先在一些有条件的中小学来开展，以逐渐改善轮滑运动在中小学发展的窘境。

二、我国少儿轮滑俱乐部教学开展现状分析

关于我国少儿轮滑俱乐部教学开展的状况可以从以下几个方面进行分析和阐述。

(一)少儿轮滑俱乐部的社会现状

少儿轮滑俱乐部的社会现状主要表现在以下两个方面。

1. 创办门槛低，教学水平不一

少儿轮滑俱乐部创办门槛低，各俱乐部教学水平良莠不齐。目前存在很多由在校大学生、轮滑爱好者等组成的少儿轮滑俱乐部，这些俱乐部都不是注册的正规公司，大多数没有固定的教学及办公场地，只是为了以短期盈利为目的的自发组织。这类少儿轮滑俱乐部管理及教学组织不完善，教练员教学水平一般，对少儿轮滑俱乐部教学的健康发展产生了一定的影响和制约。

2. 轮滑文化氛围还没有形成

大众媒体正在潜移默化地对人们的生活产生一定的影响，体育运动借助大众媒体的力量正在不断激发人们的参与意识，在体育事业的发展中占有极其重要的地位及作用。通过不断地对轮滑运动进行推广和宣传，能够使更多的群众了解轮滑运动的内在价值，吸引更多的少年儿童参与到轮滑运动中来，最终给少儿轮滑俱乐部的可持续发展打下坚实的群众基础。目前，我国轮滑运动发展速度较快，已经有了一定的群众基础，但是，轮滑运动文化氛围还没有形成，究其原因，主要是由于大众对轮滑运动的认知不够，而导致这一问题出现的原因，主要在于俱乐部、媒体和体育部门对轮滑运动的推广和宣传力度还不够。

(二)少儿轮滑俱乐部学员现状

当前，少儿轮滑俱乐部学员现状如下。

1. 性别比例失衡

目前参加少儿轮滑俱乐部学员当中男女比例相差近一半，家长的认知、性别特点、安全因素、教练员女性占比等因素是造成这一现象的主要原因所在。学员性别的比例失衡，减少了女学员教学研究的参考样本，造成对女学员性别特点、心理特点等教学研究发展缓慢，进而对俱乐部教学的发展产生了相应的影响。

2. 学员流动性大

少儿轮滑俱乐部存在着学员流动性大的问题，对教学的系统性产生不利的影响。目前少儿轮滑俱乐部学员年龄分布不均，多集中在 4～6 岁之间，10～14 岁最少。少儿 4～6 岁正处于幼儿园阶段，学习负担不大，闲暇时间充裕，对新鲜事物有较强的求知欲。7～14 岁人数逐年减少，这个年龄阶段的孩子正处于小学、初中学习阶段，家长的重心慢慢转移到孩子的学业上，孩子学习压力不断增加，兴趣也在不断变化。上述几个方面都是造成学员不稳定的主要原因，学员数量随年龄的增长所减少，这就对学员轮滑技能进一步的提高产生了一定的阻碍作用，促使教练员不断变化教学内容，对轮滑教学的系统性造成了破坏，进而对俱乐部的教学发展产生一定的影响。

(三)少儿轮滑俱乐部教学现状

少儿轮滑俱乐部教学现状如下。

1. 少儿轮滑教材较为欠缺

作为教学的重要组成部分，教材包含的内容比较丰富，主要有教学内容、方法、步骤等，不仅是教练员教学最主要的参考资料，同时也是学员学习的重要指引，方便家长明了学员的学习内容，是达成教学目标、传播轮滑运动知识、体现轮滑运动价值等的重要工具。轮滑是近几年才兴起的体育运动，研究轮滑运动的人才还不多，出版的轮滑运动教材较少，目前少儿轮滑俱乐部教练员大都选用的是自编教材，由于教练员的创编能力普遍不高，在自编教材中多是重复陈旧的内容，缺乏对轮滑教学新内容的补充。因此，少儿轮滑专业教材的欠缺对少儿轮滑教学的发展产生了一定的阻碍作用。

2. 教学方法和手段较为单一

教学方法是体育教学活动中必不可少的因素，中国古代著名学者朱熹曾说："事必有法，然后可成，师舍是则无以教，弟子舍是则无以学。"可见，教学方法是非常重要的，它是体育教师完成教学任务的必要条件，是学生发展的制约因素，更是教学改革的突破口。目前，在少儿轮滑俱乐部教学中，教练员已经被传统的体育教学方法所束缚，陷入一种定式之中，教学方法和手段变得单一。这些因素在很大程度上限制了教练员的思维和学员的主观能动性的发挥，进而对轮滑教学的改革和创新产生了一定的阻碍作用。

3.科学的教学评价体系较为缺乏

以教育目的和教学评价标准为主要依据，对教师的教学效果和学生的学习质量做出客观衡量和价值判断的过程，就是所谓的教学评价。它可以为教师的教学工作提供反馈信息，以便及时地调整和改进教学工作，实现教学目标。通过调查结果显示，目前大部分的少儿轮滑俱乐部在课程中或结束时没有设置考核内容，只有少部分俱乐部设置了较简单的考核内容，由此可以看出，俱乐部对轮滑课程考核的认识方面所存在的问题是非常严重的。

（四）少儿轮滑俱乐部教练员现状

少儿轮滑俱乐部教练员现状如下。

1.优秀、专业的轮滑教练员较为缺乏

由于近几年学习轮滑运动的少儿不断增多，造成轮滑教练员供不应求，各俱乐部为了弥补教练的不足，降低了准入门槛，引进了各类非专业轮滑教练员，造成了目前俱乐部教练员专业结构不合理，专业水平参差不齐。因此，对于需要不断发展的少儿轮滑教学来说，专业水平及专业知识的匮乏，不利于少儿轮滑教学的发展。

2.教练员教学水平有待提高，教学态度有待改善

由于少儿轮滑俱乐部教学的特殊性，大部分课程一般安排在周末、寒暑假以及非正常工作时间，因此从某种程度上来说还不足以让大多数教练员作为谋生手段，成为其专门职业，目前少儿轮滑俱乐部教练员大多数都是高校学生、轮滑爱好者等，都是利用闲暇时间通过轮滑教学赚取外快，再加上工资待遇不高，生活条件等实际问题，造成教学水平及教学态度不高。

3. 轮滑方面的培训与交流较为欠缺

轮滑运动是一项发展很快的运动项目，轮滑教练只有不断参加各种相关培训，才能了解轮滑运动的最新动态和信息，拓宽思路，积累更多轮滑运动知识。目前还没有成立正规的轮滑协会，俱乐部之间的教学交流较少，加上各俱乐部教学资金比较短缺，对教练员业务能力的培养还不够重视，导致教练员外出学习和交流的机会减少。因此，对教练员业务水平的提高产生了一定的阻碍作用。

(五)少儿轮滑俱乐部场地设施现状

少儿轮滑俱乐部场地设施现状，主要问题是俱乐部缺少专业、安全的轮滑场地。良好的场地和设施对于学员的学习热情和学习效果的提高是有所帮助的，同时还能使轮滑教学的安全性得到保证，对俱乐部教学起着至关重要的作用。目前少儿轮滑俱乐部的教学场地以公园、广场为主，虽然这些场所能够满足教学需要，但也存在很多安全隐患，因此造成教练员和学员家长对教学场地设施的满意度不高。究其原因，主要是由于各少儿轮滑俱乐部的规模都不算大，建设专业的轮滑教学场地能力不足，学校及专业场馆租金贵又不利于宣传，加上轮滑项目对场地的要求不高，因此许多广场和公园成为各俱乐部首选的教学场地，这就对少儿轮滑俱乐部教学的发展产生了一定的制约作用。

三、直排轮滑运动在学校中开设现状分析

直排轮滑是轮滑运动的一个重要形式，其在学校中有所开展，具体来说，其开展情况可归纳为以下几个方面。

(一)直排轮滑课的开展现状

通过对轮滑爱好者的调查，了解到开设了直排轮滑课程的高

校非常少，而且往往是针对体育专业的学生开设的选修课。

从相关的调查中可以发现，高校直排轮滑课的开设情况不容乐观，对于大部分高校未开设直排轮滑课的主要原因是受器材的限制、教师的缺乏其次是相关领导对直排轮滑课还存有偏见，对轮滑的安全因素质疑，对轮滑课的设置不够重视，对轮滑运动价值的认识不够。

（二）直排轮滑体育师资队伍现状

学校体育担负着强化学生体质，促进学生心理素质的重要任务。而体育教师则是学校体育最基本的执行者，好的体育教师不仅能调动学生的学习兴趣，又让学生锻炼了身体，掌握基本技术。所以对师资队伍的现状调查和分析，是了解学科和学校发展的重要环节。

直排轮滑有针对体育专业的直排轮滑课程，而其他高校还没有类似课程。因此，专业教师也较为缺乏。具体来说，直排轮滑运动还属于新兴项目，学习直排轮滑必须先学习轮滑的基本技能，站立、滑行、刹车和转弯。这些内容对于一个毫无基础的幼儿园中班小孩子一个课时就能学会，作为一个高校教师，完全能够在短时间内掌握好基本的滑行技术。

（三）学生对直排轮滑运动的态度现状

从相关的调查中发现，喜欢直排轮滑运动的学生还是占大多数的，通过进一步的了解发现，很多学生从小学到高中参与的体育项目主要为足、篮、排三大球，体操和田径，少数学校有游泳、乒乓、手球、羽毛球等体育运动作为自己学校的体育传统特色，但也仅占所有学校的一小部分。学生对于十几年学习相同的体育运动难免产生厌烦心理。而直排轮滑运动作为一个新兴的运动项目，能满足学生的猎奇心理，学生特别容易接受这样的体育运动。同时直排轮滑运动又具有健身、娱乐等多种功能，如果开展的合理，在高校的发展空间一定是非常大的。

另外，从相关调查中发现，相较于女生来说，男生对这项运动的喜爱程度要更高一些，在男生中，仅有个别人不喜欢直排轮滑运动，而在女生中，近一半的人不喜欢直排轮滑运动。导致这一现象的原因大致有两个方面：一方面，男女之间存在性格差异，男生相比女生胆量更大，更喜欢新兴的事物，因而更容易接受新兴事物；另一方面，男生相对于女生，身体素质更好，玩直排轮滑不怕摔跤，而女生中很多人都担心在运动中受伤，传统观念的误导使得她们认为直排轮滑是危险的运动，从而使得喜欢直排轮滑运动的女生数量较少。

从对喜欢直排轮滑运动的学生进行喜欢直排轮滑运动的原因的调查中可以发现，其之所以喜欢并选择直排轮滑运动，主要原因在于其设置了简单易学、刺激有挑战、能吸引异性、有很强的健身性、运动新颖、形式轻松自由和其他选项进行多选。

另外，从相关的调查中发现，学生由于长年接受类似的体育项目，心理上对传统体育项目有厌烦感，而对于直排轮滑这样接触较少，运动新颖，玩起来很能引发自己兴趣的体育项目特别容易接受。近年来，随着社会和经济的发展，大学生的竞争压力、就业压力的逐年增加，同时网络游戏，社会不良风气对于大学生的诱惑，使得大学生的健康水平持续下滑。所以高校有必要鼓励学生积极参加体育锻炼，缓解心理压力。而集趣味性，健身性的直排轮滑运动不失为一个好的选择。

另外，普通大学生虽然对直排轮滑运动非常喜欢，但是，实际参与过的人数并不多。由此可以看出，在想玩和玩之间仍有一些关键因素对他们的积极参与产生一定的制约作用。

对于普通大学生为何未参加此项运动的原因的调查中发现，没人教、难学、怕摔跤、器材贵等是最主要的几个原因。从调查结果中发现，许多大学生有练习直排轮滑运动的愿望和兴趣，但是现在的大学生怕失败，对于直排轮滑主观地认为难学，担心摔跤。同时教授者的缺乏和器材的价格因素也是阻拦大学生学习轮滑的两大原因。由于独生子女政策，大学生在家中、学校里所受到的挫折教育太少，造成现在的大学生心理承受能力较差，对于轮滑运动这种需要一定勇气的体育项目，心里是既喜欢又担心。喜欢它的趣味性、娱乐性，但又担心摔跤受伤、出丑。需要强调的是，直排轮滑运动恰恰是锻炼学生心理能力的良药。因此要想方设法让学生参与到直排轮滑运动当中来说，具体来说，可以从以下两个方面入手。

一方面，对学生创办轮滑协会给予积极的鼓励，究其原因，主要是由于新兴运动的奠基者都是从普通爱好者发展起来的，这些人无论从理论知识还是技术能力都是非常优秀的，通过每年的招新活动，使得有学习直排轮滑的愿望的普通大学生有机会加入这个群体。

另一方面，各高校大力支持直排轮滑运动的开展，提供资金、装备、场地、师资等条件，在校内开设直排轮滑的选修课，提供直排轮滑装备的买卖和租赁，让有兴趣的学生有机会选择这样的课程体验并进行学习。

（四）直排轮滑协会活动开展情况

通过调查发现，很多学校都有以直排轮滑协会的形式组织学生参与直排轮滑运动，虽然目前直排轮滑课在高校的开展情况不容乐观，但校内的直排轮滑协会活动在各学校社团中开展得都较好。

从相关的调查中发现，很多高校中都有直排轮滑协会，单直排轮滑运动在高校的体育课程中却非常罕见，在每所高校的社团中都有开展。导致这一现状的原因主要有三个方面。

第一是直排轮滑运动进入中国时间不长，直排轮滑运动不是体育教育的传统项目，许多高校教师在他们学习的时候并没有直排轮滑课程的学习，他们不会此项运动，从而造成了直排轮滑教师的断档。而学校的直排轮滑爱好者往往是这个项目的领路人，他们无论从技术或者理念上都较为超前，刚接触直排轮滑运动的新人可以在直排轮滑协会会员中学习到更多、更新的技术和理念。

第二是学校领导对直排轮滑的安全性存在偏见，担心在课程中存在安全隐患。

第三是直排轮滑运动受学生欢迎，但是学校不开设直排轮滑课，学生只能通过组建和参加直排轮滑协会来作为自己的课余活动。

1. 直排轮滑协会会员了解直排轮滑运动的途径

从相关的调查研究中发现，对直排轮滑协会的会员了解直排轮滑运动的途径主要有以下两个方面。

一方面，通过社团活动、海报宣传了解直排轮滑运动的，社团在大学生中的影响力较大，通过社团的活动，越来越多的大学生有机会参加到这项运动中去。另外有的会员通过同学介绍，说明这项运动受学生的喜爱，乐意将这一活动推荐给自己的好朋友。

另一方面，通过电视、网络、报纸杂志等媒体对这项运动有所了解和认识的，占总人数较小的比重，直排轮滑运动虽然发展得越来越快，但是在媒体中的曝光率还是很低，并未得到大众的足够重视，因此真正了解此项运动的人还是不多。

2. 直排轮滑协会会员接触直排轮滑的时间及涉及人群

直排轮滑运动在中国度过了刚开始的起步期，现在已经慢慢进入了发展期，调查发现，有的大学生在大学一年级就开始接触直排轮滑运动。随着年龄的增长，参与的人逐渐递减，至研究生阶段，参与的人仅占一小部分。大部分八零后学生经过了辛苦的高考，踏入大学后就极力想寻找一个释放、发挥自己的个性的载体，而直排轮滑恰恰符合这样的条件。所以很多热爱直排轮滑的大学生一接触这项运动便毫不犹豫地选择了它。同时在问卷调查中发现，直排轮滑协会的会员涉及高校内各个年级、各个学院的各个专业，甚至有校内的工作人员，可见直排轮滑运动对于各种人群都有很强的吸引力。在性别方面，男生占大部分，女生相对较少,男生胆子大不怕摔跤,敢于尝试,而女生害怕在运动中摔跤,但是真正参与进来的女性爱好者都认为直排轮滑运动并没有她们当初想象的那么危险,大部分加入的女性会员坦言她们的加入是由于看到了协会中有女生在玩,这才让她们放下了包袱,投入进来。所以,为了高校轮滑协会的更好发展,应该适当的多吸引女生参与进来,以女会员来吸引女会员,使男女比例得到均衡发展。

3.学校直排轮滑协会的活动平均人数、频度、时间

从相关的调查中发现,各高校的直排轮滑协会基本保证每周至少一次,一次两小时以上的活动量,活动时间和频度在学校其他社团活动中属于中上水平。活动人数平均有人左右,在各个社团活动人数中属于较高的水平。由此可以看出,轮滑协会的会员非常喜欢这样运动,对于每次的活动都积极响应。

现在的高校学生学习压力虽然比在高中时减小了,但是每天课程的量还是较多,一天的脑力活动使得学生脑力上十分疲惫,很多高校学生都在寻找一个可以长期坚持的体育运动,就锻炼效果而言,跑步的效果很好,但是跑步枯燥,同时对于膝盖的冲击力较大,一般人较难坚持。游泳同样效果佳,但是并不是每个高校都有游泳场,而且游泳还受天气季节和时间的限制。直排轮滑运动给人的第一感觉是自由,不仅如此,轮滑的锻炼价值同样非常高,晚上玩一会儿轮滑不仅能够缓解一天的疲劳,还能锻炼身体,实乃一举两得。

4. 直排轮滑协会的活动内容

从相关的调查中可以发现,在高校中,可以见到的是平地花式、速度轮滑、极限轮滑、刷街和轮滑球等项目,另外,还了解到在协会中最常开展的是平地花式项目,所有的高校轮滑协会都有开展平地花式。其次是刷街和轮滑球,而速度轮滑、极限轮滑开展的较少。导致这一差异性出现的原因主要有以下几个方面。

从相关的调查中发现，平地花式难度、装备价格、危险性都是很平均的，表演性强，活动乐趣高。刷街活动就像练习长跑，对所有的要求都较低，但是相比长跑更有趣，对于新人来说是最好的锻炼手段。轮滑球因为加入了对抗，危险性加大了，但是因为有了竞争，会让人更加投入，可玩性很大，现在也慢慢开始有越来越多的人参与进来。速度轮滑是传统项目，对于装备、体力、基本功的要求较高，同时练习较枯燥，在国外有非常多的专业爱好者，但在高校里感兴趣的人较少。极限轮滑在国外非常流行，对装备、技术的要求都非常高，因为需要进行跳跃和滑杠动作，所以非常容易受伤，高校内练习的人较少。

第三节　我国轮滑运动开展的策略研究

针对我国轮滑运动的开展现状，结合对其产生影响的相关因素，为进一步促进我国轮滑运动的发展，有针对性地提出以下几个方面的策略。

一、轮滑教材建设工作要切实做好

要进一步提高对轮滑教材的重视程度，鼓励教练员不断进修和学习，提高教练员的文化素质和创编能力，组织教练员根据学员的基础、特点和兴趣选择或创编适合轮滑教学特点的教材，提高轮滑课教学质量。

二、轮滑教学方法和手段要进一步优化和丰富

体育教学方法是指在体育教学过程中，教师指导学生为达到一定的教学目标所进行的一系列活动方式、途径和手段的总和。所有的教学方法都具有优点、缺点和独特的作用，没有万能的教

学方法，对体育教学方法的使用，应结合项目及教学对象的特点，考虑各教学要素之间的关系，选择最能发挥其作用的教学方法。因此，教练员应不断加强教学方法的学习和研究，改变传统的教学观念，在轮滑教学中结合学员及项目特点，对教学方法进行合理化整合，充分发挥教学方法在教学中的作用，来有效地提高轮滑教学效果。

轮滑教学手段的新颖与否，会对学员的学习积极性产生直接的影响，因此，教练员应在轮滑教学中，结合现代化的教学手段，来提高教学效果，将学员的学习兴趣有效激发出来。

三、重视教练员队伍建设，提升整体水平

提高教练员教学水平和专业水平的最有效途径，就是交流和培训。要想加强教练员队伍建设，提高队伍素质可以借助于以下两种途径。

第一，重视对教练员的培训工作，加大培训经费的投入。

第二，政府相关体育部门和轮滑协会不间断地组织各种培训，给教练员们创造更多的培训、探讨、切磋和交流的机会，了解轮滑运动新的信息和教学动态，使教练员自身的教学水平和专业水平不断提高，以适应轮滑运动教学发展的需要。

四、加强场地建设，使教学条件得到有效改善

专业、安全的轮滑场地建设对经费有着较高的要求，但是，这也是轮滑俱乐部长足发展、扩大规模的必经之路。因此，我们应把眼光放长远，通过贷款等多种方式解决资金不足的问题，加大对轮滑场地的建设力度，提高教学的规范化与规模化，吸引更多的学生参与其中。另外，政府相关部门也应加大对社会体育培训公司的扶持力度，并给予一定的优惠政策，引导学校逐步对社会开放体育场馆及设施。

五、建立合理的教学评价体系

教学评价在教学和学习过程中发挥着重要的作用，因此，这就要求在教学过程中将合理的教学评价体系建立起来，不断促进教练员和学员改善自身的教学和学习情况。因此，在制定课程评价指标时要以教学目标为基础，结合轮滑运动特点，建立多元化的评价体系，丰富评价内容与方法，重视学员个体的差异化，体现学员学习态度、进步幅度等指标，来激发学员潜在能力、创新能力及专项运动能力。

六、体育培训行业的管理力度要加大

政府相关职能部门对体育培训行业进行规范管理，鼓励并扶持一些较优秀的体育培训公司健康发展，树立体育培训行业标杆，同时打击整顿一些不合法、不规范的体育培训公司和培训班。成立政府相关职能部门牵头的轮滑运动协会，加强社会轮滑组织间的合作与交流，借助各种媒体对轮滑运动进行宣传，并组织各种形式的轮滑比赛及相关活动，不断推动轮滑运动的普及。

第四章　轮滑运动开展的基础与科学指导

开展轮滑运动需要做好各方面的准备，如理论建设、技术准备、体能准备、安全准备等。只有将这些基础与准备工作做好，才能顺利参与轮滑运动，获得良好的参与效果，实现预期的参与目的，从而促进轮滑运动的普及与进一步开展。本章主要就轮滑运动开展的基础与科学指导进行分析，具体内容有轮滑运动开展的原理与原则、准备技术、体能储备及有关安全知识。

第一节　轮滑运动开展的原理与原则

一、轮滑运动开展的原理

（一）新陈代谢原理

新陈代谢是生命的一个基本特征，没有了新陈代谢的机体将无法继续延续生命。新陈代谢是指人的有机体通过与周围环境不断地进行物质与能量交换，从而实现自我更新的过程，包括物质代谢和能量代谢这两个既相互对立又相互联系的过程。在新陈代谢中，有机体会从周围环境摄取物质合成自身成分，并贮存能量，也会分解自身成分，释放能量，排除代谢产物。这是新陈代谢的两个重要方面，前者是新陈代谢的同化作用，后者是新陈代谢的异化作用。当机体内环境稳态遭到破坏时，就会导致代谢失调，从而导致机体出现疾病。

轮滑运动的开展能够使参与者组织细胞内的酶系统产生适应性变化，促进细胞中酶的活动性的提高，从而加快物质代谢和能量代谢的过程，达到增强体质的效果。

（二）机体适应原理

任何一种生命物体都可以适应外界环境，这是其生存与繁衍的基础与前提，不同生命物体适应外界环境的能力与程度不同。为了验证机体的适应能力，科学家曾对含羞草做了相关研究，研究证明，含羞草在负荷强度不断加大的训练中，其收缩能力能够增加400倍。同样，人类作为大自然中的一员，也有较强的适应能力。人们在长期参与轮滑锻炼的过程中，有机体为了适应运动的需要，参加工作的肌肉体积会加大，力量会不断增强，心肌也会变厚，而脉搏次数会相应减少，肺活量会加大等。这都是人体具有一定适应能力的具体反映。

一般情况下，人体的适应能力是有条件的。只有在限度范围内，通过外界刺激物的作用，人体内部会引起一系列的变化，从而使机体更好地适应外界环境，顺利生存下去。但是，当外界刺激物的强度超出人体所能承受的范围时，就会给机体造成消极影响，使人患病甚至失去生命。

在轮滑运动锻炼中，机体的变化和完成活动的种类与特点有着密切的联系。例如，长期参与轮滑锻炼，可改进心血管和呼吸系统的功能，提高耐久力，培养坚强的意志品质，提高人体的协调能力与平衡力。

（三）个体化原理

在轮滑运动开展的过程中，每个参与者都是一个独立的个体，在参与过程中，都应按照自己的习惯爱好和需求选择锻炼内容和手段。从肌肉、神经刺激和应激程度来看，同样的锻炼手段对不同的个体有不同的效果，每个人都不能一味照搬别人的锻炼方式，可能适合别人的锻炼方式并不适合自己。因此，在轮滑运动中，参与者应遵循个体化原理，选择适合自己特征、能够满足自己需求的锻炼方式，以实现自己的目标。

（四）超量恢复原理

在运动生理学中，超量恢复是指人体在运动中消耗的能源物质，在运动后一段时间不仅恢复到原来水平，甚至会超过原来水平的现象，保持一段时间后又回到原来水平（图 4-1）。

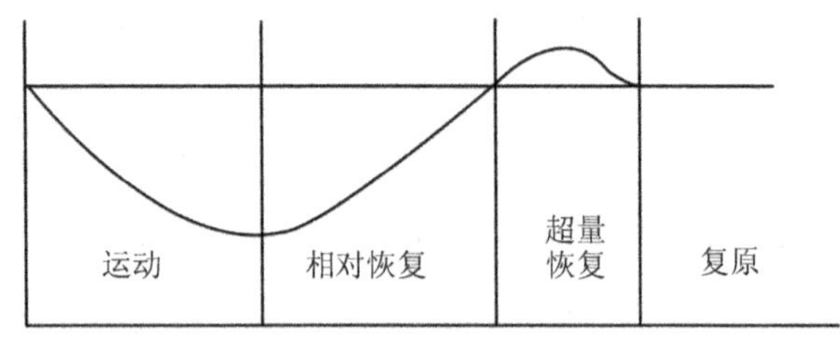

图 4-1

根据超量恢复原理，可将轮滑过程分为三个阶段：运动时各器官系统工作能力的下降阶段、运动后工作能力的复原阶段和工作能力的超量恢复阶段。在轮滑运动中，机体总之沿着“消耗—恢复—超量恢复”链不断循环，逐步适应运动需要，从而强身健体。

超量负荷原理要求人们在参与轮滑运动的过程中，注意以下几项内容，以获得最佳锻炼效果。

（1）在运动过程中，必须承受一定的生理负荷，产生适度的身体疲劳，这样才能达到运动的目的。如果在参与过程中机体没有任何消耗，是无法实现好的锻炼效果的。

（2）在运动结束后，注意恢复与休息，产生超量恢复，避免因过度疲劳而危害健康。

二、轮滑运动开展的原则

（一）目的性原则

目的性原则，是指运用宣传和其他手段，使人们在充分理解轮滑锻炼目的、意义的基础上，主动、积极地参与其中。

人们参与轮滑运动是一种自愿行为，明确目的和主动积极是参加并坚持轮滑运动的首要条件。参与轮滑运动是一种有目的、有意识的行为，人们参与其中时，始终都要受一定目的的支配。一般来说，人们参与轮滑运动是为了谋求自身的健康完善和身体潜能的开发。

在轮滑运动中坚持目的性原则，要求做到以下几点。

(1)提高体育锻炼意识，强化体育价值观念。

(2)培养对轮滑运动的兴趣，形成良好的运动习惯。

(3)强化动机，明确参与轮滑运动的目的。

(二)循序渐进原则

循序渐进原则是指人们要按照事先制定的运动计划，持之以恒地参与轮滑运动，对运动内容、形式的安排要达到由简到繁、由易到难，运动负荷要由小到大的要求。

在参与轮滑运动的过程中，人们会经历从不适应向适应转化的过程。初次参加轮滑活动，即使负荷不大，也会产生强烈的反应，可称为不适应。而通过长期的相同的负荷锻炼，机体适应能力逐渐提高，称为“持续性适应”。当机体持续性适应后，如果还是按照原来的练习负荷参与运动，机体对该负荷的反应就会逐渐降低，即出现“习惯性负荷”效应，这会影响运动锻炼的效果。所以，只有适时、适度地增加运动负荷，才能获得持续而稳定的运动效果。

在轮滑运动中坚持循序渐进原则，要求做到以下几点。

(1)逐步养成良好的锻炼习惯，实行分段锻炼计划。

(2)不断更新和完善锻炼内容和方法。

(3)在运动中做好充分的准备活动。

(三)运动适量原则

运动适量原则指的是在运动锻炼中，恰当合理地安排运动负荷,使之既能满足人们增强体质的需要,又符合人们身体的接受能力。运动适量原则是人们在参与轮滑运动中需要坚持的一个非常重要的原则。是否对运动负荷做出了合理的安排,直接影响轮滑运动的参与效果。负荷过大,机体超负荷运动,会损害身体健康;负荷过小,刺激不能引起机体的最佳反应,达不到增强体质的作用。

在轮滑运动中坚持运动适量原则,要求做到以下几点。

(1)根据参与者的身体状况和锻炼目标,科学安排负荷量与负荷强度。

(2)注意休息,使之与运动负荷合理交替。

(3)避免过度疲劳。一旦出现过度疲劳,立即停止锻炼,或采用其他恢复手段和方法。

(4)在安排负荷时,要考虑参与者的休息方式、睡眠状况、食欲、营养补充、作息规律等基本情况。

(四)持续性原则

人们只有坚持不懈地参加轮滑活动,才能获得持久的明显的锻炼效果。虽然短时间的运动也能对身体机能产生一定的影响,但一旦停止运动,这种良好的影响作用很快就会消失。一次性体育活动可以提高人体的免疫机能,增强人体的抗疾病能力,但这种作用只能维持两三天,所以,人们只有长期坚持参加轮滑运动,才能保持旺盛的体力和精力,获得持续、稳定的效果。

(五)安全性原则

参与轮滑运动要注意安全,如果运动计划安排得不合理,违背科学规律,就可能出现伤害事故。安全性原则要求人们在参与轮滑运动的过程中保护自己,做到“安全第一”。

第二节　轮滑运动开展的准备技术

一、预备练习

(一)坐姿前后推鞋

1.练习目的

对鞋和场地的性能加以了解。

2.动作要领

穿戴好头盔、护具和轮滑鞋后,坐在椅子上,两脚左右分开15～20厘米,原地两脚交替前后推动,体会轮子在脚下的位置和滚动时的感觉。

3.注意事项

(1)两脚分开后要保持平行,鞋底部平行于地面,轮子垂直地面。

(2)两脚前后直线推动。

(二)坐姿左右推鞋

1.练习目的

对鞋和场地的性能加以了解。

2.动作要领

穿戴好头盔、护具和轮滑鞋后,坐在椅子上,两脚左右分开大约 15～20 厘米，两鞋轮子稍内侧着地，原地做两脚交替左右推动，体会轮子左右推动的摩擦力较大，甚至不能推移的感觉。

3.注意事项

(1)两脚分开后要保持平行，保持轮子内侧着地。
(2)两脚左右直线推动。

二、基本站立

(一)“丁”字站立

脚穿轮滑鞋，扶物成丁字步站立，前脚跟将后脚的脚弓卡住，上体稍前倾，自然屈双膝。后脚支撑身体重心。然后两脚交换位置，再呈丁字步站立，直至站稳(图 4-2)。

图 4-2

(二)“八”字站立

站立时两脚跟靠近，脚尖自然分开，上体稍前倾，自然屈双膝，身体重心落在两脚之间，保持平衡，然后双脚再平行站立，上体仍前倾，重心依旧在两脚之间，保持身体平衡(图 4-3)。

图 4-3

(三)平行站立

两脚左右平行分开，双脚距离与肩同宽，脚尖稍内扣，稍屈膝，重心落在两脚之间，保持身体平衡(图 4-4)。

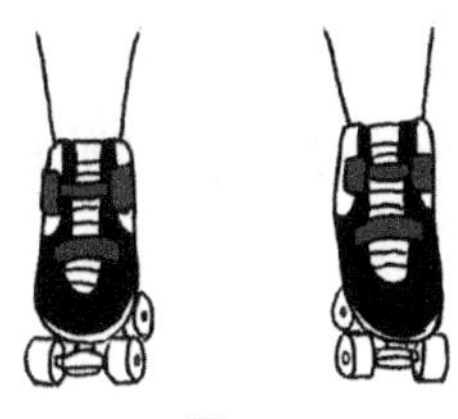

图 4-4

三、站立推鞋

(一)站立前后推鞋

1.练习目的

控制身体重心，对鞋和场地的性能加以了解。

2.动作要领

手扶栏杆或由教练扶持，两脚左右平行分开，脚间距大约 15～20 厘米，原地两脚交替前后推动，体会轮子在脚下的位置和滚动时的感觉。

3.练习方法

(1)手扶单侧栏杆练习。
(2)手扶双侧栏杆练习。
(3)在教练或同伴的保护下练习。
(4)独立完成练习。

4.注意事项

(1)两脚保持平行，鞋底部平行地面，轮子垂直地面。

(2)两脚前后直线推动。

(二)站立左右推鞋

1.练习目的

控制身体重心,对鞋和场地的性能加以了解。

2.动作要领

手扶栏杆或由教练扶持,两脚左右平行分开,脚间距大约15～20厘米,两鞋轮子的稍内侧着地,原地做两脚交替前后推动,体会轮子左右推动的摩擦力较大,甚至推不动的感觉。

3.练习方法

(1)手扶单侧栏杆进行练习。
(2)手扶双侧栏杆进行练习。
(3)在教练或同伴的保护下练习。
(4)独立完成练习。

4.注意事项

(1)两脚保持平行,使轮子稍内侧着地。
(2)两脚左右直线推动。

四、滑行准备

(一)初级预备

1.练习目的

保持站立和滑行时的稳定和平衡。

2.动作要领

上体稍前倾，两手放于胸腹侧前方，屈膝，小腿稍前倾，脚踝成 80°角，身体保持放松，两脚之间间隔 20～25 厘米，身体重心落在两脚之间（稍靠前）。

3.练习方法

（1）手扶单侧栏杆进行练习。
（2）手扶双侧栏杆进行练习。
（3）在教练或同伴的保护下练习。
（4）独立完成练习。

4.注意事项

（1）身体重心稍靠前。
（2）保持身体的稳定与平衡。

（二）向前滑行准备

1.练习目的

为学习向前滑行技术打好基础。

2.动作要领

上体稍前倾，屈膝约 140°角，小腿稍前倾，脚踝成 70°角。身体保持放松，两脚之间间隔 20～25 厘米，重心落在两脚之间（稍靠前）。也可以向前抬两臂，掌心朝前，帮助将身体重心前移。

3.练习方法

（1）手扶单侧栏杆进行练习。
（2）手扶双侧栏杆进行练习。
（3）在教练或同伴的保护下练习。

(4)独立完成练习。

4.注意事项

为保持身体重心靠前,需保持膝关节对地面投影点向前超出脚尖对地面投影点,两肩对地面投影点向前超出膝关节对地面的投影点。

(三)向后滑行准备

1.练习目的

为学习与掌握向后滑行技术打基础。

2.动作要领

上体稍后仰,屈膝约150°角,脚踝成80°角。身体保持放松,两脚之间间隔20～25厘米,脚尖稍内扣,重心落在两脚之间(稍靠后)。

3.练习方法

(1)手扶单侧栏杆进行练习。
(2)手扶双侧栏杆进行练习。
(3)在教练或同伴的保护下练习。
(4)独立完成练习。

4.注意事项

滑行过程中身体重心靠后,保持臀部对地面投影点向后超出脚跟对地面投影点,两肩对地面投影点向后超出臀部对地面投影点。

五、移动重心

(一)原地移动重心

1.原地左右移动

两脚左右平行开立,上体稍向一侧倾移,逐渐将重心转移到一条腿上,待稳定后再向另一侧移动。

2.原地抬腿

两脚左右平行开立,上体稍前倾,重心移至左腿,稍抬右腿、放下右腿;左腿以同样方法练习。放腿时注意脚下的轮子应同时着地。

3.原地蹲起

两脚左右平行开立,下蹲并站起。可先半蹲,逐渐加大下蹲幅度,直至快速深蹲并做短时间的静蹲后再站起。练习时要注意在屈伸踝、膝、髋三个关节时的协调配合。

(二)外“八”字脚移动重心

两脚成外“八”字脚站立,左脚支撑重心,右脚向前迈一小步,重心移至右脚,然后左脚向前迈一步,重心移到左脚。反复练习,迈步频率和迈进距离逐渐加大。收脚时应注意尽量保持脚下的轮子同时着地。

(三)侧向移动重心

两脚平行站立,重心向右侧移动,随之左脚向左侧横跨一步,右脚迅速靠拢,待稳定后再进行向右侧的下一步。如此反复进行5～6 步后再向左侧做相同练习。

(四)横向交叉步移动重心

两脚左右平行开立,先将重心移至左腿上并继续向左移动稍超出左腿支撑点,收右腿,右腿向左腿前外侧迈步成双腿交叉姿势,重心随之移至右腿,成右腿支撑重心,接着收左腿向侧跨一步,成开始姿势。反复进行 5～6 步后再以相同的方法进行右侧的练习。

六、基本移动技术

(一)左右跨步移动

1.练习目的

控制身体重心,对侧向移动的感觉加以体会。

2.动作要领

做好基本预备姿势,重心落在左腿,右腿向右跨 30～50 厘米,身体重心随之移至右腿,左腿向右并靠一步,并支撑身体重心。如此反复右移 5～10 步后,按同样的方式进行左侧移动练习。

3.练习方法

(1)在教练或同伴的保护下练习。
(2)从基本预备姿势开始独立完成练习。
(3)在身体重心移动幅度逐渐加大的条件下进行练习。

4.注意事项

(1)鞋底始终平行地面,轮子始终与地面垂直。
(2)支撑重心的腿膝关节稍屈。

(3)脚落地后迅速支撑身体重心。
(4)保持身体稳定、平衡。

(二)向前踏步移动

1.练习目的

控制身体重心,体会向前移动的感觉。

2.动作要领

做好向前滑行的基本准备姿势,左腿支撑重心,右腿向前踏出10～15厘米的距离,落地后迅速支撑重心,左腿向前踏出一小步落地并支撑重心。

3.练习方法

(1)在教练或同伴的保护下练习。
(2)从基本预备姿势开始独立完成练习。
(3)向前踏步的频率逐渐加快,但要控制好步幅。

4.注意事项

(1)鞋底始终平行地面,轮子始终与地面垂直。
(2)支撑腿屈膝放松。
(3)脚落地后迅速支撑身体重心。
(4)落脚的距离以落地脚的脚跟向前不超过支撑脚的足弓为准,落地脚应迅速支撑重心。

(三)向后踏步移动

1.练习目的

控制身体重心,体会向后移动的感觉。

2.动作要领

做好向后滑行的基本准备姿势，左腿支撑重心，右腿向后踏出10～15厘米的距离，右脚脚尖落在左脚足弓附近，落地后迅速支撑重心，左腿向后踏出一小步，落地后，重心移至左腿。

3.练习方法

(1)在教练或同伴的保护下练习。
(2)从基本预备姿势开始独立完成练习。
(3)向后踏步的频率逐渐加快，但要控制好步幅。

4.注意事项

(1)鞋底始终平行地面，轮子始终垂直地面。
(2)支撑腿屈膝放松。
(3)脚落地时迅速支撑身体重心。
(4)落脚的距离以落地脚的脚尖向后不超过支撑脚的足弓为准，落地脚应迅速支撑重心。

第三节　轮滑运动开展的体能储备

一、力量素质储备与训练

(一)躯干力量训练

1.仰卧起坐

(1)预备姿势：仰卧，腰椎与地面平贴，膝部弯曲，双手抱头。
(2)向上阶段：腹肌屈，使躯干向前弯曲，带动上躯干向上运动，尽量用胸触碰膝关节。

(3)恢复阶段：向后缓慢伸躯干，腹肌做离心收缩。

2.躯干侧屈

(1)预备姿势

两脚开立同肩宽，手持哑铃并上举。

(2)侧屈阶段

同侧腹肌、腰方肌和背肌屈，使躯干侧屈。

(3)恢复阶段

躯干慢慢地从侧屈还原预备姿势，同侧腹肌、腰方肌和背肌克服阻力，在固定状态下做向心工作。

3.躯干背伸

(1)预备姿势

在罗马椅上俯卧，上半身自然下垂，腰部与椅子平面保持90°夹角，屈臂，双手放在耳旁。

(2)向上阶段

躯干向后伸展，直到身体伸直，保持一定时间。

(3)向下阶段

缓慢向前弯曲躯干，直到还原准备姿势，竖脊肌下固定状态下做离心工作。

(二)下肢力量训练

1.立姿提踵

(1)预备姿势

双脚开立同肩宽，前脚掌立在横板上。

(2)向上阶段

提踵向上移动身体，直到无法继续向上，保持一定时间。

(3)恢复阶段

踝关节缓慢背屈,直到还原起始姿势,小腿三头肌等远固定状态下做离心工作。

2.斜卧腿部推举

(1)预备姿势

对器械进行调整,使髋关节弯曲 90°角,双足分开与肩相同的距离,避免把双膝锁直。双脚伸直以克服杠铃重量。

(2)屈曲阶段

膝部、髋部缓慢弯曲至膝关节约为 90°,臀大肌、股四头股做离心工作。

(3)蹬伸阶段

伸展髋部与膝部,直至还原起始姿势,伸髋伸膝肌群向心收缩抵抗杠铃片重量。

3.俯卧屈膝

(1)预备姿势

俯卧,双腿伸直,在踝关节上方放置拉索扶把。

(2)向上阶段

膝部弯曲,股二头肌、半腱肌和半膜肌克服阻力做向心工作。

(3)恢复阶段

缓慢伸膝,直至恢复起始姿势,股二头肌、半腱肌和半膜肌近固定做离心工作。

二、速度素质储备与训练

轮滑运动对练习者的移动速度素质与动作速度素质有较高的要求,尤其是下肢与全身的速度,因此需加强这方面的训练。

(一)移动速度训练

1.下肢移动速度练习

(1)跑步姿势交换腿高跳

如图 4-5 所示,从慢跑开始,用跑的身体姿势高跳。起跳后另一只脚落地。

练习中要注意高抬膝,尽量高跳。初学者和体重较大的练习者的跳起高度和次数可适当放松。

(2)跑步姿势交换腿高跳落点向内

如图 4-6 所示,从慢跑开始,沿分道线或直线练习,用跑的身体姿势进行高跳。起跳后用另一只脚落地,继续练习。

练习中要注意高抬膝,尽量高跳。脚在跑进方向上的直线内侧落地。

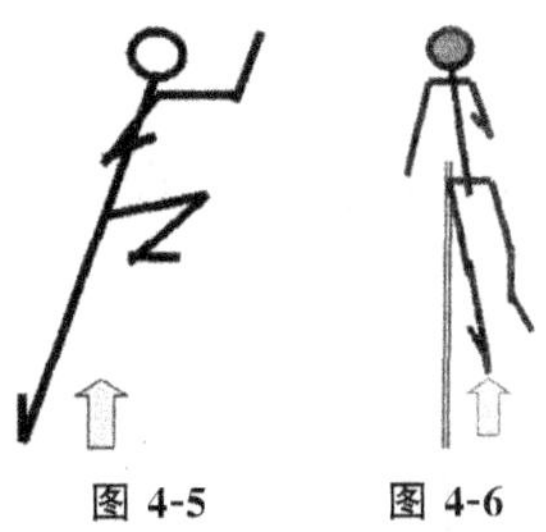

图 4-5　　图 4-6

(3)跑步姿势交换腿高跳落点向外

如图 4-7 所示,从慢跑开始,沿分道线或直线练习,以跑的身体姿势高跳。起跳后用另一只脚落地,继续练习。

练习中要注意高抬膝,尽量高跳。脚在跑进方向上的直线外侧落地。

(4)踝关节小步跑

如图 4-8 所示,采用很小的步长快跑,强调脚底肌群的蹬地和踝关节屈伸动作。以脚掌蹬离地面。

练习中要注意脚部动作快速而安静,尽量减少脚掌与地面的接触时间。

(5)直腿跑

如图 4-9 所示，膝关节伸直跑进，脚尖翘起。强调用前脚掌与地面的快速接触，髋部肌群用力向前“拉”动身体。

图 4-7　　图 4-8　　图 4-9

(6)后踢腿

如图 4-10 所示，从慢跑开始，使摆动腿脚跟拍击臀部，膝关节在弯曲过程中向前上摆动。

练习中要注意上体尽可能保持正直，练习者可以根据自己的能力加快步频。

(7)高抬腿折叠跑

如图 4-11 所示，与后踢腿相同。训练中要注意折叠摆动腿时脚跟必须在体前。

图 4-10　　图 4-11

(8)脚回环

如图 4-12 所示，单腿支撑，手扶固定物维持身体平衡。一只脚以短跑动作进行回环练习。

练习中要注意回环拍击臀部，以扒地动作结束，在体前完成脚的回环动作。

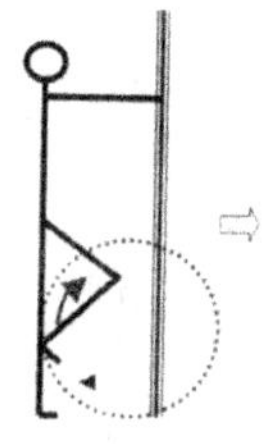
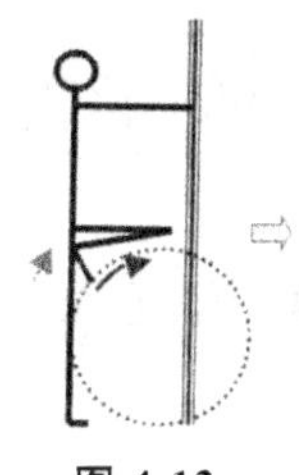
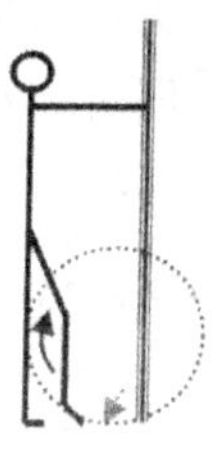

图 4-12

2.全身配合练习

(1)单腿过栏架跑

如图 4-13 所示,摆放 8～10 个 30～40 厘米高的栏架,间距约 1 米。在栏架一端支撑腿直膝跑进,摆动腿从栏架上越过。

练习过程中要注意将栏架外侧支撑腿伸直,摆动腿在栏架上快速高抬和折叠。

(2)跑绳梯

如图 4-14 所示,双脚在不同格内落地,尽快跑过每格绳梯或小棍(间距约 50 厘米)。

训练过程中要注意身体正直,上、下肢协调配合,支撑腿与地面短暂接触。

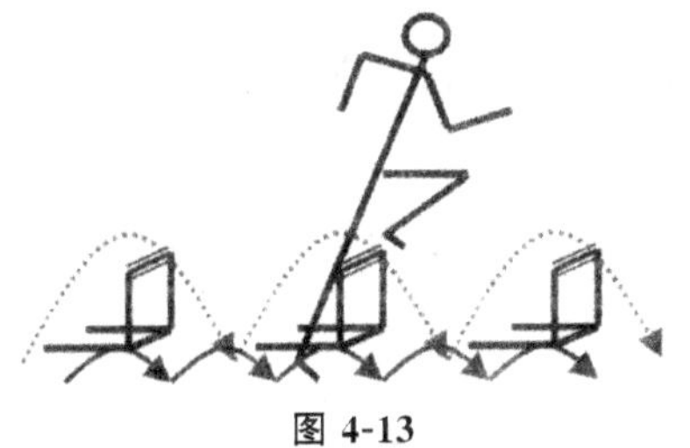

图 4-13

图 4-14

(3)原地快速高抬腿

如图 4-15 所示,以短跑动作前后摆臂进行原地快速高抬腿,肘关节弯曲大约 90°。前摆手摆到约肩部高度,后摆手摆到臀部之后。大腿摆至平行地面。

训练过程中要注意摆臂动作不要越过身体中线,上体正直。

(4)高抬腿跑绳梯

如图 4-16 所示,双脚在同一格内落地,尽快跑过绳梯或小棍(间距 50 厘米)。

训练过程中要注意先高抬进入小格的摆动腿。支撑腿与地面短暂接触。

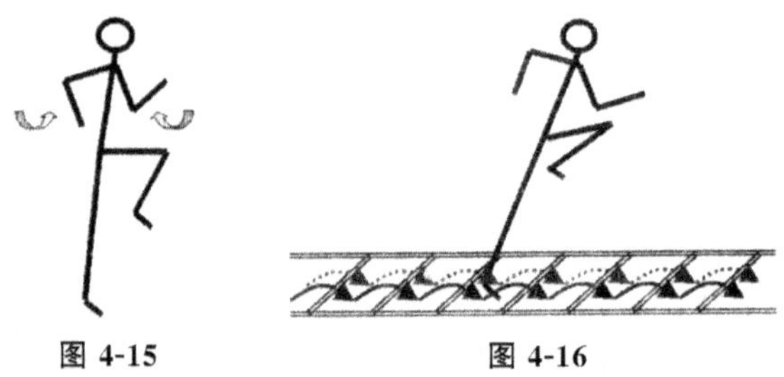

图 4-15　　图 4-16

(5)拖人和牵引跑

如图 4-17 所示,两位练习者在腰部系一绳索前后连接起来,二人相距 3～5 米,同时起跑。从而提高前面练习者的跑进速度和爆发力,提高后面练习者的跑进速度和突破速度障碍的能力。

训练过程中要注意二人始终保持相同距离,施加相同阻力或相同助力。

(6)缓坡上坡跑

如图 4-18 所示,在坡道上向上跑进,以提高跑进速度力量和爆发力。

训练过程中要注意坡度不要超过 3°,如果是发展加速能力,可在较陡的坡上练习。

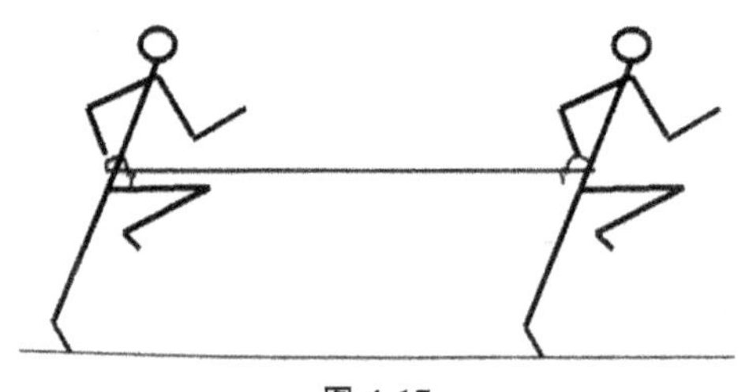

图 4-17

(7)拖轮胎跑

如图 4-19 所示,练习者腰部系绳索,拖动一个汽车轮胎跑,以增强跑进速度力量和爆发力。

训练过程中要注意跑动技术的准确性，匀速跑。不要选择太重的轮胎。

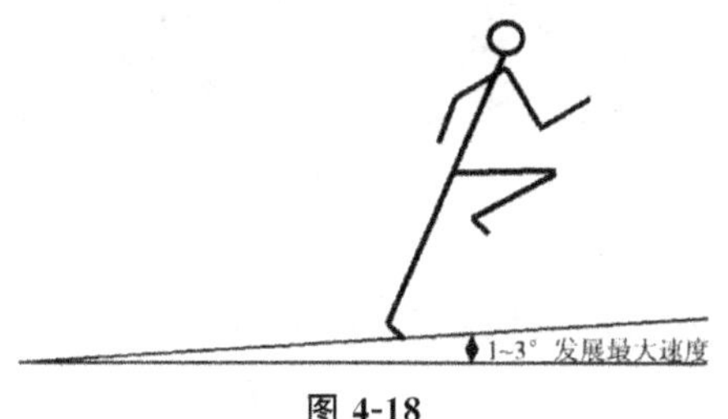

图 4-18

(8)双腿过栏架跑

如图 4-20 所示，摆放 8～10 个约 30～40 厘米高的栏架(间距 1 米左右)。在栏架上高抬腿跑，在每一个栏间距内双脚落地，采用同一条攻栏摆动腿。

训练过程中要注意高抬摆动腿，脚尖要翘起。

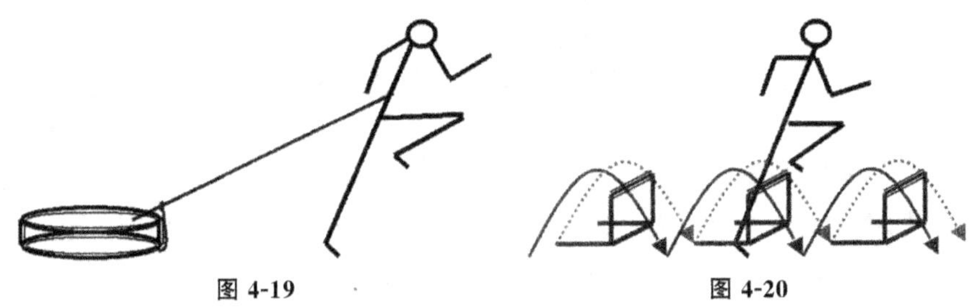

图 4-19　　　　图 4-20

(二)动作速度训练

1.下肢动作速度练习

(1)立定跳远

如图 4-21 所示，面对沙坑或垫子，双脚左右开立，双臂上举，身体充分伸展。屈膝下蹲，双腿迅速蹬伸向前上方跳起，前引双脚落地。

练习过程中要注意充分展体，在腾空过程中收腹、屈髋。双脚落地后保持与起跳前相同的距离。

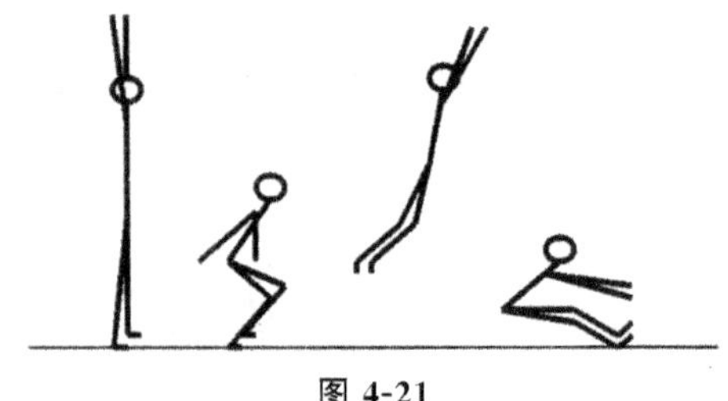

图 4-21

(2)跳深

如图 4-22 所示,依次横向排列 8～10 个 60～80 厘米高的跳箱,每两个跳箱之间间隔 1 米。双脚跳上跳箱再跳下,直至跳完所有跳箱。

练习过程中要注意充分调动下肢各个关节快速完成动作。

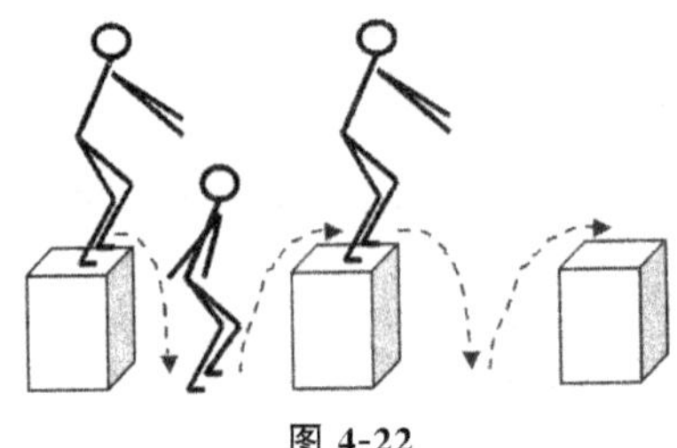

图 4-22

(3)直膝跳深

如图 4-23 所示,横向排列 8～10 个高 20～30 厘米的跳箱,每两个之间间隔 50 厘米。从跳箱上直膝跳下,再直膝跳上下一个跳箱,直至跳完所有跳箱。

练习过程中要注意充分运用踝关节快速完成动作。

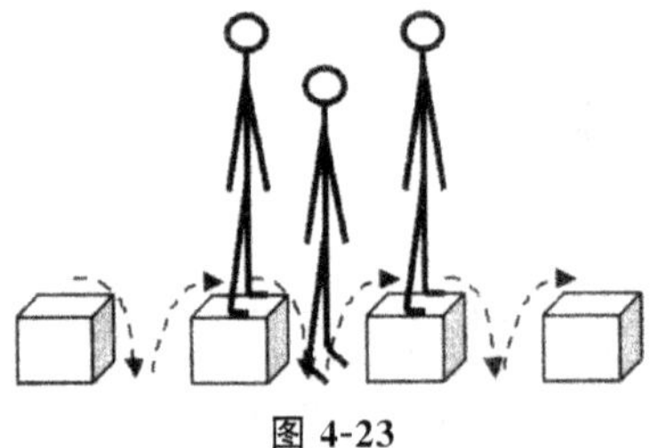

图 4-23

(4)立定三级跳远

如图 4-24 所示,预备姿势同立定跳远,双脚起跳以单脚落地接跨步动作。另一只脚落地再跨步,双脚落地。练习过程中要注意跨步跳中以扒地方式积极落地。最后一跳在腾空过程中要收腹、屈髋。

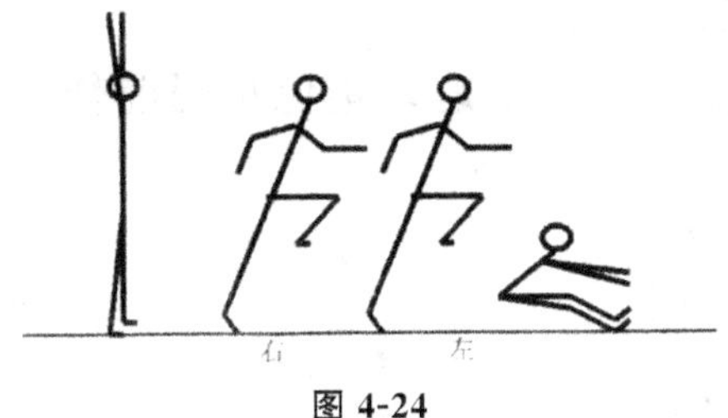

图 4-24

(5)单腿跳

如图 4-25 所示,单脚重复起跳和落地,在腾空中起跳腿前摆,大腿平行地面。

练习过程中要注意上体始终保持正直,脚落地时避免小腿前伸,以主动扒地方式落地。

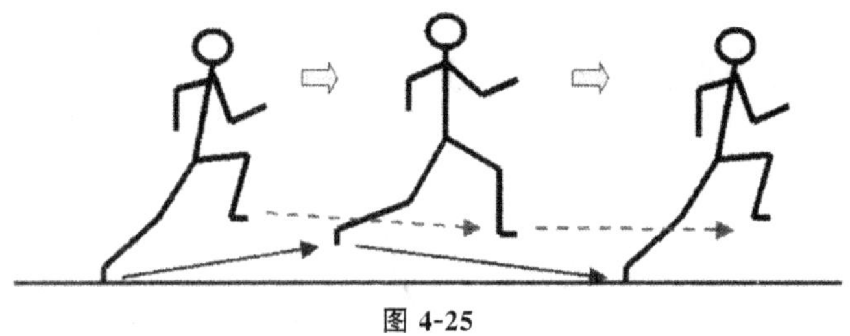

图 4-25

(6)跳栏架

如图 4-26 所示,依次横向排列 8～10 个高 40～60 厘米的栏架,每两个栏架之间间隔 1 米。双脚依次越过栏架,反复练习。

练习过程中要注意充分调动下肢各关节完成动作。

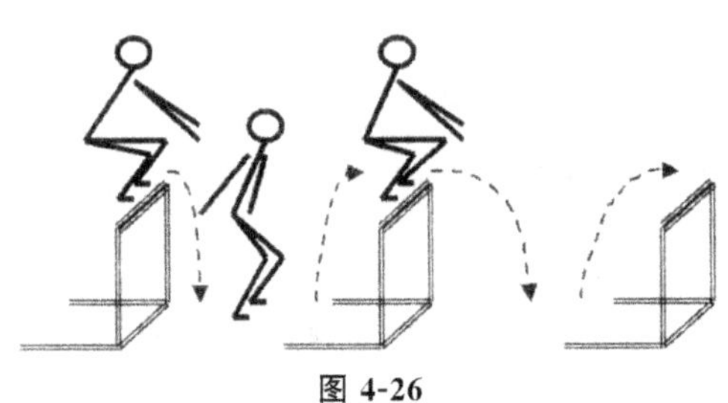

图 4-26

(7)跨步跳

如图 4-27 所示,双脚交替起跳和落地,摆动腿大腿与地面平行,步长比正常跑进要大一些。

练习过程中要注意脚落地时避免小腿前伸,以主动扒地方式快速落地。

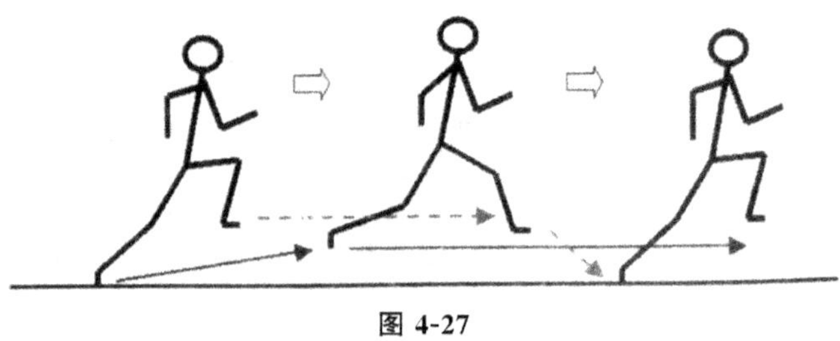

图 4-27

(8)连续蛙跳

如图 4-28 所示,双脚重复起跳和落地。起跳和腾空动作参考立定跳远。

练习过程中要注意连贯完成动作。

图 4-28

2.全身配合练习

(1)双腿起跳背越过杆

如图 4-29 所示,背对海绵包和横杆,双脚左右开立,双臂上举,充分伸展身体。下蹲后双腿迅速蹬伸向后上方跳起,仰头形成背弓越过横杆。

练习过程中要注意下肢迅速蹬地,腾空时充分形成身体背弓。

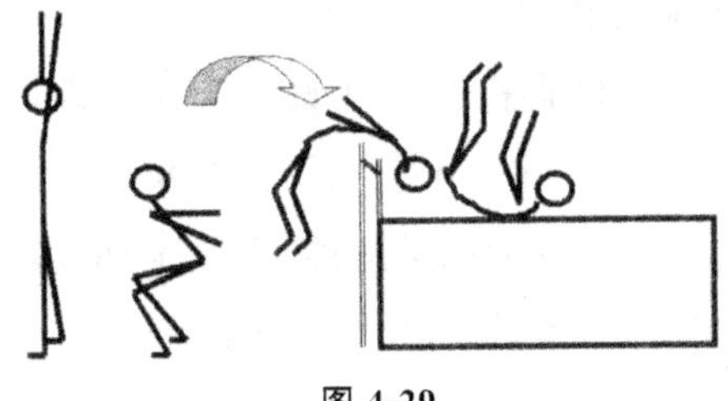

图 4-29

(2)后抛实心球或铅球

如图 4-30 所示,背对抛掷方向,双脚左右开立,直臂双手持实心球或铅球举过头顶。团身下摆实心球或铅球至两小腿间并接近地面。迅速蹬腿、挺身、挥臂向身体后上方抛出实心球。

练习过程中要注意身体环节自下而上用力,快速完成练习。

图 4-30

(3)垫上后空翻

如图 4-31 所示,站在海绵包或垫子上,双脚左右开立,双臂上举,充分伸展身体。下蹲后双腿迅速蹬伸向后上方跳起,仰头,双脚离地进入 180°后空翻。

练习过程中要注意跳起和腾空时身体充分后旋,初学者要在保护下练习。

图 4-31

(4)前抛实心球或铅球

如图 4-32 所示,双脚左右开立,面对抛掷方向,双手直臂持实心球或铅球举过头顶。团身下摆实心球或铅球至两小腿间。迅速蹬腿、挺身、挥臂,将实心球或铅球向身体前上方抛出。

练习过程中要注意身体环节自下而上用力,快速完成练习。

图 4-32

(5)跳起转体接实心球

如图 4-33 所示,背对接球方向,双脚将轻实心球紧紧夹住。迅速跳起,双腿将轻实心球抛向空中,落地转体将实心球接住。

练习过程中要注意身体各个环节的协调配合,连贯快速地完成练习。

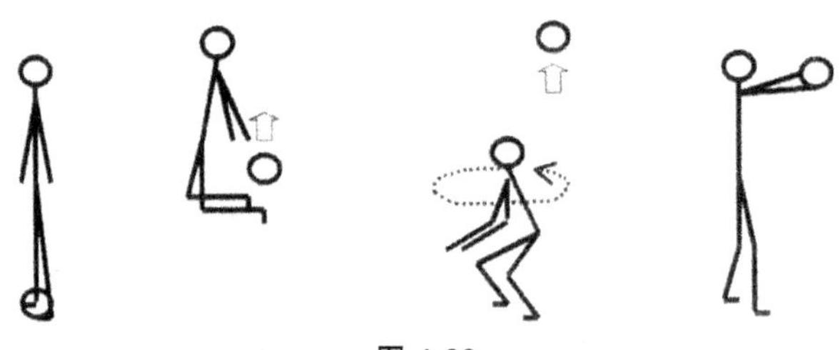

图 4-33

(6)弓箭步快速传接实心球

如图 4-34 所示,练习者面向而立,保持 3～4 步的距离。一人双手持实心球,一腿屈膝 90°、屈髋前迈,前腿大腿与地面平行。在脚落地前给同伴传实心球,接球时前脚蹬地恢复原来的姿势。

练习过程中要注意始终保持弓箭步姿势,身体保持平衡。为增加练习难度,两人可同时屈膝下蹲进行练习。

图 4-34

(7)持实心球侧蹲

如图 4-35 所示，双脚左右开立，向左分步保持侧蹲，重心移到左腿。双臂前伸前送实心球，保持 2 秒钟。右腿蹬离地面还原开始姿势，双腿交替练习。

练习过程中要注意避免躯干扭转，可加快动作节奏进行难度较大的练习。

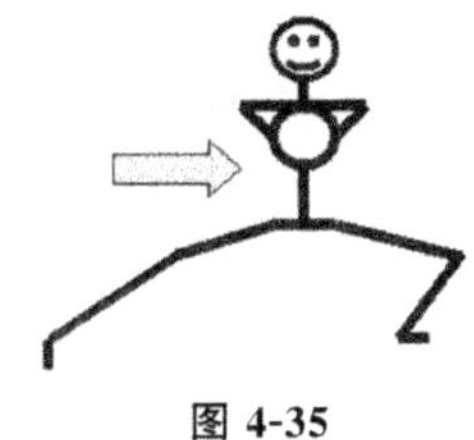

图 4-35

(8)持实心球弓箭步转体

如图 4-36 所示，双手持球于胸前，右腿上抬，右膝弯曲 90°，大腿平行地面，右脚落地时，身体和双臂快速右转，进行行进间左右腿交替练习。

练习过程中要注意身体始终保持直立，可加快动作节奏进行练习。

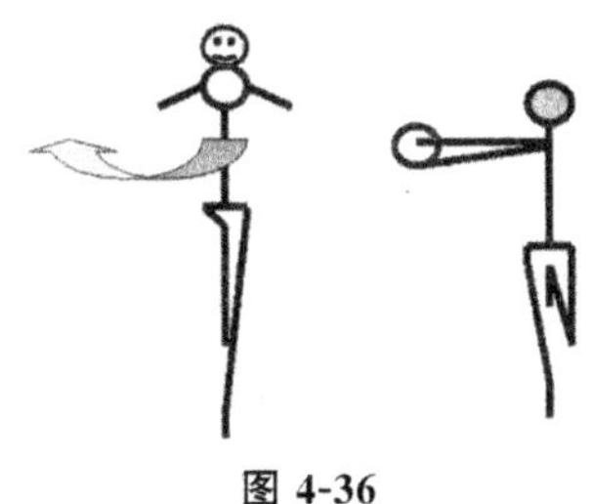

图 4-36

三、耐力素质储备与训练

(一)有氧耐力训练

1.重复跑

在跑道上练习,合理安排跑的距离、次数与强度。避免大强度练习,保持较长的跑距。重复跑 600 米、800 米、1 000 米、1 200 米等。

2.定时跑

在场地、公路或树林中进行 10～20 分钟或更长的定时跑。

3.定时定距跑

在场地或公路上进行定时定距跑练习,如在 14～20 分钟内跑完 3 600～4 600 米。

(二)无氧耐力训练

1.计时跑

练习短距离重复计时跑或长距离计时跑。训练强度应根据跑的距离调整。一般重复 4～8 次,组间安排 3～5 分钟的间歇。70%～90%的训练强度。

2.间歇跑

(1)短段落间歇跑

安排较短段落的间歇跑练习,如 30～60 米,95%以上的大强度练习,间歇 1 分钟左右,持续 10 秒。

(2)长段落间歇跑

安排较长段落的间歇跑练习，如 100～150 米，间歇 2 分钟以上。95％以上的大强度练习，持续 10 秒以上。

四、柔韧素质储备与训练

(一)髋关节柔韧训练

1.仰卧转压腿

仰卧，双腿伸展，左膝弯曲到与胸部等高，右手将左膝的外侧扶住。左臂向左侧伸。呼气，右手横向用力把左膝向身体右侧下压。两腿交换练习(图 4-37)。

练习过程中注意头部、双肩与肘部和地面接触，尽量大幅度完成练习，并坚持 10 秒。

2.弓箭步压髋

弓箭步，前腿屈膝 90°。后腿脚背与地面接触，脚尖向后。双手叉在腰间。重心下移，身体下蹲，直至后腿膝部触地。呼气，下压后腿髋部。换腿重复练习(图 4-38)。

练习过程中注意尽量大幅度完成练习，并坚持 10 秒。

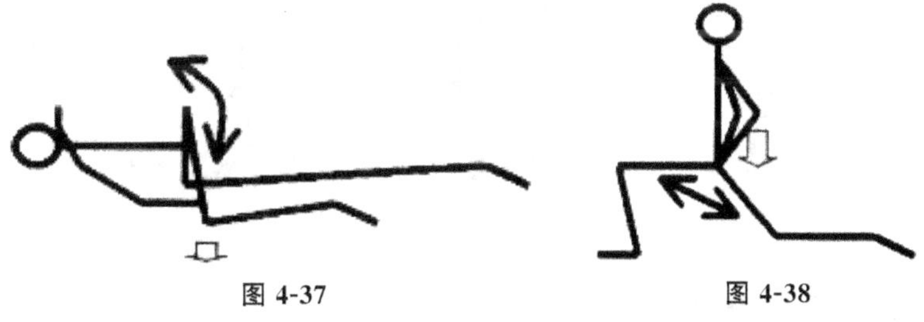

图 4-37　　图 4-38

3.身体扭转侧屈

站立，左腿伸展内收，尽量与右腿交叉。呼气，躯干弯曲并向右倾斜，双手尽量触到左脚跟。左右交换练习(图 4-39)。

练习过程中要注意尽量大幅度完成练习，并坚持 10 秒。

4.台上侧卧拉引

侧身卧在台子边缘，双腿伸展。呼气，上腿膝盖伸直分腿向后移动，在空中停留。左右腿交换练习(图 4-40)。

在练习过程中要注意尽量大幅度完成练习，并坚持 10 秒。

图 4-39　　图 4-40

5.垫上前后分腿

静坐，伸展双腿，双手置于髋部两边触地支撑重心。右大腿外展，与垫子接触并屈膝，使脚与左膝接触。吸气，双臂触地将身体撑起。左腿向身后伸展，大腿上部、膝盖、胫前部和脚掌内侧与垫子接触(图 4-41)。呼气，下压左腿髋部。左右腿交换练习。

在练习过程中要注意尽量大幅度完成练习，并坚持 10 秒。

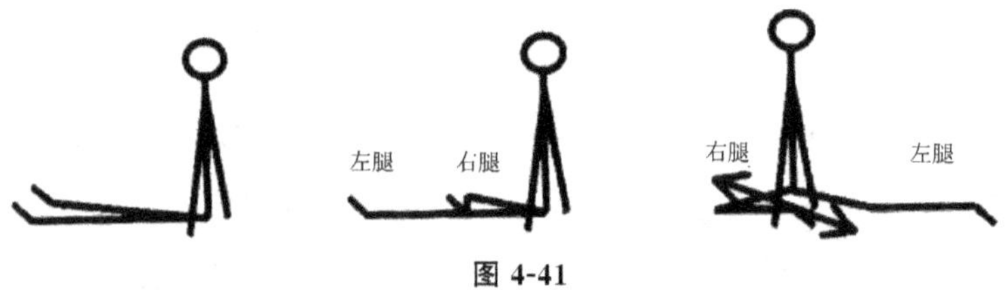

图 4-41

6.坐立反向转体

静坐，伸展双腿，双手置于髋后部触地支撑身体重心。双腿交叉，屈膝使脚跟滑动到臀部方向。呼气，身体转动，头同时向相同的方向转，使身体对侧的肘关节顶在屈膝腿的外侧，慢慢推动屈膝腿(图 4-42)。

在练习过程中要注意尽量大幅度完成练习,并坚持 10 秒。

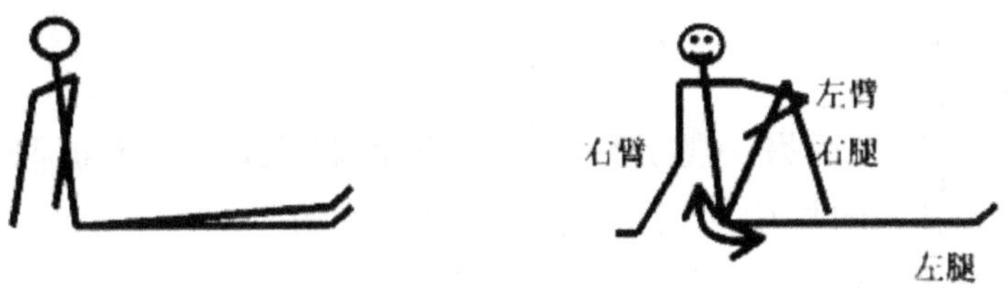

图 4-42

7.仰卧交叉腿屈髋

仰卧,双腿交叉,左腿在上,右腿在下,双手于头后交叉。呼气,屈右膝,右脚抬起。慢慢向头部方向推左腿。左右腿交替进行练习(图 4-43)。

练习过程中要注意,头、背部与肩部要触地,尽量大幅度完成练习,并坚持 10 秒。

8.仰卧髋臀拉伸

平卧于台子边缘,外侧腿悬在空中。吸气,内侧腿屈膝,双手抱住膝部慢慢将其拉向胸部(图 4-44)。

练习过程中要注意尽量大幅度完成练习,并坚持 10 秒。

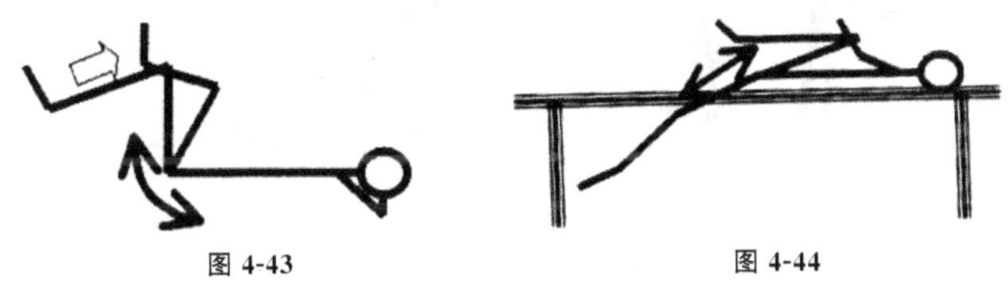

图 4-43　　图 4-44

(二)踝关节柔韧训练

1.上拉脚趾

一腿小腿置于另一腿大腿上。一手抓踝关节,另一手抓脚趾和脚掌，向脚背方向拉引脚趾，左右脚交替练习（图 4-45）。

练习过程中要注意保持正常的呼吸。

2.下拉脚趾

一腿小腿置于另一腿大腿上。一手抓脚踝，另一手抓脚掌和脚趾，向脚掌方向拉引脚趾，左右交替练习（图 4-46）。

练习过程中要注意保持正常的呼吸。

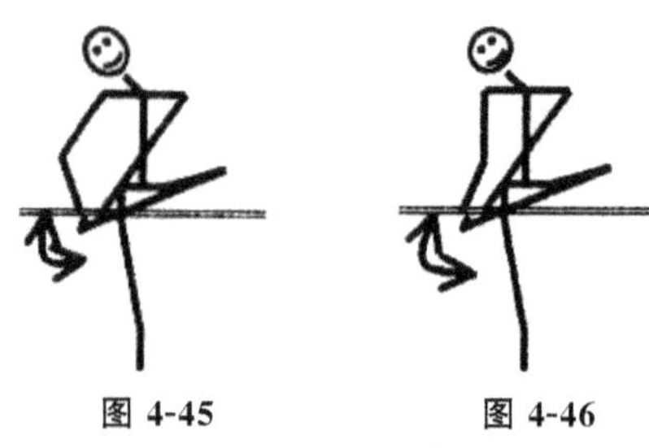

图 4-45　　图 4-46

3.跪撑后坐

跪在地上，双手触地，双脚并拢，脚掌支撑身体。呼气，臀部向后下方移（图 4-47）。

练习过程中要注意尽量大幅度完成练习，并坚持 10 秒。

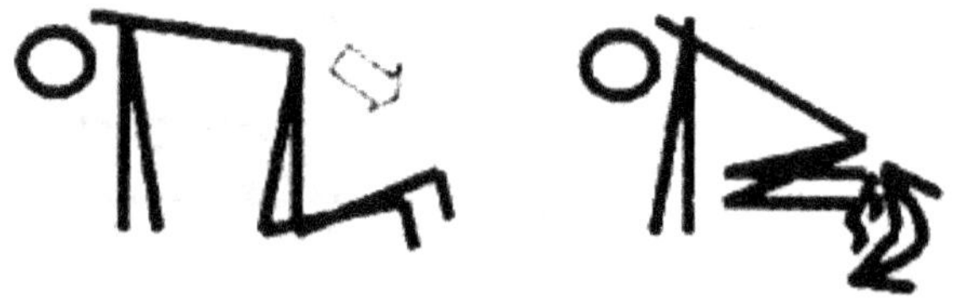

图 4-47

4.脚趾上部拉伸

两脚前后分开，前腿稍屈膝，脚趾上部与地面接触，双手置于其大腿上，使前腿脚趾逐渐支撑身体，慢慢下压脚趾，左右脚交替练习（图 4-48）。

练习过程中要注意尽量大幅度完成练习，并坚持 10 秒。

5.踝关节向内拉伸

一腿小腿置于另一腿大腿上。一手抓小腿,另一手抓脚的外侧。呼气,向内拉引踝关节外侧。左右脚交替练习(图 4-49)。

练习过程中要注意尽量大幅度完成练习,并坚持 10 秒。

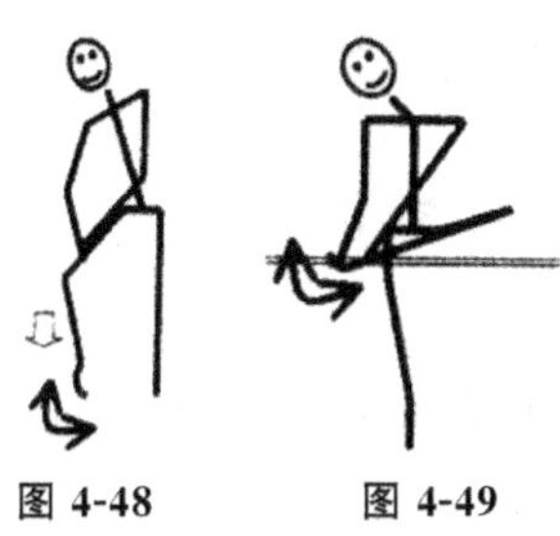

图 4-48　　图 4-49

6.脚趾下部和小腿后部拉伸

面墙而立,双脚前后分开 50 厘米,前脚与墙间距 50 厘米。双手扶墙,身体向墙一侧倾斜。后脚与墙正对。呼气,提起后脚脚跟,后脚脚掌支撑重心,后脚下压。左右腿交替练习(图 4-50)。

练习过程中要注意尽量大幅度完成练习,并坚持 10 秒。

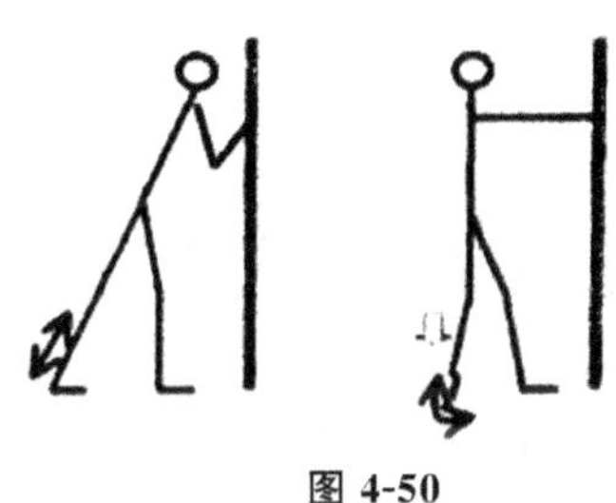

图 4-50

五、灵敏素质储备与训练

(一)协调能力训练

(1)各种徒手操练习。

(2)模仿动作练习。

(3)做不习惯方向的动作。

(4)一对一背向互挽臂蹲跳进、跳转。

(5)简单动作组合练习。

(6)双人头上拉手向同方向连续转。

(7)脚步移动练习。

(8)跳起体前屈摸脚。

(9)双人跳绳。

(10)改变动作的连接方式。

(11)小腿里盘外拐的练习。

(12)两名练习者面向而立,一手扶对方肩,一手互握对方脚腕,练习单脚左右跳、前后跳、跳转。

(二)平衡能力训练

(1)在平衡木上做简单练习。

(2)各种站立平衡练习。

(3)在肋木上进行横跳、上下跳练习。

(4)一对一弓箭步牵手面向站立,虚实结合互推互拉使对方失去平衡。

(5)两名练习者面向站立,双手直臂相触,虚实结合相互推,使对方失去平衡。

(6)用手扶住体操棒,然后松手转身击掌再扶住体操棒使其不倒。

(7)原地跳转 180°、360°、720°落地站稳。

(8)跳转 360°后,保持直线运行。

(9)向上抛球转体 2～3 周再接住球。

(10)闭目原地连续转 5～8 周,沿直线走 10 米,睁眼看行走方向是否在一条直线上。

(11)急跑中听信号急停。

(12)绕障碍曲线转体跑。

第四节　轮滑运动开展的安全知识

一、轮滑运动中需要注意的安全事项

轮滑运动相对比较易学，但初次接触轮滑的人心理上都会有畏惧感，主要是害怕摔倒。因此，为了确保安全，在练习轮滑时需注意以下几方面的问题。

(1)将保护用具(护腕、护肘、护膝、头盔等)戴好，以便摔倒时保护安全。在摔倒时，避免直臂单手撑地。

(2)滑行前检查鞋是否穿戴好。主要是检查轮滑鞋的螺母是否有松动，如松动需拧紧、加固；检查轮滑鞋的轮轴是否超出轮子以外，如超出，需及时调整；检查是否系好鞋带，系得太松太紧都不合适，系好后站起来活动一下感受一下是否合适。

(3)运动前要热身，活动全身关节、肌肉。轮滑运动比较激烈，运动过程中，全身肌肉都参与活动，如果不做一些热身，身体突然剧烈运动，容易造成肌肉受伤。适当的热身活动可以刺激肌肉，使身体进入兴奋状态。

(4)不要一直低头滑行，要不时看看周围情况，以免撞到别人或其他物体。

(5)在公路上练习轮滑时，要避开车辆和行人，严格遵守交通规则。

(6)轮滑会使人消耗较大的体力，参与其中会大量出汗，夏季尤其如此，所以要多喝淡盐水。

(7)练习者要学会自我保护。初学者练习轮滑易摔倒。在滑行过程中，如果向后摔倒，屈膝下蹲，顺势倒下，使臀部先着地，并低头团身以免头部受伤；如果向前或向侧摔倒时，屈膝下蹲，双手撑地，减轻摔倒力量。

(8)患有心脏病、高血压等疾病的人不宜参与轮滑运动。

二、轮滑运动中常见损伤及处理

在轮滑运动中,人们很可能会因为准备活动不充分、技术不过关、身体素质较差、场地器材有问题等原因而导致运动损伤。因此,轮滑运动的参与者要重视预防运动损伤,如仔细检查场地器材和设备,做好准备活动,加强易受伤部位的锻炼和保护,了解运动损伤的基本处理方法,在受伤后能及时处理。

轮滑运动中常见的运动损伤及处理如下。

(一)出血

1.出血简述

从流向来看,可以将出血分为外出血和内出血两种情况,从性质来看,可以将出血分为动脉出血、静脉出血和毛细血管出血。轮滑练习者要高度重视出血,如果出血过多,达到全身血量的 1/3 时,血压会急剧下降,会有生命危险。

2.处理

出血后,一般要抬高出血部位、加压包扎及指压止血。指压止血是针对动脉出血最常用的方法,一般在皮肤表面可以找到一些动脉压迫点,在出血的部位上方,摸到动脉跳动后,用手指把动脉压在相应的骨面上。处理出血损伤,关键是要找准出血部位的压迫点。常见出血部位的压迫点见表 4-1。

表 4-1　轮滑运动中常见出血部位的压迫点

出血部位	压迫点
头部	耳屏前上方约 1 厘米处
面部	下颌骨的下颌角前约 15 厘米处

续表

出血部位	压迫点
肩部和上臂部	锁骨上凹中点
前臂和手部	肱二头肌肉内沿中点
大腿和小腿	腹股沟中点

(二)皮肤损伤

人体不同部位的皮肤,组成的层次不同,各层厚度和硬度有一定的差异。皮肤出现弹性损伤后,一般可以较快得到修复。

按照损伤的性质,可以将皮肤损伤分为擦伤、挫伤和撕裂伤三种情况。

1.擦伤

擦伤的症状比较轻,轮滑运动中摔倒时常会出现擦伤。处理擦伤时,先要洗伤口,如果擦伤面积小,可用2%的红汞液局部涂抹,不需要包扎。

如果擦伤的面积比较大,要先用消毒的蒸馏水或盐水洗净伤口,再用凡士林油纱布覆盖。面部擦伤时,可用1%的新洁尔灭消毒液清洗或去医院进行专业处理。

2.挫伤

挫伤又称“撞伤”,是由于皮肤受钝器打击或直接与硬物碰撞引起的闭合性损伤,在轮滑运动中,容易挫伤的部位有大腿、小腿、腹部及头部。挫伤有以下两种情况。

(1)单纯性挫伤。主要表现为局部出现肿痛、肿胀、瘀血、压痛和功能障碍。

(2)严重挫伤。多为某些器官的损伤,常见的有以下几种情况。

头部挫伤:常并发脑震荡、脑出血和骨折等症状。

胸部挫伤:多伴有肋骨骨折。

腹部挫伤:可能伴有内脏器官的破裂。

大腿挫伤:严重时肌肉会断裂。

发生单纯性挫伤时,一般处理起来比较简单,如处理常见的股四头肌损伤时,一般分以下几个阶段来处理。

早期:限制活动,一天内可进行局部冷敷,用绷带进行加压包扎、将伤肢抬高。

中期:肿胀基本消失后,拆除包扎,采用热疗、按摩和理疗等方法,适当活动伤肢。

后期:进行抗阻力活动。

如果是严重挫伤,需先对合并扭伤进行处理,后针对挫伤进行处理。

3.撕裂伤

撕裂伤是受到器性打击而导致皮肤和软组织撕裂的开放性损伤,伤口周缘多不整齐,常常伴有周围软组织的损伤。根据损伤程度,可以将撕裂伤分为三种情况,分别是单纯性撕裂伤、挫伤性撕裂伤和复杂性撕裂伤。

一般在处理撕裂伤时,如果伤口小,要先消毒,盖上消毒纱布包扎或用创可贴粘住伤口;如果伤口大,应去医院进行清洗、止血、缝合和抗感染治疗。

(三)关节脱位

受到强大的外力的击后,关节面之间会失去正常联系,从而导致关节脱位,主要症状有局部疼痛、压痛、肿胀、关节功能丧失,还可能出现局部畸形。轮滑运动中,肘和肩关节易发生关节脱位,造成该损伤的直接原因是摔倒时用手撑地或相互撞击。

关节脱位时,在现场不可随意进行整复,可用夹板和绷带临时固定,尽快将患者送往医院进行治疗。如果不方便,可进行以下临时处理。

(1)肩关节脱位:用一条毛巾吊起前臂,用另一条毛巾将伤肢固定在体侧。

(2)肘关节脱位:用夹板或铁丝夹板固定伤肢,然后用毛巾挂起前臂。

(四)脑震荡

脑震荡是颅脑受外力打击后引起的急性脑功能障碍。轮滑运动中,如果摔倒时头部着地、头部受到外力的打击等,很容易发生脑震荡。一般来说,脑震荡者多有头部的外伤史,会出现意识障碍(几秒至半小时不等)、肌肉松弛无力、面色苍白等现象,

脑震荡的急救处理方法如下。

(1)让患者平卧,保持安静。

(2)如果患者昏迷,可掐其人中、内关等急救穴位。

(3)对于严重颅脑损伤者,需及时送到医院治疗。

(五)骨折

骨折是指骨的完整性遭到破坏。轮滑运动中,前臂、上臂等部位常发生骨折,主要症状有疼痛、肿胀及皮下瘀血、功能丧失、畸形、压痛、震痛、假关节活动及骨擦音等。

发生脊柱骨折时,要注意临时固定与搬运方法。对于腰、胸椎骨折患者,3～4 人同时将其头、肩、臀和下肢托住,将其置于硬板担架俯卧位搬运。对于颈椎骨折患者,三人中一人将伤员头部固定好,另两人将身体抬起,仰卧位放于硬板担架上,颈下放小垫,用重物固定头的两侧。

在发生骨折后,可按以下方法进行临时固定。

(1)有伤口或出血者,先对伤口、出血等进行处理。

(2)就地固定,不要做没有必要的移动。

(3)禁止采用整复手法,禁用裸板对肢体进行固定,可用棉垫纱布充填垫好。夹板的长度要超过上、下两个关节。

(4)先固定骨折的上下部,再固定上下两端的关节。

(5)固定时必须露出肢体末端,以便对固定的松紧度进行观察。

(6)固定后要注意伤肢的保暖。

第五章　速度轮滑运动训练研究

在现阶段，速度轮滑运动不断发展，并借助其独特魅力吸引越来越多的人参与其中，成为速度轮滑运动的参与者和爱好者。深入研究速度轮滑运动训练对夯实速度轮滑运动训练的理论基础、加快速度轮滑运动的推广范围都有积极作用，同时还能促使这项运动更好地服务于广大参与者。为此，本章以速度轮滑运动训练为研究对象，分别对速度轮滑运动基本知识、速度轮滑运动基本技术训练、速度轮滑运动基本战术训练进行全面阐析。

第一节　速度轮滑运动基本知识

相关资料表明，轮滑运动的国际联盟正式被承认是在 1940 年 4 月 28 日由意大利罗马举办的国际奥林匹克委员会会议上，自此轮滑运动在全球的普及范围不断扩大，在欧美各国的推广成效尤为显著。1952 年，国际滚轴溜冰联盟正式更名为国际轮滑联合会，其英文缩写是 FIRS。国际轮滑联合会由主席（西班牙人，奥利维拉斯）、6 名副主席（非洲、亚洲、欧洲、大洋洲、北美、中南美各 1 名）、4 个技术委员会（速度轮滑、花样轮滑、轮滑球、自由式极限轮滑）的主席和 1 名受雇但无表决权的秘书长组成。现任国际轮滑联合会速度轮滑技术委员会主席是意大利资深的轮滑运动专家罗伯特·马洛塔先生。国际轮滑联合会总部设在西班牙的巴塞罗那，速度轮滑技术委员会设在意大利的罗马。截至当前，已经有上百个国家和地区成为国际轮滑联合会的会员，英语、西班牙语以及法语是国际轮滑联合会的工作用语。1966 年 4 月，国际轮滑联合会举办的第 1 届世界速度轮滑锦标赛在阿根廷的马德普拉塔市顺利举行，参与国共计 12 个。

从 2005 开始，每年举行一次的世界速度轮滑锦标赛获得了越来越多人的关注，我国先后成功举行了两次，分别是 2005 年 8 月 24 日在苏州举行、2009 年 9 月 16 日在南宁举行。深入调研我国先后举办的两届世界速度轮滑锦标赛得出，现阶段的速度轮滑运动发展史还是速度滑冰和速度轮滑充分融合、彼此促进的发展历程。本节以国内外轮滑运动的发展为研究对象，具体内容如下。

一、速度轮滑运动的发展阶段

速度轮滑运动是速度滑冰运动衍生出来的运动项目，速度轮滑技术的发展大致经历了四个阶段。

（一）第一阶段

18～19 世纪，运动员使用双排四轮轮滑鞋，这时的滑跑姿势呈站立式或半蹲式，腿部技术动作是模仿速度滑冰的技术，可以说是比较典型的轮滑技术。

（二）第二阶段

在 20 世纪 90 年代初，双排四轮逐步过渡到了单排五轮，运动员开始自觉模仿速度滑冰的各项传统技术，滑跑姿势表现出了一定程度的降低，尤其是在弯道滑跑中，交叉压步的动作幅度显著加大，自由滑进阶段已经基本在弯道滑跑技术动作结构中消失。速度轮滑运动员能够更加灵活地运用轮刃，速度的提高幅度十分显著，这就是速度轮滑技术充分应用速度滑冰技术的发展阶段。

(三)第三阶段

21世纪初,速度轮滑运动员普遍使用直排五轮轮滑鞋,轮滑器材变革日新月异,为技术变革提供了有利条件,速度轮滑直道“双蹬技术”问世,起跑、冲刺和接力技术已趋于规范。可以认为,这是速度轮滑与速度滑冰技术相互渗透融合发展变化最大的阶段。

(四)第四阶段

截至当前,速度轮滑运动员已经在广泛应用大轮径(110毫米)的直排四轮竞速轮滑鞋,在弯道带坡的场地和平面弯道的场地都可以参与竞技。在场地器材不断革新的情况下,速度轮滑已经发展成了魅力十足的速度轮滑技术,具体就是将速度滑冰、短道速度滑冰、传统速度轮滑的独特技术充分融合在一起的新型速度轮滑技术。

二、速度滑冰受益于轮滑的历史情节

在20世纪中叶,苏联国家速滑队总教练康·库德列夫柴夫,受轮滑的启示,在滑冰运动员训练器材改革中,创新制作出单排四轮轱辘旱冰刀,在国家队非冰期训练中投入使用,明显地促进了运动技术水平的提高,一跃成为世界冰坛的霸主。之后,1958年苏联专家叶斯切潘年柯和阿·别列金来中国讲学期间,介绍了滑轱辘训练手段。1958年8月,孙显墀从苏联莫斯科斯大林中央体育学院毕业回国,并于1960年担任中国国家速滑队男队主教练。这期间,黑龙江省体委在哈尔滨体育学院兴建了滑轱辘场(周长250米,水磨石场面,投资18万元人民币),黑龙江省齐齐哈尔市冰刀厂开发研制了直排四轮冰刀轱辘。从此,我国优秀速滑运动员在非冰期进行了前所未有的滑轱辘训练,国家队在训练方法和训练负荷等方面,都有创新性的突破,仅用了3年的时间,王金玉和罗致焕在1962～1963年都打破了速滑大全能的世界纪录，并创平原冰场男子速滑大全能的世界最佳成绩，王金玉荣获亚洲最佳速滑运动员奖杯，罗致焕夺得1963年世界速滑锦标赛1 500米的世界冠军。自从我国速度轮滑跻身世界前列之后，受到了其他国家的广泛关注，随后世界冰坛开始大范围运用滑轱辘这项切实可行的训练方式。在积极应用崭新科技的背景下，直排轱辘鞋的款式和品牌日益增加，轮滑训练对世界冰坛产生了很大的积极作用，世界冰坛的总体运动成绩不断提高。

三、速度轮滑受益于直排轮的历史情况

20世纪90年代初，世界轮滑界的绝大多数运动员都在使用正宗的双排四轮轮滑鞋，世界冰坛在非冰期借助单排四轮轮滑鞋完成训练产生了很大的启示作用，具体影响有意大利速度轮滑运动员于1992年在威尼斯世界速度轮滑锦标赛上首次选用单排五轮竞速轮滑鞋参加比赛，同时获得了十分理想的比赛成绩，从根本上开创了世界速度轮滑界舍弃正宗双排四轮竞速轮滑鞋、选用直排五轮竞速轮滑鞋的先河，从1993年一直延续到当前，同时对速度轮滑运动成绩的大幅度提升做出了很大贡献。

四、速度轮滑和速度滑冰两栖运动员创奇迹

速度轮滑高手美国的查德·海德里克(Chad Hedriek)多次获得世界速度轮滑锦标赛的冠军，他是速度轮滑直道双蹬技术的创始人。但是，他凭借自己高超的速度轮滑技术和通过轮滑练就的体能，选择了走速度轮滑和速度滑冰两栖运动员的发展道路，在2006年意大利都灵第20届冬季奥林匹克运动会速度滑冰5 000米比赛中，战胜了所有速度滑冰高手，一举摘得金牌，开启了速度轮滑和速度滑冰两栖运动员创奇迹的历史篇章。

当前，在速度轮滑技术风格持续发展的过程中产生了很多新

的变化。尽管欧美速度轮滑的技术风格依旧拥有十足的魅力，但近几年的比赛中亚洲速度轮滑技术风格开始占上风，进而产生了两种风格迥异、争奇斗艳的良好局面。尽管以美国为代表的欧美各国在很早就开展了轮滑运动，同时先后出现了很多实力非凡的优秀选手，另外还后继有人，成为轮滑运动的发展中心，然而，亚洲速度轮滑快速崛起的趋势也极为显著，不仅有实力强劲的韩国，也有速度轮滑技术大幅度提升的中国，并且成功突破了世锦赛上“零”金牌的纪录。

全面分析速度轮滑世锦赛可知，在获得各项比赛奖牌的新面孔日益增多的情况下，获奖的覆盖面同样在不断扩大。世界速度轮滑运动呈现出的蓬勃景象，不仅仅表现在竞技赛事上，而且据有关资料统计，当今全球已有 1 亿多轮滑运动爱好者，他们是速度轮滑运动的基础，也是未来发展的后备力量。

五、我国速度轮滑运动的发展情况

亚洲轮滑联盟成立于 1978 年，并于 1985 年在中国香港举行了第一次亚洲轮滑联盟执委会会议，会上决定每两年举办一届亚洲轮滑锦标赛。自 1985 年在日本冈谷举行了第 1 届亚洲轮滑锦标赛至今，截至 2014 年已举办了 16 届，其中第 3 届、第 8 届、第 13 届和第 16 届分别在我国杭州、上海、海宁举行。

在我国，人们开始把速度轮滑运动作为竞技体育运动项目的时间较晚。确切地说，自十一届三中全会改革开放之后，轮滑运动先是以文化娱乐的面貌在中国沿海经济发达地区亮相，并迅速形成“滚轴溜冰”热潮，我国各个地区相继建立了若干个滚轴溜冰场馆，很多溜冰俱乐部相继出现。在我国大力发展速度轮滑运动的背景下，具备较高轮滑技术的爱好者有增无减。

1952 年 5 月我国首次在上海举办了“金雀杯”速度轮滑邀请赛，同年 10 月又在北京举办了“环球杯”旱冰邀请赛。在此基础上，1983 年 10 月在北京工人体育场举办了第 1 届全国轮滑锦标赛。

1985年8月，长春第一汽车制造厂速度滑冰业余体校的学员代表国家参加了在美国举办的世界轮滑锦标赛。同年10月又由哈尔滨体育学院轮滑队代表国家参加了在日本冈谷举办的亚洲轮滑锦标赛，开启了中国轮滑健儿走向世界的大门。1987年在韩国举办的第2届亚洲轮滑锦标赛上，我国运动员在花样轮滑和速度轮滑项目的比赛中，都获得奖牌。在此后的数届亚洲轮滑锦标赛中，出现较大进步的现象层出不穷。

我国第24届全国速度轮滑锦标赛于2009年成功举办，这是对我国近些年来速度轮滑运动整体实力的大规模检阅。在第24届全国速度轮滑锦标赛中，各项比赛前三名的平均成绩都超过以往的成绩，这明确反映出我国速度轮滑运动的整体实力出现了大幅度提升；获奖队伍数量的大幅度增加，则反映出速度轮滑运动在我国获得了大范围发展。除了速度轮滑在得奖广度和得奖深度方面发展较快，运动员的比赛技术同样表现出了较好的提高速度。不管是起跑技术、滑跑姿势、直道技术、弯道技术和冲刺动作，还是接力技术等多个方面，都先后出现了很多发展潜力巨大的后起之秀。就临场战术的运用情况来说，不存在专门犯规的情况，长距离项目比赛中的战术意识得到显著增强，速度轮滑运动员反映出了极高的体育道德修养。

在我国第24届全国速度轮滑锦标赛前，对苏州国家轮滑训练基地进行了装修，将平面场地改建成弯道带坡场地；在跑道内侧边沿增建了排水沟；在原围场栏杆的基础上，增加了不锈钢板的围场内墙面；在终点处的场外架建了空中伸缩终点灯，以备晚间比赛使用，并便于向场内终点裁判房送电，一举两得。可以说，现今的苏州国家轮滑训练基地的比赛场地条件（包括公路赛场地和马拉松赛场地），已达到了国际先进水平。这届锦标赛的轮滑器材和轮滑服饰充分凸显了我国绝大多数轮滑爱好者消费能力大幅度提升的发展走向，绝大多数参赛者都选择了外国品牌的竞速轮滑鞋，具体规格是100毫米或110毫米、84～86A的四轮竞速轮滑鞋。各队的比赛服饰都经过精心选择和设计，不同花色的连体比赛服与头盔等显现出了不同的风格。不但速度轮滑的比赛场内吸引力十足，赛场外同样别具特色。在速度轮滑的比赛场外，轮滑器材厂家与代理商都在费尽心思布置自己的展示帐篷，目的在于牢牢抓住全国比赛的大好时机，彻底打开轮滑器材的销路，从而有效扩大自身品牌的影响力。

截至目前，我国在速度轮滑界所具备的硬件和运动员使用的运动器材等方面，可以说完全与国际接轨了。而随着一批批裁判员的培训和考核的举办，我国速度轮滑裁判队伍也不断壮大，在以后的国际比赛中，必定出现越来越多的中国籍裁判员。

几十年来，中国轮滑协会政绩显著，我国速度轮滑界的赛事与有关活动都非常活跃，其中北戴河、上海黄浦、苏州和海宁 4 个国家训练基地的问世，不仅形成了轮滑品牌，而且对我国速度轮滑运动的发展起到极大的促进作用。尤其是自 2005 年我国第一次承办世界速度轮滑锦标赛以来，我国承办大型国际赛事的脚步也逐步加快了，如 2007 年苏州承办了国际轮滑联合会和 WIC 组织确立的积分最高、奖金最多的世界轮滑马拉松 A 级分站赛；2008 年在海宁国际轮滑运动中心举办了第 13 届亚洲轮滑锦标赛，随后海宁又在 2009 年承办了世界速度轮滑锦标赛；广州番禺大学城承办了 2010 年第 16 届亚运会速度轮滑比赛，同年北戴河和海宁又举办了国际轮滑节；2012 年山东省海阳市举办了第 3 届亚洲沙滩运动会公路轮滑赛；2013 年的第 15 届亚洲轮滑锦标赛于合肥圆满落幕。

“海宁模式”在成功地举办了第 13 届亚洲轮滑锦标赛后，在 2009 年更以史无前例的世锦赛战绩（77 人次打破速度轮滑世界纪录），让海宁国际轮滑运动中心成为名副其实的“速度轮滑世界纪录工厂”。同时，我国的其他省市地区也积极兴建专业的速度轮滑场地，为我国的速度轮滑事业奠定了坚实的基础设施。

2011 年中国轮滑协会首次召开的“全国轮滑工作会议”，创新性地提出“大轮滑”概念和推出代表国内轮滑最高水平的新型赛事——中国轮滑公开系列赛，本着“政府主导、企业运作、社会参与、大众受益、做成品牌、形成产业”的精神，把轮滑比赛逐步办成世界高水平的赛事。协会借助于欢庆中国轮滑运动开展30周年的契机，组建了轮滑城市联盟、轮滑校园联盟、轮滑企业联盟和轮滑俱乐部联盟。全国共有30多所中、小学获得中国轮滑运动特色校称号。

在苏州和海宁等国家标准的速度轮滑场地先后建成、我国多次成功举办大型国际赛事以及国际轮滑节、各项创新概念与发展方案陆续提出并落实的大背景下，推动了我国速度轮滑运动的发展真正走上了速度发展的轨道，向世界轮滑界充分彰显了我国速度轮滑的风采。在中国轮滑协会科学领导下中国速度轮滑界，必将会为世界速度轮滑运动的发展输入巨大的发展动力。

第二节　速度轮滑运动基本技术训练

一、直道滑行技术

(一)滑跑基本姿势

速度轮滑运动员要想减少空气阻力并实现快速滑跑，就一定要运用特殊的滑跑姿势。运动员是否采用正确的身体姿势，会直接影响其正确完成动作、高效运用技术、发挥身体潜能，所以说正确的滑跑姿势对滑行技术具有基础性作用。速度轮滑直道滑跑采用上体前倾的半蹲式姿势，髋、膝、踝三关节呈屈的状态。上体放松，两手放于背后，头微抬起，目视前进方向30～40米处。滑行中身体重心落在脚心处为宜。髋关节的角度为90°～100°，膝关节的角度为110°～120°，踝关节的角度为65°～70°。此类特殊滑跑姿势的优势是能够减少空气阻力，对运动员加快速度和减少体力消耗都有积极作用。因为这种滑跑姿势的重心比较低，所以对运动员掌握滑行平衡与身体平衡都有积极作用。速度轮滑运动员使两腿弯曲，不仅能增加动作幅度，还能使滑的距离进一步延长，也能使蹬地效果得到进一步强化。

以三关节弯曲角度的差异为划分依据，可以把运动员的身体姿势划分成高、低两种。具体来说，高姿势的特征是对提高滑跑频率有积极作用、能够有效减轻内脏器官的压力、体能消耗相对有限，缺点是受到的空气阻力较大、蹬地距离比较短、不利于运动员保持身体平衡；低姿势的特征是有助于运动员控制身体平衡、蹬地距离较长、产生良好蹬地角的可能性更大、对运动员正常发力有积极作用，缺点是体力消耗较大、运动员更容易产生疲劳。采用滑跑姿势要因个人水平、条件、参加项目、技战术及自然条件等因素来决定。一般情况下，力量强的选手或短距离项目采用低姿势，力量弱的选手或长距离项目采用高姿势。

（二）蹬地技术

速度轮滑运动员向前滑进的唯一动力来源就是蹬地。蹬地效果的好坏，取决于运动员能否合理运用蹬地用力的方式、角度、方向、力量、速度及体重等技术细节。蹬地技术是速度轮滑的核心技术。蹬地动作由开始蹬地、用力蹬地和结束蹬地三个阶段构成，合理的蹬地顺序是：展髋的同时伸髋，再伸膝，最后伸踝（图 5-1）。

图 5-1

1.蹬地动作用力的方式

快速用力、逐步加速度是速度轮滑运动蹬地方式的显著特征。当运动员刚开始蹬地时，常常会因为未能熟练把握重心位置和蹬地角形成，以及蹬地腿所处关节角度不利的情况下，最终造成开始阶段的蹬地速度相对缓慢。对于蹬地的最大用力阶段，因为已经形成比较理想的蹬地角，同时蹬地腿不同的关节角度均处于最有利的状态下，所以运动员加速用力蹬地拥有很大的必要性，另外力值同样会达到最高水平。

2.蹬地角

对于速度轮滑运动来说，蹬地角对运动员蹬地的力量效果具有决定性作用，但基础条件是全力蹬地。轮滑运动理想的蹬地角为 40°～45°，此时蹬地力量最大。在滑行的过程中，蹬地角并非一定值，从蹬地动作开始到蹬地动作结束，蹬地角不断变化，其角度逐渐减小，到结束蹬地时变成一定值，其变化值为 90°～10°（轮子着地至蹬地结束），长距离项目及直道的蹬地角角度较大，弯道的蹬地角较小。

3.蹬地力量、速度和幅度

滑行的速度依赖于蹬伸动作对地面产生作用力的大小，作用力与滑行速度成正比例关系，作用力的大小取决于肌肉收缩所做的功和功率（除利用体重蹬地等其他因素外），功和功率的公式为：$W=Fs$，$P=W/t=Fv$，因此，功率的大小与蹬地力量、蹬伸速度及做功的距离有关，蹬地过程中想获得较大的功率，根据公式可知，只有加大蹬地的力量和提高蹬伸的速度。在速度轮滑运动中，因为轮子和地面咬合存在脱滑的问题，所以运动员要将动作幅度控制在合理的范围内，不可以彻底伸直膝关节。

4.蹬地方向

当处于相对静止的情况下，不管是哪种形式的向前滑行动作，要想形成推动身体向前的反作用，都需要运动员在支点后方施加作用力。在起跑阶段是朝后蹬地，在疾跑阶段随着速度逐步增加，蹬地方向就需要从后方逐步转移到侧边，在滑跑速度达到一定限度后，蹬地方向应当完全转向侧边，同时蹬地方向应当和滑行方向呈垂直关系。面对滑速较快的情况，运动员一定朝侧蹬地，一方面是由于向前滑行速度大于蹬伸速度决定的，另一方面是由于人体下肢形态结构和单排轮几何形态特征决定的，具体来说就是当轮架较长时不便朝后蹬地。

5.利用体重蹬地

蹬地是指把身体重心控制在蹬地腿上，通过身体重量对地面的作用力来促使蹬地力量大幅度增加。在速度轮滑运动中，运动员要十分重视用力，对于破坏平衡后的蹬地过程来说，运动员要保证身体重心一直落在蹬地腿上，相关研究得出蹬地产生的力量是体重的 30%。

6.蹬地的用力顺序及时机

蹬地的用力顺序是指结束下肢各关节伸展的顺序，它对提高滑速有很大的作用。合理的伸展顺序是先伸展髋关节，然后迅速伸膝、伸踝，这样易形成快速有力的蹬伸动作。蹬地时机是针对蹬地腿开始蹬地动作与浮腿着地动作之间的时间关系而言的。提倡早蹬，但必须有适宜的蹬地角度等为前提。蹬地晚的含义是蹬地过程中，浮腿轮子过早着地，甚至承担体重后再蹬地。较好的蹬地时机是在蹬地腿蹬地的过程中，达到最大用力阶段时，浮腿轮子刚刚着地。

（三）收腿技术

当蹬地腿完成蹬地动作后，浮腿抬离地面至再次着地前的过程称为收腿。收腿的任务是连接蹬地与着地动作，配合身体重心的转换、保持平衡及放松等。另外，浮腿积极地摆动也有助于蹬地腿发挥蹬地力量。收腿的动作方法是:浮腿的大腿带动小腿以最短的路线拉回,使浮腿的膝关节靠近支撑腿。收腿时髋关节内收,膝关节弯曲形成自然的钟摆动作(图 5-2)。

图 5-2

(四)着地技术

自完成收腿动作到轮子落地的动作阶段就是着地动作。向前摆腿动作阶段和轮子着地动作阶段是着地的主要动作阶段。着地的动作方法是以屈大腿动作为主,由后面朝前提拉,后轮领先在靠近蹬地腿内侧的前方着地。着地动作拥有十分显著的重要意义,对惯性滑进与蹬地质量都有直接性作用。当运动员着地时,小腿应当完成显著的前送下落动作,同时尽可能放松浮腿,将浮腿轮子着地的开角控制在合理范围内,浮腿的轮子在着地的一刹那建议浮腿不要承担体重,在蹬地腿蹬地结束的瞬间再快速承担体重。

(五)惯性滑进

惯性滑进是指一条腿从轮子着地后的支撑滑行至开始蹬地的动作阶段。在惯性滑进过程中,运动员不但要努力维持已经获得的速度,而且要为下次蹬地做好充足准备。惯性滑进动作持续的时间与项目的不同类别有关,其技术动作也有区别。长距离滑跑时,滑进持续时间比短距离长,一般为一个单步幅的二分之一长;而短距离滑跑则占一个单步幅的三分之一或四分之一左右。在支撑滑进过程中,最好利用轮子正面支撑,减少轴向用力,避免轴承压力过大造成的速度损失。

(六)直道滑行摆臂技术

摆臂是配合蹬地获得速度的重要因素,从短距离到长距离滑行都采用摆臂,通过摆臂可以调节身体平衡和加强蹬地力量,有利于协调整个身体运动及达到战术目的等。

摆臂的动作结构与方法是:短距离项目选择双摆臂,长距离项目选择单摆臂。一般来说,单摆臂是摆动右臂,但双摆臂同样适用于长距离滑行的后程。运动员应当把摆臂动作的幅度控制在合理范围,在摆动过程中,两臂应当把肩关节当成轴,同时借助屈伸肘关节动作完成前后自然摆动动作发挥辅助作用。双手可以半握拳或保持微屈状态,前摆到颌下,后摆至与躯干平行。摆臂的方向以与躯干的纵轴线之间成40°角为宜。摆臂动作的节奏要与蹬地腿保持一致,臂与腿的配合动作是蹬地腿的同侧向前、异侧臂向后摆动。

(七)直道滑行配合技术

在滑跑过程中,直道滑行配合技术能够促使各项动作相互协调、相互促进、彼此带动、彼此节能,另外配合技术对运动员正常发挥战术水平有积极作用。两腿间的动作配合、臂和腿部动作的配合是配合动作的主要方面。

1.两腿之间的动作配合结构与方法

在保持正确滑行姿势的基础上,两腿交替完成蹬地、收腿、着地、支撑滑行的动作,以一侧腿的动作为例,其周期动作顺序如图5-3所示。

图5-4中的①为右腿蹬地结束,左腿轮子着地和单支撑滑行阶段;②处在左腿蹬地和右腿收腿的动作过程;④～⑤是左腿蹬地最有力阶段,此时右腿正处在着地动作阶段的双支撑滑行时期;⑥～⑦为左腿蹬地右腿着地后的双支撑蹬地滑行阶段。

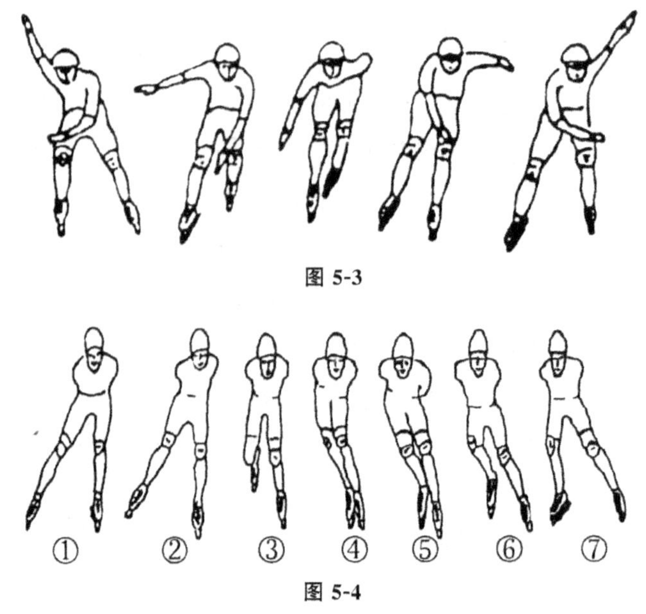

图 5-3

图 5-4

2.摆臂动作与腿部动作配合的结构与方法

详细来说，摆臂动作与腿部动作配合是指蹬地腿的同侧臂朝前侧摆动，异侧臂朝后侧摆动，两肩完成前后交替摆臂的动作，同时密切配合下肢蹬地动作、收腿动作以及着地动作，从而形成完整的直道滑行动作。

二、弯道滑行基本技术

对于速度轮滑运动来说，弯道滑行是其众多技术中的一个关键部分，需要同时达到保持高速滑行和保持平衡这两项要求。对于弯道滑行的区段来说，同样是彰显战术意图的关键区域，基本姿势、蹬地、收腿、着地、摆臂、全身动作配合是构成弯道滑行基本动作的主要部分，弯道滑行不存在单脚支撑自由滑行阶段。

(一)弯道滑行的基本姿势

如图5-5所示,弯道滑行基本姿势的外观结构是上体前倾、支撑腿的髋、膝、踝三关节保持屈的状态。在弯道滑行过程中,身体始终向圆心倾斜,并保持鼻与支撑腿的膝关节、前轮都处在同一纵轴平面上,倾斜的幅度较大,蹬地角在40°～45°之间。单臂或双臂前后自然摆动,身体重心以落在轮子的中部位置为宜。

图5-5

(二)弯道滑行的蹬地技术

对于弯道滑行过程来说,以抵消人体朝前做直线运动的惯性需要有一定向心力的要求,弯道技术动作和直道技术动作之间存在显著的差异。因为身体重心投影点自始至终都位于身体左侧,同时在离心力和向心力的双重作用下,产生为保持身体平衡而使身体重心顺着弧线方向运动的规律。因此,自然产生了左脚外侧轮与右脚内侧轮交替、连续、快速向右侧蹬地的动作技术。

蹬地动作结构与方法:对于弯道滑行的整个过程来说,运动员两腿的蹬地动作和参与蹬地动作做功的肌群都是不一样的。右腿蹬地动作是以伸髋、展髋、伸膝的动作为主,伸踝动作为辅;左腿的蹬地动作是以伸髋、内收髋关节、伸膝的动作为主。

(三)弯道滑行收腿技术

对于弯道滑行的周期动作来说,弯道滑行收腿动作是其中的一个阶段。具体来说,弯道滑行收腿技术是指蹬地腿轮子离开地面时，把浮腿收到支撑腿左侧某个点的过程。弯道滑行收腿技术的作用是放松肌肉、维持身体平衡、协调配合蹬地腿的蹬伸。

收腿动作结构与方法：运动员要想尽可能适应弯道滑行的特性，双腿的收腿动作应当不一致。右腿的收腿动作是以内收、屈髋、屈膝关节的动作为主，背屈踝关节动作为辅，膝关节领先，轮子贴近地面向左侧平移，跨过左腿和左脚轮子至左脚轮子左侧稍偏前的适宜位置；左腿的收腿动作是以膝关节领先、踝关节为辅，使左脚踝保持放松状态，轮子贴近地面向左上方做提拉腿的动作，将左腿收至支撑腿左侧较适宜的位置。

(四)弯道滑行轮子着地技术

这项技术就是指轮子着地的瞬间动作，主要由着地方向、着地时机、着地部位、着地位置等因素构成。对于运动员的滑行过程来说，轮子着地的作用是确定滑行方向、调整蹬地时机、密切配合蹬地动作、建立并维持平衡。

着地动作结构与方法主要由右腿轮子着地动作和左腿轮子着地动作组成。具体来说，右腿轮子着地动作是指运动员完成右腿收腿动作后，通过右脚踝关节的背屈动作来促使轮子正面后轮在支撑腿前内侧最适宜的位置微微着地；左腿轮子着地动作是指运动员左腿完成收腿动作后，左脚踝关节背屈，略微翘起前轮子，借助轮子外侧后部在右脚轮子的前内侧较适宜的位置轻轻着地。

(五)弯道滑行摆臂技术

在速度轮滑运动中，比较常见的摆臂动作是单臂摆动动作，主要目的是维持身体平衡、配合和加强蹬地、增加蹬伸频率。除此之外，弯道滑行摆臂技术不但对运动员在滑行过程中保证身体处在协调状态有积极作用，而且对运动员正常发挥已经掌握的战术也有积极作用。运动员在摆臂过程中，右臂摆动幅度和直道摆动存在的差异很小，摆动方向能够略微朝外侧，肩关节屈伸摆动是摆的常见动作，同时要协调配合蹬地动作。

(六)弯道滑行配合技术

配合技术在弯道滑行过程中起着相互协调、带动和促进作用,有利于在滑行中节省体能以及发挥各环节的技术和战术意图等。

弯道滑行配合技术由两腿动作及两臂动作配合构成。

1.两腿间的配合

以一侧腿的动作为例,其动作顺序是:蹬地—收腿—着地。两腿之间的动作配合为:右腿开始蹬地,左腿开始收腿;右腿蹬地最大用力后,左腿轮子着地;左腿开始蹬地,右腿开始收腿;左腿蹬地最大用力后,右腿着地。

2.臂与腿动作配合

两臂的摆动与腿部动作配合:蹬地腿的同侧臂向前摆动,异侧臂向后摆动,两臂摆至前后最高点时,蹬地腿蹬地动作结束,浮腿轮子着地,两臂前后交替摆动配合。

三、起跑技术

在速度轮滑运动的全程滑跑中,起跑是一个重要组成部分,是运动员得到滑跑速度和发挥战术的一项关键技术,在短距离滑跑中的作用表现得尤为显著。详细来说,起跑就是保证运动员迅速完成由静止到移动且取得较快速度的过程。运动员起跑的具体效果对全程滑跑的速度具有直接性作用,起跑的最佳效果是起动快、能够在一刹那达到很快的速度。通常情况下,预备姿势、起动、疾跑是起跑的主要动作阶段。

(一)预备姿势

预备姿势的主要任务是:为快速起动和疾跑做好准备及创造

有利条件。速度轮滑常用的起跑姿势是“侧向开立式”、“丁”字式和正面“V”字式等。现以侧向开立式起跑姿势为例阐述其动作技术。

运动员参加比赛时要根据竞赛规则的规定进行起跑，当运动员听到发令员发出“预备”口令时，运动员要滑至起跑线后面，按起跑位置顺序站好，完成预备姿势。两腿开立侧对前进方向，前腿轮位于起跑线后沿并与起跑线呈平行状态，后腿轮位于起跑预备线后用内侧轮支撑压住地面。两腿慢慢下蹲呈微屈状态，重心投影点落在两脚之间稍偏前的位置，靠近起跑线一侧，臂屈肘或自然下垂；异侧臂肩关节外展，适度屈肘，在体侧抬起，保持两脚轮相对静止不动，等待发令员的枪声。

（二）起动

起动是指起跑的第一步，具体是指由起跑前的静到动的过程。起动需要完成的主要目标有迅速做出反应、完成起跑动作、为接下来的疾跑做好准备。

以“侧跨式”起动为例，当发令员鸣枪后，运动员在起跑预备姿势的基础上，重心向前移动。屈腿抬起跨过前脚，前腿用力蹬伸；蹬地腿的同侧臂向前屈肘并快速摆动；异侧臂快速向后摆动，完成起跑的起动动作。

（三）疾跑

疾跑是在起动后到滑跑的中间发挥，不仅能促使运动员迅速得到较快速度，同时能为运动员滑跑奠定坚实的基础。“踏切式”和“滑跑式”是比较常见的疾跑方式，这两种方式在接触地面部位、用力形式、上体配合动作等方面都存在很大的差异，因为前者动作简单、掌握的难度较小、能在较短时间内达到预期的起动速度，所以这里仅对其做详细介绍。

详细分析可知，“踏切式”疾跑的距离不长，它从起动后的前腿着地动作起，一般要向前跑 8 步左右。在疾跑过程中两腿连续快速地蹬、收，配合两臂的摆动动作向前跑动。疾跑过程中要保持两脚轮子之间有较大的开角，以轮子前半部先接触地面，过渡到轮子中部用力向后蹬地，保持向前倾斜的身体姿势，以较高的动作频率向前跑动，完成疾跑。

四、接力技术

对于速度轮滑运动来说，接力比赛主要适用于公路赛中，接力往往会选择身体接触的方式。接力方法主要包括两种，绝大多数运动员会选择“推进式”。接力位置应当是固定的接力区。交棒人与接棒人的接替前、接替中和接替后是接力的三个动作技术阶段，这里借助“推进式”方法来分析接力技术。

（一）接力的动作过程与方法

1.接替前的动作过程与方法

接棒人：接棒人要根据交棒人的滑行速度情况，在接力区内做起动滑行，当滑行速度与交棒人相近时，接棒人借助向前冲滑的惯性做好接触前的蹲屈姿势，静力支撑自由滑行准备接力。

交棒人：在接替前，一方面要高效完成正常的滑行，另一方面要密切关注接棒人的滑行速度变化、滑行路线、对手行为状态、赛场的实际情况等，如果接棒人进入接力区则交棒人需要追逐滑行，当靠近接棒人时应当停止蹬地动作，两脚开立和肩部宽度相同，将上体抬起，两臂前伸为接触做好准备。

2.接替中的动作过程与方法

接棒人：保持适度的流线形蹲屈姿势，两臂靠近躯干，屈肘，双手扶于大腿或膝处，两腿靠近，两轮子保持平行并适度开立，重心落于轮子的后半部，抬头，目视前方，等待交棒人的推动，并做好起动滑行的准备。

交棒人:交棒人以双手对准并接触接棒人的臂部,屈臂缓冲,接近自己胸部时,交棒人重心前移,两脚轮子外展用力蹬地,伸臂将接棒人推出。

3.接替后的动作过程与方法

接棒人:接棒人被推动后,借助交棒人推力的惯性速度,占据有利位置向前加速滑行。

交棒人:交棒人在完成推进动作后,浮腿着地,重心落在轮子中部,保持平衡向前自由滑行。

(二)接力的技术要点

(1)减少接力时间,加快接替速度。在接力时,交棒人与接棒人速度变化的规律是:接力之前,接棒人的速度是不断上升的走向,交棒人的速度是不断下降的走向,交棒人和接棒人在接触前与接触阶段的速度大体一样;接替结束后,接棒人持续提高速度,交棒人持续降低速度。由此可知,接替前不只是要适度加快接棒人的滑速,减少接力时间和加快接力速度同样尤为重要。

(2)在接力时,交棒人和接棒人应当保证推动部位与推动方向准确无误,交棒人应当双手掌正对接棒人臂大肌中部朝前推动,即正对身体重心部位。

(3)用力的方式:要以两脚用力蹲屈踝、伸膝、伸髋自下而上地相继发力。当踝、膝关节达到最有利的肌肉收缩的关节角度时,两臂在下肢提供能量传递的作用下,由最大屈位开始全力伸肘、甩腕,完成爆发式用力的全部推进动作。

(三)常见错误及纠正

(1)在接力过程中,交棒人和接棒人无法做到协调配合。出现这种错误的原因有双方未能准确把握滑行速度、接棒人滑速太快、交棒人未能精确判断滑行路线、比赛场上的干扰因素改变了滑行路线而造成接替过程中的失误。教师或教练员在纠正时,不仅要进一步强化配合练习，还要提醒双方接替过程中协调配合滑行速度，也要提高双方判断滑行路线的准确性。

(2)推动动作仅仅借助伸臂完成，造成推进力十分有限。这种错误是因为交棒人身体姿势不正确导致的，进而使得髋关节屈的角度超出正常范围，蹲屈过于深等。教师或教练员在纠正时，应当提示练习者尚未推动前要维持上体抬起、挺胸送髋的动作，从而对下肢的发力动作发挥有利影响。

(3)推进的方向和部位错误，造成接棒人失重摔倒。例如，交棒人双臂用力不均，推动时下压力量过大或推动方向偏离接棒人的滑行方向等。纠正时，练习者要注意双手接触的部位、用力方向等。

第三节　速度轮滑运动基本战术训练

随着速度轮滑运动的不断发展，运动员的训练水平和运动成绩不断提高，比赛竞争的激烈程度也越来越高，在决定胜负的诸因素中，战术因素起着至关重要的作用。速度轮滑运动的战术，是依据项目特点和竞赛规则，教练员通过对比赛的双方状况的分析研究，结合临场变化的实际情况，所采用的以战胜对手或创造最佳运动成绩为目标的个人或集体配合的具体谋略和滑跑方法。

场地赛与公路赛是速度轮滑的常见类型。速度轮滑运动的比赛方式除了场地 300 米个人计时赛和公路 200 米个人计时赛以外，其余项目均采用集体出发的形式，具体就是存在身体接触的多人同场竞技，判断比赛胜负的标准是运动员达到终点的先后。由此可知，对于速度轮滑比赛而言，特别是在比赛者实力相当时，运动员能够正确实施战术是决定比赛输赢的关键因素。轮滑运动战术最根本的特点就是灵活、机动、快速、准确。

一、速度轮滑运动战术的内容与特点

速度轮滑运动的战术内容按同队运动员参加某项某组比赛的人数，分为个人和集体配合两种。个人战术是一人参赛，在比赛中依靠自己的战术意识及同组参赛运动员状况、场上情况变化而采取的有目的按步骤或随机应变的谋略和具体滑跑方法；而集体配合战术则是两名或更多同队运动员在同组比赛中，为了获胜而实施的以个人战术为基础的集体默契配合的谋略和具体滑跑方法。

个人战术全面反映了运动员的智力、体能、技术水平、战术水平以及临场经验，表现形式与实施形式是多种的、重复的以及连续的，集深思熟虑和权宜之计于一身，尤为关键的是运动员应当始终落实随机应变的指导思想。运动员要想控制比赛局面并保证自身占据主动，就必须把设计的个人战术的实施与临场实际进行有机结合。个人战术是集体战术的组成部分，只有将个人战术与集体配合战术随机结合，才能变化无穷，而且会起到积极的以己之长克彼之长的作用，会起到联手胜于单独作战的作用。

速度轮滑运动员在任何赛次的任何一组比赛中，所采用的都是若干战术的组合，比赛项目不同，战术组合的结构也有所不同。例如，在500米短距离比赛中，可运用出发抢位—领滑—冲刺三种个人战术的组合，或者是出发抢位—领滑—变速—冲刺四种个人战术的组合。而在长距离比赛中个人战术的组合结构更是花样多多。

集体配合战术是两名同队运动员或多名同队运动员在同组比赛中，为了获胜而实施的以个人战术为基础的集体默契配合行动。采用战术旨在借助合理的个人战术与集体配合来将本队优势充分发挥出来，从而在赛程中占据主动。当速度轮滑运动员的个人战术达到一定水平后，才能更加默契地完成集体配合战术，为同队运动员或运动员自己创造有利的赛程环境，最终顺利实现理想的战术目标。

速度轮滑战术分类如图5-6所示。

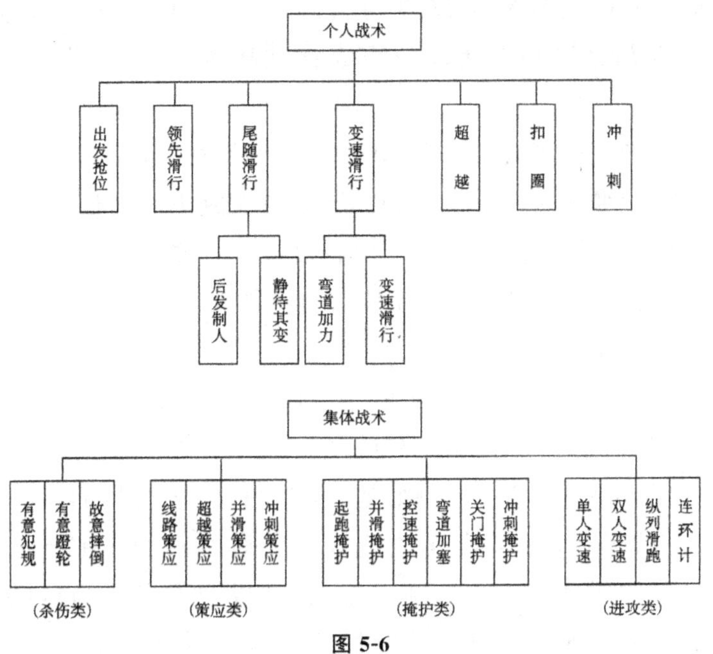

图 5-6

无论何种战术都是由战术基础（滑跑技术和配合方法）、战术环节（准备阶段、发动阶段、实施阶段和结束阶段）和战术细节（位置的合理布局，特长的发挥，运动员之间配合方法、位置、时间等的选择与安排）等组合构成。战术结构的好坏取决于选择战术的指导思想、战术基础及各个战术环节的衔接和战术细节的合理而切合实际。

一支高水平能打善战的速度轮滑运动队伍，运动员的年龄结构合理，才能使队伍在素质和技能结构方面具备较强的专项素质和掌握全面的滑跑技术与能力，才能在集体配合作战中合理地组织起来，并使其发挥最大的战术效力。

在比赛过程中，速度轮滑运动员应当借助自身行动或集体配合行动来实现战术目标。因为速度轮滑比赛过程集复杂性和多变性于一身，所以运动员应当密切联系临场情况，始终围绕事先设定的目标，想出和具体情景吻合的详细目标。高质量完成具体目标是实现理想目标的重要基础。优秀的速度轮滑运动队伍能够达到理想目标的原因是：认真完成反复训练与参赛的各项锻炼任务,从而使其战术理论修养与实际运用水平得到了大幅度提升。速度轮滑运动员要想高效完成各项战术,就必须拥有很高的战术素养。

尽管在速度轮滑比赛中运动员会运用各种各样的战术方案,但都是在高速滑跑的前提下实施的。运动员滑跑不同项目的速度是不同的,就滑跑全程而言,有时是先快后慢或是先慢后快,但研究证明,匀速滑和变速滑是速度轮滑比赛中最合理的实施战术的条件。

除此之外,赛程中始终维持战术可变性是灵活运用战术的一项基础性要求。具体来说,战术可变性就是运动员以具体的比赛任务为依据,借助多种战术方案或调整战术方案,以此达到参赛的目的。如以创造成绩为目的,则基本战术是以运动员的实力为主,选定个人滑跑的匀速方案,努力完成各分段距离的成绩指标,实现个人最佳成绩的突破或创造新的纪录;如以获取名次为目的,则应在认真分析研究对手的基本情况基础上,制定先发制人或后发制人的战术方案,使对手无法实施预先计划,以我为主发挥长处,造成对手被动尾随及体力的消耗,干扰和打乱其战术方案,为同队运动员或自身创造良好的竞赛环境达到战胜对手的目标。

二、速度轮滑不同项目的战术特点

(一)公路 200 米个人计时赛和场地 300 米个人计时赛

这两个项目不涉及体力分配方面的内容,速度轮滑运动员应当将绝大部分精力分配在滑跑技术动作效果以及滑跑动作频率两个方面。运动员上起跑线站稳后,采用上体摆动的起跑预备姿势,在规定的时间内准确而积极地启动,充分借助于上体摆动的反作用力和双臂有力的摆动配合启动第一步。场地 300 米个人计时赛最重要之处,首先是在战术上先声夺人,起跑要快,疾跑的每步都要踏蹬有力以及由疾跑过渡到途中滑的衔接要流畅;其次是进入途中滑要按照最佳滑跑路线模式完成每个直道和弯道段的滑跑,使途中滑体现出一气呵成、一搏到底的精神；最后在尾程滑跑中做好全力冲刺的准备，并以准确而稳定的冲刺动作冲过终点线。

(二)500 米计时赛

500 米计时赛最佳战术是全面发挥起跑技能的作用，尽全力抢占领滑位置或能够发挥积极作用的位置。就运动员抢占领滑位置来说，不仅能由此在比赛中占据主动，还能对比赛场上的局面进行灵活控制，还能使运动员正常发挥自身的体能、技术水平、战术水平，特别是可以有效激励运动员的心理，从而促使运动员在比赛中获胜。500 米计时赛的战术细节包括以下几点。

(1)多人同组起跑要合理控制起跑占位和两侧对手间的实际距离，做好全神贯注闻枪声而动，尽全力占据领滑位置或有利位置。

(2)按照最佳的滑跑路线模式完成每圈的滑跑，前 300 米要快，后 200 米要拼。

(3)进入途中滑，进出弯道的技术动作要准确到位，弯道要连续完成交叉压步的加力蹬地滑跑。

(4)在后 200 米拼力快滑时，要保持动作质量，带着提前冲刺意识进入最后一个弯道滑跑，并做好出弯道就全力冲刺的准备。

(5)在最后 50 米直道上，保持低姿势下的滑跑技术动作质量，并以正确而稳定的冲刺动作冲过终点线。

(三)1 000 米计时赛

1 000 米计时赛是一项匀速快滑的比赛，合理的体力分配方案应是前后 500 米的成绩相差不大，5 个 200 米的滑跑速度比较均匀，体现出匀速快滑的战术模式。因此 1 000 米比赛的关键是运动员控制好每圈 200 米的滑跑速度。

为了创造优异运动成绩，最佳战术是起跑抢位领滑，掌握比赛的主动权，根据自己的体能和技术水平，选定适宜的滑跑速度，前三圈快滑，后两圈拼力滑跑，体现出尾程不降速的特点，并以最快的速度和最佳的冲刺动作冲过终点线。

在速度轮滑运动员努力战胜对手的过程中，允许其运用跟滑技术，从而较少体力消耗。但需要注意的是，对于后500米赛程，运动员需要尽可能早地找出超越的机会并达到超越目的，从而由被动转变成主动，最终达到在比赛中获胜的目标。

1 000米计时赛的战术细节包括：

第一，全面发挥起跑技能，从而顺利占据领滑或跟滑的有利位置；

第二，结合最适宜的滑跑路线模式来高质量完成每圈的匀速快滑，特别是要对弯道加力滑要点高度关注；

第三，认真做好进出弯道的技术动作，在入弯道前加力滑进入弯道，出弯道时用好惯性速度，尽量延长弯道滑跑距离，缩短直道滑跑距离；

第四，整个比赛过程中，都要努力维持固定的滑跑动作节奏，特别是要保证弯道滑跑动作节奏处于恒定状态，当运动员体力出现下降趋势时，为达到维持尾程不降速的目标，运动员应当适度加快滑跑频率；

第五，运动员准确运用变速滑跑战术，通常有助于同队运动员取胜；

第六，滑最后一圈时，尤其要保持滑跑技术不变形，带着提前冲刺意识进入最后一个弯道滑跑，并做好出弯道后就全力以赴冲刺的准备；

第七，在最后50米直道上，保持低姿势和动作幅度，以强有力的蹬地动作向前冲滑，最后以规范的冲刺动作冲过终点线。

（四）5 000米（或10 000米）积分淘汰赛

5 000米（或10 000米）积分淘汰赛主要是变速能力、速度耐久力、智慧、勇气这四个方面展开较量的长距离比赛，战术的显著特征是正确分配体力，在全面分析比赛任务、自身体能水平、技术水平以及对手实际情况的基础上，选择和制定最佳战术方案。以“变速滑跑”为例，是采用同队的一名或两名队员先后多次变速和提高非积分圈滑跑速度的方式，来干扰或消耗对手的体力，达到本队的战术目的要求；“并滑”，用于同队两名队员在非积分圈与积分圈之间进出弯道时，以干扰或控制对手的技术发挥，掌握场上主动权，为本队在积分圈滑跑提供保证并获得积分；“纵滑”，是采用同队两名队员在高速滑跑过程中，每次进弯道前都加力滑，进入弯道后两人保持纵队滑跑方式，防范对手超越，达到掌握场上主动权实现战术目标的目的。

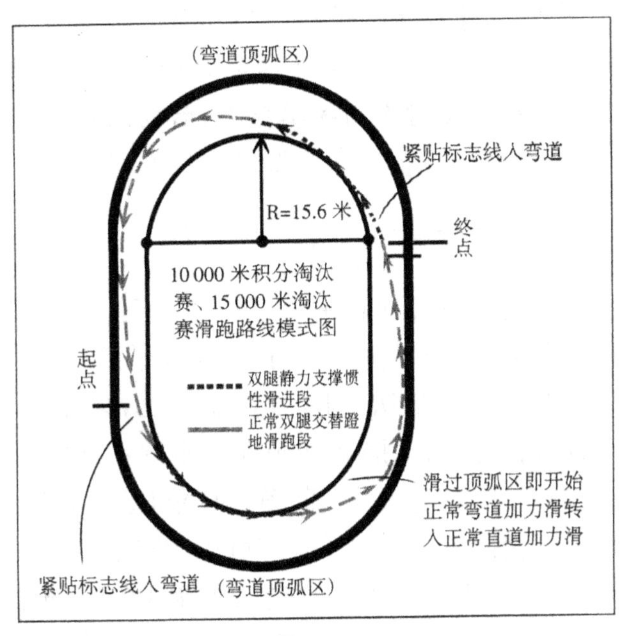

图 5-7

近些年来，在速度轮滑运动持续发展的情况下，运动成绩正在大幅度提升，规则同样在随之变化。就国内外高水平的速度轮滑运动员来说，他们在积分淘汰赛中往往在运用大幅度提升非积分圈平均速度的基础上，进入积分圈的争夺方式。相关的统计数据表明，积分圈速度比非积分圈速度快大约 2 秒钟。除此之外，针对非积分圈的弯道滑跑，高水平选手普遍会采用紧贴标志线进入弯道的手段，前半个弯道是借助于惯性速度静力支撑滑进，从弯道顶弧开始，采用积极有力的交叉压步弯道技术滑跑，在适当延长弯道滑距离的情况下，自然甩离标志线，呈现出直道滑跑是由外向内的路线(图 5-7)。同时，对于全程全部非积分圈滑跑过程中，运动员应当在最佳时间段内努力占据滑跑中的最佳占位，尽可能保证自己处在领先方队中，为进入积分圈奠定基础。

需要重点补充的是，滑跑的全程的体力分配应当着重采用匀速方案，但积分淘汰赛最明显的特征为高速度下的变速滑。针对这种情况，建议运动员在前半程滑跑中维持存有余力的平和滑跑方式，在后半程则需要拼尽全力和对手进行激烈竞争，当处于最后一个积分圈时应当竭尽全力，借助高超的技术水平和精准的冲刺动作完成冲刺，最终获得最理想的积分。

(五)长距离淘汰赛

速度轮滑各项长距离(10 000～20 000 米)淘汰赛是运动员比拼耐久力、意志品质和展示战术水平的比赛项目。在淘汰赛中，同队两名或更多队员同场参加比赛，采用多次变速滑、领滑、跟滑、纵滑、并滑、扣圈和冲刺等战术的不同组合都是可行的。在众多运动员同场竞技，比赛场上可能随时发生意想不到的情况，由于场上情况不断变化，运动员也要随机应变，灵活运用不同的战术组合，来应对场上的变化或化解场上出现的不利局面，变被动为主动，达到战胜对手的目的。由此可知，针对竞争尤为激烈的赛程，运动员一定要全面观察、准确判断赛场上自己和对手的各项情况，从而保证所用战术的合理性，目的性应当十分明确，实施行动应当具备预见性，判断结果应当做到零失误，不显露出主动进攻并达到出其不意、攻其不备的要求，从而让对手难以揣测自己的意图，最终达到让对手防不胜防的目的。

在长距离淘汰赛中，运动员应本着依靠自己或团队的实力积极采用领先滑、扣圈滑、变速滑、抢位和有预谋的交替领滑等进攻类战术，也可运用特定的滑跑路线。这种战术最为显著的特征是以我为主、先发制人、表现实力，任何行为都应当在规则允许的范围内，而并非以损害他们利益为基础的利己，促使对手处于被动状态或对对手产生负面影响是临场实力造成的，由此自然会让对手被动跟滑或消耗体力，同时还能为本队队员或自己获胜创造有利局势。

(六)马拉松赛

马拉松赛是速度轮滑超长距离的公路轮滑赛，是参赛人数最多，也是速度轮滑传统锦标赛的最后一项比赛。马拉松赛对运动员的耐力、体能、心理素质和战术素养都有很高的要求，其中最重要的，是专项身体素质和合理分配全程滑的体能。

比赛实践表明，合理分配全程滑跑的体力和采用合理的临场技术，是在比赛中滑出好成绩的决定性因素。在马拉松赛全程滑跑中均匀分配体力是最省力的办法，而且能滑出最佳运动成绩。这种战术方案，是在运动员处于良好竞技状态时方能采用。在主要对手的终点冲刺能力较好的情况下，采用这种战术就可能处于不利地位。由此可知，速度轮滑运动员应当维持途中的高速滑跑，使得对手难以完成快速终点冲刺。当运动员运用这种滑跑战术时，均匀的高速滑跑或突然加速冲滑都可以充当运动员突出自身实力的方式。

如果是采用按名次取胜战术时，主要是保持顶住对手的高速滑跑，并保存一定的实力，以便进行决定性的冲刺。在这种情况下，运动员一般选择在尾随领滑者之后的位置，并密切注意领滑者和其他对手的动向，以便准备好随时都能见机采取行动以高速冲滑摆脱包围等。运动员最好尾随在领滑者的正后面或者略偏右侧，切不可在领滑者的偏左侧。当实施摆脱而高速冲滑时，一定要从领滑者的右侧超越(切忌与领滑者距离太近)。在上述两种战术中，冲刺能力是至关重要的。因此，在训练中应该重视对终点冲刺能力的提高，培养用最快的速度滑跑最后一段距离的优良习惯。马拉松赛的冲刺距离，一般都设定在最后的 2 公里左右，为此就应占据出击的有利位置。实力越强，终点冲刺的时间越早，冲刺的距离也越长。对于参与马拉松赛的所有运动员来说，遇到难度最大的一段赛程是常事，运动员需要在该段落借助坚定意志来对抗身心疲劳，同时尽最大努力加快滑跑速度，借助出其不意的冲滑来成功甩开对手，最终达到对对手快速冲刺的能力产生负面作用并冲破对手心理防线。由此可知，运动员在该区段的临界时刻应当保证滑跑速度出现大幅度提升，为此运动员需要经受长期训练的磨炼，从而拥有过硬的实力。临场经验证实，最适宜运动员加速冲滑超越对手的机会是对手刚完成加速滑跑且自己被对手拉开的距离有所减少并紧跟在对手后面，在这种时间段对手再次完成反超越的可能性极小。

以上分析的战术手段中，绝大部分都是全程高速滑跑的方案。但有时比赛一开始滑跑速度不太快，在这种情况下，所有参赛运动员都应准备进行长距离的终点加速滑跑来决定胜负。还有一种方案，在比赛开始的一段距离上，运动员以很高的速度滑跑，以甩开密集的群体，形成由几个人组成的领滑小方队，然后适时降低滑跑速度，维持已形成的拉开距离（同速滑进），接近终点时再加快滑跑速度。

由于马拉松赛的临场情况瞬息万变，滑跑战术的多元化特征显著，所以运动员在赛程中应当勤于思考，时刻关注对手的具体情况，灵活选用最佳的战术方案，从而在比赛中获胜。无论哪种目标的实现，运动员在赛程中都要始终使自己处在比赛群体的领滑方队之中，并要密切观察注意领滑者和其他对手的动向，以便随时都能应变，紧紧咬住领滑者或以高速冲滑克服对手的换位、舍卒保车、杀伤、阻挡滑跑路线和变换滑跑位置等具体战术的干扰。运动员参赛时运用各种战术是必要的也是很正常的事，但是应注意“害人之心不可有，防人之心不可无”。

三、速度轮滑战术训练的方法与手段

（一）战术训练方法

1.获得战术知识的方法

阅读和速度轮滑战术相关的文献资料、主动听相关讲座、积极参与座谈、观摩和分析比赛、分析运动员参赛情况和训练课上的具体情况等。

2.战术教学训练的基本方法

以比赛目的的特点与参赛预定运用战术计划为重要依据，多次操练并高质量完成技术动作和战术动作。

3.战术训练的基础方法

速度感训练，即主要是通过各种强度的计时滑，使运动员获得不同速度的运动时空知觉。教练员要向运动员准确报时，以训练运动员的速度控制能力。还要让运动员准确估计自己的滑跑速度。这是培养运动员合理分析体力和速度控制能力的战术基础训练。

4.战术训练的主要方法

战术训练的主要方法是模拟训练法，具体是指对比赛环境进行模拟、对选用的战术方式进行模拟策划，在训练过程中反复演练，从而使运动员掌握运用战术的要点。

5.战术训练最有效的方法

战术训练实效性最强的方法是实战训练法，具体是指借助测验、教学比赛、参与比赛的实战训练这三种方式，来促使速度轮滑运动员灵活运用各项战术。

（二）战术训练手段

（1）领滑、并滑练习。
（2）相互超越滑跑练习。
（3）教学测验或比赛。
（4）模拟积分赛练习。
（5）模拟个人计时赛的技战术要点练习。

(6)不规律地突然加速滑跑(短冲)练习。

(7)等段落或不等段落的变速滑跑练习。

(8)尾随滑跑或尾随带超越的滑跑练习。

(9)集体起跑抢占领滑和有利位置的练习。

(10)弯道加速滑跑或直道加速滑跑练习。

(11)战术组合练习或各项技战术要点练习。

(12)各项全程计时滑练习。

(13)不同类型的游戏和接力滑练习。

(三)战术训练的基本要求

速度轮滑战术训练的关键目的是加强运动员在竞赛对抗中的抗干扰能力、提高运动员临场随机应变能力和培养运动员机智灵活运用战术的能力。速度轮滑训练应当达到的基础性要求具体如下。

(1)个人战术水平和战术意识对于集体配合战术发挥着基础性作用,个人战术和集体配合战术应当共同促进、相辅相成,当运动员的个人战术达到较高水平之后,才能保证其高效完成集体配合战术,最终顺利完成实现设定的计划。为此,战术训练应当重点强化速度轮滑运动员的独立作战水平,把提高个人能力和集体配合的战术练习有机结合在一起,由此充分保证战术训练的实际效果。

(2)不管是在体能方面的训练内容中,还是在技术与心理等各个方面的训练内容中,都应当始终贯彻战术训练,从而有效培养与提高运动员的战术能力。换一个角度来分析,当速度轮滑运动员的战术能力有所提升时,又会对运动员体能、技术、心理、智能能力的健康发展产生积极作用。

(3)在速度轮滑运动的战术训练和实战演练过程中应当积极运用对抗性特征显著的手段。对于多人同场竞争激烈的比赛,运动员出现身体接触是在所难免的,同时彼我双方运用各项战术同样会带来一些干扰和影响,因而运动员在战术训练中选用对抗性特征显著和抗干扰的训练方式完成实战情景的演练具有很大的必要性。

(4)在速度轮滑运动特征和竞赛方式的双重作用下,使得竞技过程中难免会产生相互影响的干扰。非犯规性干扰包括技术性干扰与赛场环境干扰。技术性干扰包括起跑干扰、直道碰撞干扰、弯道超越干扰、冲刺阶段干扰、战术性干扰,技术性干扰是速度轮滑比赛中比较常见的战术手段,具体如下。

①起跑干扰。由于速度轮滑比赛是多人同时起跑,起跑线距弯道距离短,尤其在短距离计时赛中,起跑后的排列顺序将影响到达终点的名次,所以起跑时运动员都急于冲出人群,抢占有利排位,争取首先进入弯道,而在相互争挤的过程中,不可避免地会发生轻微的身体接触或推、拉等行为,这些行为构成的干扰可使运动员的疾跑位置顺序发生变化,有时也会因碰撞而摔倒。规则规定,起跑有故意犯规行为或在弧顶前有因碰撞倒地情况时裁判招回运动员,判罚犯规者并重新起跑。由此可知,教师或教练员应当安排起跑干扰的训练,保证运动员能够学习和掌握抵御轻微碰撞的技能,从而尽可能减少起跑时干扰带来的负面影响。

起跑抗干扰练习的方法是采用每次练习轮换占位的多人同时起跑,也可采用前后两排的多人同时起跑练习。为了提高起跑段的抗干扰能力,发挥自身优势,掌握抢位的方法和提高平衡能力,克服相互碰撞的影响,可在练习时要求运动员在起跑线上密集站位,以制造复杂的起跑环境(如在直道段上摆放标锥等)进行起跑练习。还可在不同速度、地点的条件下,进行队员之间相互轻微碰撞的练习。

②直道碰撞干扰。在速度轮滑比赛中,运动员在直道段上进行超越的较多。直道滑跑时身体左右摆动,蹬地动作幅度相对较大,当多人并排滑跑或超越对手时,跑道变得相对狭窄,极易发生接触,产生两人碰撞情况,这就要求运动员掌握灵活变向滑跑及受轻微碰撞而不失去身体平衡的技能,以及具有敏锐的观察和躲闪能力,以减小这类干扰带来的影响。

直道抗碰撞干扰的练习方法：要想促使速度轮滑运动员的直道滑跑支撑稳定性、平衡能力、抵御相互碰撞产生干扰的能力，建议其在双人直道（弯道）内侧或外侧慢速滑跑中，干扰者借助上体或上肢来轻微碰撞对方形成干扰的手段。除此之外，运动员也能够借助器具在不同地点与不同速度下轻微触及碰撞干扰对方的下肢、臀部、小腿、上体。运动员在练习触及碰撞时可以从多个方向练习。需要特别注意的是，运动员要保证碰撞力量小、碰撞时间短，同时需在轻度范围进行练习。

③弯道超越干扰。在弯道滑跑中，当运动员在准备超越时，有时会突然发现无机会实施而减速，有时与对手并排滑跑时会因一同躲闪被甩离弯道标志块而形成干扰，虽然这种干扰是无意的，看似影响也不大，但它可使该运动员失去进入决赛的机会或在决赛中失去夺冠的可能性。

抗弯道超越干扰的练习方法：当速度轮滑运动员选用弯道大幅度倾斜滑跑练习时，可以是右腿充当支撑腿朝左侧倾斜，也可以是左腿充当支撑腿朝左侧斜滑跑，这两种方式都是通过加快滑跑速度的惯性朝前方滑进。除此之外，另一种方法是抗内侧运动员超越干扰的练习，具体做法是选择弯道区，借助单人形式或多人形式来实现内侧超越，被超越者在被超越后有很大可能会受到轻微挤压或各种影响，这种情况下运动员一定要及时调整动作并维持正常滑跑。内侧超越的具体练习手段是，沿弯道标志块约离半米滑跑，听到信号后立即超越。集体纵队滑跑中每滑到弯道区时，后面的运动员要迅速连续超越前面的所有运动员。在途中完成人弯道超越或出弯道超越时，超越者要选好时机，避免发生碰撞，被超越者被超越后的收圈要避免发生碰撞或横切犯规，超越者要尽可能靠近被超越者，这样进行练习效果更好。

④冲刺阶段干扰。对于赛程的最后阶段来说，任何形式的干扰均会对速度轮滑运动员达到终点的成绩产生不利影响。例如，在领先运动员处于最后一个弯道时，提速或降速、调整滑跑路线、相互挤靠干扰对手的冲刺等均会产生冲刺阶段的干扰。要想使

速度轮滑运动员对抗此类干扰的能力得到强化，就必须把冲刺阶段的抗干扰训练摆在尤为重要的位置，教师或教练员应当提示运动员正确选择最佳的冲刺阶段的超越路线，同时运动员要提醒自己提前加速，牢牢抓住最适宜的冲刺时机和冲刺位置。

抗冲刺阻挡练习的方法是，为提高右侧阻挡干扰情况下的冲刺能力和掌握右侧阻挡情况下的冲刺方法，可采用双人或集体练习，在出弯道时，前面的运动员有意从外侧向内（右向左）切入滑跑，造成对后面运动员的阻挡局面，此时，后面运动员要设法为自己创造机会冲向终点，并以“弓步送轮”或“前踢小腿送轮”的冲刺动作冲过终点。

⑤战术性干扰。在速度轮滑比赛中运用合理的战术，不仅能为本人或同队队员获得战机，掌握临场主动权，而且它对其他对手也是一种干扰。如利用领滑、变速滑、配合滑跑等战术来破坏对手的滑跑技术及战术，达到拖垮对手的目的。

除此之外，现阶段的速度轮滑比赛越来越激烈，很多犯规战术也会偶尔出现，这些现象是速度轮滑运动在发展过程中的必然产物，所以运动员应当熟练掌握防范技能的要点，促使自身抵御对手借助犯规战术产生干扰的能力得到强化。

通过观察分析，发现犯规多数出现在争夺较激烈的时刻，因为此时运动员之间的距离很近，甚至是在身体接触的情景下滑跑，而且一些犯规都是有准备或犯规运动员的动作领先于被犯规运动员的动作反应，被犯规者一般都处于被动状态，他们无法逃避或摆脱犯规干扰。为此，运动员要始终保持防干扰的意识，摆脱突然袭来的干扰或减低干扰的影响。在多人同组比赛项目中，横切、碰撞、危险冲刺等犯规现象的发生率都是较高的，在500米计时赛中，横切、碰撞等犯规干扰相对较多；在接力项目中，阻挡犯规干扰居多。

当赛程中的滑跑位置存在差异时，犯规干扰对速度轮滑运动员产生影响也会随之改变。具体来说，当运动员在外侧滑跑时，接受的干扰最多，面临的威胁同样比较大；其次是位于后面和内侧的运动员；在前面领滑的运动员受到干扰的可能性最小。场地各个区域出现犯规干扰的相关统计证实，在出弯道处横切犯规的发生率最高，在弯道弧顶处发生推人和碰撞犯规干扰相对较多，在入弯道处发生降速和碰撞犯规干扰较多，危险冲刺犯规干扰无疑是在终点处。在比赛进行中，运动员相互争夺的重点区域是出、入弯道和终点三个区段。除此之外，比赛中超越的统计结果显示，速度轮滑比赛中出现超越的现象十分常见，在超越过程中发生犯规的可能性同样很大。从整体来看，超越者比被超越者发生犯规的次数多。

(5)作为一名速度轮滑运动员，抗干扰能力是其必须具有的能力，所以科学安排提高抵御干扰训练具有很大的必要性，可以选用的训练方式如下。

①重心移动练习。在滑跑中，听信号做重心后移、前移、正常滑跑的练习；直道高速滑跑，按预定方案进行重心前移、后移、正常滑跑练习；在弯道滑跑中，完成上述的两个练习。

②弓步滑进练习。在直道进行左(右)脚在前的大弓步滑进，由中速到快速；在弯道滑跑中按预定计划进行左(右)脚在前的大弓步滑进练习；在直道滑跑中进行连续的大弓步滑进练习。

③滑跑中的跳跃练习。听、看信号完成无障碍的跳跃练习；在有障碍的现场完成双跳双落接滑进的动作练习；在有障碍的现场完成单跳单落继续滑进练习和在较快的滑跑速度情况下躲避随时出现的干扰，利用各种跳跃方式越过干扰物，完成抗干扰动作继续滑进的练习等。

④绕过或躲闪滑练习。左脚支撑向左绕过障碍；右脚支撑向右绕过障碍；左脚支撑向右绕过障碍；右脚支撑向左绕过障碍；双脚支撑向左(右)绕过障碍、用不同方式连续绕过障碍继续滑跑等练习。

⑤弯道抗阻力练习。利用橡皮筋阻力滑跑练习；利用木杆对运动员上体施加压力；利用队员的轻拉进行练习；利用木杆加阻挡力的滑跑练习。

⑥折线滑跑练习。运动员选择在现场固定的地点完成折线滑跑练习；在慢滑中借助外力接触，通过调整滑跑方向来完成折返滑跑练习；选择在直道滑跑中在接收到信号后进行折返滑跑练习；在较高速度滑跑中，通过适度增强外力作用达到调整滑跑方向的目的，进而完成折返滑跑练习。

⑦滑跑中躲闪练习。在直道滑跑中，听信号后向左（右）侧大跨步接滑跑练习；在直道滑跑中，听信号迅速并腿侧向跳跃后接滑跑练习；连续完成上述的两个练习。

⑧综合练习。抓住教学比赛或教学测验的机会，合理安排陆续出现的不同种类的干扰行为。针对出现的干扰，运动员应当马上做出有效反应并借助相关措施进行克服。例如，在有预先安排的情况下和在没有预先安排的情况下完成练习，此外也可以在存在多种干扰的情况下完成练习。

⑨恶劣天气和不良场地条件下的练习。要想使速度轮滑运动员的适应能力得到有效提升，可以在恶劣的天气下安排强化训练，也可以在各种各样的现场条件下完成必要训练，具体包括潮湿的场地、灯光昏暗的场地等。

⑩突然加速并超越练习。在直道多人匀速滑跑中，接收到信号后出其不意地加速，从而相互摆脱对手；在弯道多人纵队匀速滑跑中，接收到信号后出其不意地由外侧加速，最终达到相互摆脱或相互超越的目的；重点练习者在纵队后面出其不意地加速，与此同时其他练习者加速，从而让重点练习者接受更大难度的挑战；重点练习者尾随纵队或插入纵队中间，与此同时其他队员也加速，重点练习者尽最大努力在一圈内高质量完成超越任务的练习。

在速度轮滑运动的战术训练中，运动员应当时刻谨记全面性的重要意义，只有熟练掌握不同种类的战术手段才能更好地适应赛场的各种变化，面对各种情况都能做到随机应变，尽最大努力掌握主动权。除此之外，当速度轮滑运动员掌握和拥有起动战术和反战术手段与能力之后，应当促使自己形成区别于他人的战术特点和绝招，同时在创新战术手段的过程中勤于思考，最终使自身的战术水平得到大幅度提升。经验表明，比赛能够促使速度轮滑运动员的战术水平得到大幅度提升，临场比赛是运动员实施战术的重要保障。因此，教师或教练员应当有计划、系统地安排测验比赛，同时组织运动员自觉参与各项比赛，这是速度轮滑运动战术训练的一项尤为关键的基础性要求。

在正常训练过程中，战术的训练也应该始终围绕着比赛的实战情况进行，使训练带有比赛的真实感。运动员带着参赛的意识进行战术训练，不仅可以提高其主观积极性和调节训练气氛，提高训练的兴趣，而且能有效地提高宏观分析问题和解决问题的能力。只有经受过系统战术训练的速度轮滑运动员，才能够逐步发展成高水平的运动员。

(四)教练员在竞赛中的指挥

在速度轮滑竞赛中，教练员临场指挥得当与否，对运动员参赛结果有着很大的相关性。教练员必须对临场多变的情况认真观察，做出准确的判断，并及时地把信息告知运动员，以达到比赛获胜的目的。这里主要对临场指挥的方法和临场指挥的艺术进行重点分析。

1.临场指挥的方法

教练员临场指挥技巧综合体现了教练员的阅历、战略、勇气、经验、气质等素质，常见的临场指挥方法具体如下。

(1)设计参赛各项的技战术方案

教练员以项目特征、分组情况、参赛目标等为依据，制定出切实可行的方案。但需要注意的是，当比赛轮次和参赛过程出现变化时，教练员一定要及时调整和优化方案，从而顺利达到实现设定的参赛目标。

(2)运用口令指挥

教练员的指挥口令应当做到言简意赅、用词准确、声音响亮。

正确口令的作用是:不仅能引领和提示运动员准确实施之前设计的战术方案,也能促使运动员沉着应对赛程中出现的各种变化,还能有效地振奋士气。

(3)运用手势指挥

教练员的手势指挥是以姿势助说话的方式,可以产生强化口令指挥的效果。教练员通过手势表示对运动员的信心,激励其斗志和充分显露自己与运动员默契配合的智慧。手势要挥洒自如,动作幅度要大而不过,点到为止。

(4)临场应变指挥

临场发生突发事件十分常见,速度轮滑运动员和教练员应当沉着冷静、全面分析、果断决策,将两者的应变能力发挥得淋漓尽致,从而达到在比赛中获胜的目的。

2.临场指挥的艺术

教练员的临场指挥能力,与团队参赛成功与否有很大的关系,如对各项比赛战术灵活变化的掌控,对调动运动员的情绪和斗志是非常重要的。为此,在千变万化、紧张激烈的比赛中,作为教练员若想指挥好比赛,首先要控制好自己的情绪,心态要平和,保持头脑冷静。此时,身教比言教更为重要。除此之外,调动与借助观众的热情来激励运动员顽强拼搏,同样是教练员临场指挥艺术的一项重要内容。

在赛程中,要认真观察临场彼我双方运动员的表现和战术运用情况,并在正确分析的基础上,做出精确而果断的决策,通过口令或手势及时做出正确的指挥。当出现突变的情况时,教练员应当随机应变,充分发挥临场指挥的威力,尽全力从被动变成主动,促使运动员克服各种不利因素,淋漓尽致地发挥自身的训练水平,最终促使运动员在比赛中取胜。

第六章　花样轮滑运动训练研究

通过第一章可知，轮滑运动中有多种项目，其中一项最具有艺术感的就是花样轮滑。进行花样轮滑的学习和训练，首先要了解什么是花样轮滑，了解具体的内容、特点，找到着手点和注意事项。本章就来研究花样轮滑运动训练。

第一节　花样轮滑运动基本知识

一、花样轮滑基本理论

关于花样轮滑的概念，过去人们习惯称之为“花样旱冰”，是以“旱冰”区别“水冰”之意；也有的人管它叫“花样溜冰”。不论怎样称呼，花样轮滑终究是一项体育与艺术相结合的运动。花样轮滑的技巧性极强，与速度轮滑、轮滑球等项目相比，比赛性质完全不同，与艺术体操、跳水和花样滑冰相似，是以动作完成的程度进行打分的项目，尤其与花样滑冰相比较，除去使用的滑行器材不同之外，两项运动几乎完全一样。

花样轮滑的场地要求地面要平整、相对光滑。地面是由木质、水磨石或其他合适的材料制成，木质地面为最好。标准的花样轮滑比赛的场地是长 50 米、宽 25 米的长方形。大型竞赛活动应配备两个同样大小的场地，一个比赛场地和一个练习场地。当然，对于初学者来讲，场地只要平整即可。

花样轮滑的轮滑鞋与速度轮滑、轮滑球用鞋有很大的区别。它是由高勒轮滑鞋和轮构成。

轮滑鞋由高级皮革制成、高勒、高跟。鞋面前部有鞋眼、鞋勒上有鞋钩，便于穿脱和系紧鞋。

轮子是由轮托、轮、轮轴、轴螺母、密封轴承、大螺钉、缓冲垫、装配架和可调节的圆形制动器构成。比赛用的轮滑鞋在托下还有一窄条，用以加固中托。

二、花样轮滑前的准备工作

开始学习花样轮滑，首先选择一双合适的花样轮滑鞋是非常重要的。挑选合适的轮滑鞋是首先要解决的问题。第一要注意鞋的大小，一般情况下，脚在鞋里要觉得与鞋紧贴在一起，不能前后或左右移动，要有一种鞋与脚融为一体的感觉。但是鞋也不能勒得太紧，过紧就会妨碍脚部的血液循环，造成足部过于紧张，而导致过早的疲劳。鞋太紧还很容易将脚皮磨破，甚至造成足部畸形。

选好鞋之后，接下来要解决的是如何将轮子合适地镶到鞋上。这个问题直接关系到穿上轮滑鞋后身体重心能否保持平衡。解决这个问题，通常可先用少数几个螺钉把轮托固定在鞋上。固定时，要注意两个前轮的轴应处在蹠骨的结节处，制动器的皮头稍突出轮滑鞋，两个后轮的轴应处在鞋后跟的中部，轮托的后缘与鞋后跟的后缘对齐。穿上轮滑鞋时，身体重心能够落在四个轮所形成的长方形的中心点上，这就说明轮子镶在了正确的位置上。此时就可以将全部螺钉把轮托牢固地固定在鞋上，就可以开始操练起来了。

以上主要介绍鞋后轮分开的花样轮滑鞋的选择方法。然而，现实中也会遇到已经镶好轮子的轮滑鞋，这时候选择轮滑鞋也是有技巧的。首先把轮滑鞋穿在脚上，系紧脚带后，感受一下脚在鞋中是否贴紧，并检查一下是否有压得过紧或脚在鞋中移动的感觉。这时，最好在朋友帮助下，慢慢将身体站直，将身体重心缓缓移向右脚，感受一下身体重心能不能保持平衡，然后将身体重心移向左脚，感受一下身体重心能否保持平衡，如果身体重心能够落在四个轮形成的长方形的中心点上保持平衡，就可以选择这双鞋了。

第二节 花样轮滑运动技术训练

一、站立与平衡

(一)技术理论

学习花样轮滑，首先要从站立、维持身体的平衡开始。有的练习者在第一次穿上轮滑鞋之后，就想急着往前滑跑，就有可能摔跟头。因为轮滑鞋是由4个小轮子构成，穿上轮滑鞋站立时，会因为脚下活动的轮子会随之滚动，使得身体难以维持平衡而前仰后倒，导致摔跟头。所以穿好轮滑鞋之后要手扶栏杆，或靠同伴扶持，慢慢站起，使身体重心放在4个轮形成的长方形的支撑面内，做好站立姿势。之后把手离开栏杆，逐渐体会身体在滚动的轮子上如何维持平衡，从而开始花样轮滑的学习进程。

(二)练习方法

1.原地站立

手扶栏杆或在同伴扶持下，两脚外展分开，成“八”字形，两腿稍弯曲，上肢自然下垂，上体稍向前倾，不要低头弯腰，两眼向前看。

2.原地提踵练习

手扶栏杆或在同伴扶持下，在原地做双脚和单脚提踵练习，感受两个前轮和制动器的位置，身体保持好平衡状态。

3.原地两脚交替前后移动

手扶栏杆或在同伴扶持下，双脚平行站立，在原地做两脚交替前后移动，体会4个轮子在脚下的位置和滚动时的感觉。

4.原地踏步

手扶栏杆或在同伴扶持下站立，原地踏步，身体重心向左移至左脚上，提起右脚，然后右脚4轮着地，重心向右移至右脚上，提起左脚。依次进行双脚的提起和放下，逐渐加快速度至正常走路节奏，体会4个轮子在脚下的位置，控制住身体重心，维持平衡，一直到能独立完成为止。

二、向前滑行

学习完站立与踏步后，就可学习向前滑行了。原地站稳、不摔跤很容易做到，而一旦要在平坦、光滑的地面上滑行，身体就会因为脚底下的轮子滚动而不听使唤，导致难以控制平衡，有可能摔倒。所以要想使身体适应轮滑鞋的滑行，要从改变日常走路习惯开始。平常走路是直接用前脚掌后蹬，与轮滑蹬地用力的方法不一样。穿上轮滑鞋，按照走路习惯用前脚掌直接向后蹬地，就会由于脚下的轮子也产生前后的滚动，无法获得稳定的支点，所以身体也无法获得向前移动的动力，因此只有把向后蹬地改为向侧后方蹬地，才能获得稳定的支点，使身体获得向前运动的力。

练习之前，为了防止摔倒后伤到手部和膝盖，最好戴上手套和护膝。小步走、站立，两脚分开比肩稍窄些，向前迈步。以脚的内刃向侧后方蹬地前行，刚开始步幅小一些，动作慢一些，然后逐渐加快速度前行。小步走时，目光朝前，上体稍左右晃动，练习移动重心与维持身体的平衡。

练习者站立，在同伴帮助下，双脚平行前滑，体会滑动的感觉和滑动状态下的身体平衡感受。如果双脚能借助惯性前滑时，就证明身体已经逐渐适应了滑动状态，初步具有了在滑动条件下控制自身平衡的能力。

(一)双脚滑行

站立，用右脚内刃向侧后方蹬地，身体重心移到左脚上，右脚蹬地后迅速收回与左脚平行成双脚向前滑行。当向前滑行即将停止的时候，再用左脚内刃向侧后方蹬地，蹬地后迅速收回与右脚平行成双脚向前滑行。两脚依次交替蹬地连续向前滑行。

(1)原地两脚分成“八”字形站立，先做左脚内刃向侧后方蹬地的双脚滑行。两臂向侧前方伸出，保持身体平衡。开始时，左脚内刃蹬地的力量要小些，步幅小一些，循序渐进逐步加大。逐渐掌握了左脚蹬地双脚滑行的基本技术后，换右脚蹬地的双脚滑行。

(2)上述练习较为熟练后，可以进行两脚轮换蹬地的双脚滑行。

(二)前葫芦步

1.技术原理

如图 6-1 所示，开始以双脚内刃站立，起滑时身体稍前倾，两膝弯曲用力，双脚的脚尖向外，两臂左右伸开以便于维持身体平衡。当两脚稍宽于肩，向前外滑出至最大弧线时，脚尖迅速内收靠拢，恢复到最初的姿势。连续做双脚的分开与靠拢，不断向前进。

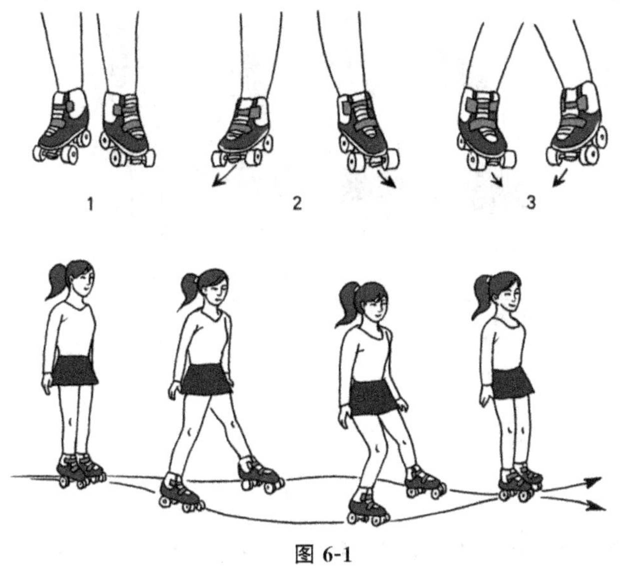

图 6-1

2.练习方法

(1)在完成滑行练习后，从原地站立开始，向前滑出，两脚尖外展，两膝稍屈，两脚跟用力下压，滑至最大弧线时，两脚尖内收靠拢，恢复至开始姿势。

(2)从静止原地站立开始，做双脚前滑，体会惯性前滑，脚和膝的协调配合动作。

(三)前双曲线滑行

1.技术原理

如图 6-2 所示，双脚平行站立，左脚以内刃向侧后蹬地，四轮不离地，身体重心放在右脚，向右滑双脚曲线，然后右脚用内刃向侧后方蹬地，重心偏向于左脚，向左滑双脚曲线，依次反复滑行。

图 6-2

2.练习方法

从两脚平行站立开始，身体重心向右倾斜，同时用左脚内刃向侧后方蹬地，双脚同时向右前方滑行，在地面上滑出平行的曲线。滑出一段距离后，身体重心向左倾斜，同时用右脚内刃向侧后方蹬地，向左滑双曲线。这个动作主要去体会身体重心的移动与蹬地动作的相互配合，感受滑曲线时顺畅的滑行感觉。

(四)单脚向前直线滑行

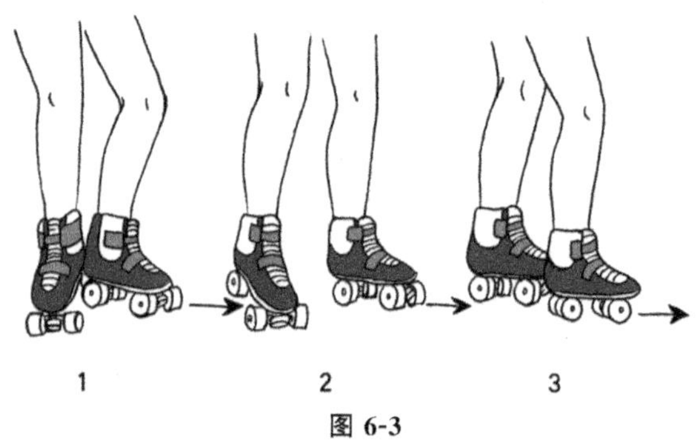

图 6-3

1.技术原理

如图 6-3 所示，原地两脚成“T”形站立，左脚在前，右脚在后，双腿稍微弯曲，用右脚内刃蹬地，重心慢慢移至左腿，右腿蹬直后右脚蹬离地面，成左脚向前滑行。收右脚，在滑足侧面落地后，左脚蹬地重复上述动作，成右脚单脚向前滑行。两脚交替向前直线滑行。在整个动作中，双手要向侧分开帮助维持身体平衡。

2.练习方法

(1)在双脚曲线滑行的基础上，逐渐把身体重心落在一只脚上，成单脚滑行，双脚滑行的动作逐渐减少，直至单脚支撑滑行，另一脚在滑行脚后举起。

(2)原地两脚成“T”形站立，体会单脚蹬地，重心移至另一脚成单足滑行的配合动作。

三、向后滑行

在基本掌握了向前滑的基础上，就要进行向后滑行。初学者一般都是先从学习“向后葫芦滑行”，再学“向后蛇形滑行”，然后过渡到“单脚向后滑行”。

(一)向后葫芦滑行

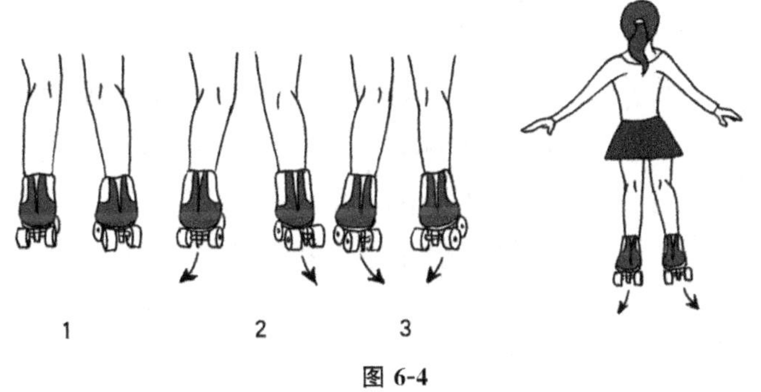

图 6-4

1.技术原理

如图 6-4 所示，双脚稍微分开，平行站立，开始脚尖稍向内，两腿弯曲，用两脚内刃向前蹬地，与此同时双脚的脚跟向两边分开，向后外滑至最大弧线时，两脚跟收拢，两膝用力伸直，恢复到最初姿势，随后重复上述滑行动作。

2.练习方法

(1)在同伴面对面手牵手的协助下，体会双脚用力蹬地和扭转脚腕的协调配合动作。

(2)原地两脚平行站立，两臂侧举，上体稍往前倾，做小幅度的向后葫芦滑行，之后逐渐加大幅度和滑行速度。

(二)蛇形向后滑行

图 6-5

1.技术原理

如图 6-5 所示，站立开始，两脚开立，间隔一脚的距离，两腿弯曲，脚尖稍向内转。右脚的内侧轮充分蹬地，身体重心移向左侧，成左脚向后滑行。右腿伸直于体前，随即右脚放在左脚侧面，恢复到开始的姿势。再用左脚蹬地，身体重心移向右侧，成右脚的向后滑行。左腿在体前伸直，随即左脚放在右脚的侧面。依次重复上述动作。做蛇形后滑时，要注意在滑行中上体始终保持稍前倾姿势，两膝保持弯曲，两手上体侧分开侧举。

2.练习方法

(1)在完成向后葫芦滑行，形成一定的速度后，即可依照上述动作进行蛇形向后滑行。

(2)左右脚各蹬地滑行一次后,依靠滑行的惯性两脚平行站立滑行一次,保护正确的身体滑行姿势,反复练习。

四、停止法

学习并掌握了滑行方法,能够获得一定的速度后,就要开始学习停止滑行的动作。停止的方法有很多种,本书重点研究内“八”字停止法、“T”形停止法、双脚急停法和向后滑行停止法。

(一)内“八”字停止法

1.技术原理

如图 6-6 所示,在获得一定向前滑行速度后,两脚分开平行站立,随后脚尖内转,双脚以内侧轮为基准,柔和地压紧地面,双腿弯曲,上体稍前倾、臀部下蹲,两臂前伸维持身体平衡,就会逐渐减速至停止。

2.练习方法

(1)在向前滑行时,两脚平行分开站立,先使右脚脚尖内转,以内侧轮柔和地压紧地面,身体重心稍向左移,按照上述姿势完成动作。

(2)在上述动作基础上,再按照内“八”字停止方法进行练习。速度控制得要循序渐进,由慢到快。

图 6-6

(二)"T"形停止法

1.技术原理

如图 6-7 所示,单脚向前滑行开始,浮足在滑行脚的后跟处成"T"形放好后,将浮足慢慢放在地面上,以内侧轮柔和地压紧地面,减缓向前滑行速度,直到完全停下来为止。

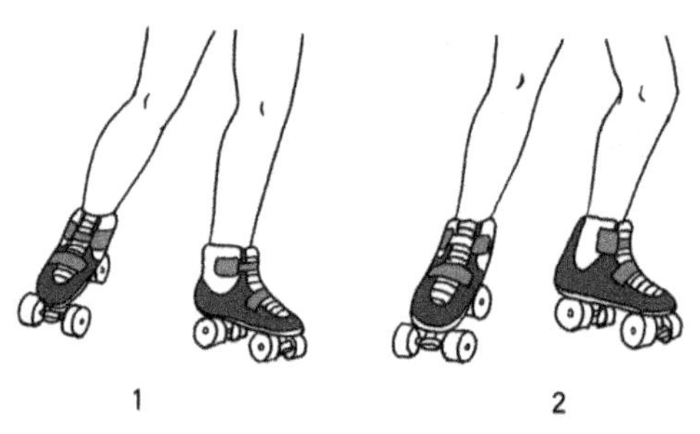

图 6-7

2.练习方法

(1)左脚在前,右脚在后成"T"形在原地站立,右脚以内侧轮蹬地,左脚向前滑行,随后右脚在左脚跟后面做"T"形停止动作,在一开始动作速度可以稍慢一些,以便体会动作。

(2)完成上述动作的基础上,加快向前滑行速度,按照"T"形停止动作进行练习。

(三)双脚急停法

1.技术原理

在向前滑行时,两脚同时做顺时针或逆时针方向的急转,左脚以内侧轮、右脚以外侧轮与滑行方向成 90°角压紧地面,同时身体向右急转,重心移到右腿上,两膝弯曲,双臂向前、向侧面伸展,即可使身体停止下来。

2.练习方法

(1)原地站立,两脚平行分开,按上述动作依次练习,在低速向前滑行中完成动作。

(2)保持持续的向前滑行的速度,两脚平行向前滑行,做双脚急停练习,熟练掌握动作后,就可随意进行双脚急停。

(四)向后滑行停止法

1.技术原理

向后滑行的停止方法,由于花样轮滑鞋的前端装有制动器,所以在向后滑行的过程中,只要抬起两脚脚跟,用两脚的制动器摩擦地面,就可立即停止下来。停止时,身体稍前倾,两臂侧举维持平衡。

2.练习方法

(1)手扶栏杆或在同伴扶持下,原地抬起脚跟,身体稍前倾,以制动器支撑站立。

(2)向后慢速滑行中,两脚平行站立滑行,随后抬起脚跟,以制动器压紧地面至停止。

五、压步

压步是花样轮滑的基本动作。通过压步,可以获得滑行加速度、改变滑行方向。根据身体的滑行方向,压步可分为前压步和后压步;根据滑行方向,压步还能分为左压步和右压步。

(一)前压步

1.技术原理

在掌握了向前滑行技术之后,就能学习向前压步了。前压步有左前压步和右前压步，二者除了方向不同，其他动作技术完全一样，所以本书以左前压步为例。

向前滑行中，在获得一定滑行速度之后，用右脚内刃蹬地，左脚以外刃沿一较大弧线滑行。身体往左倾斜，右臂在身前、左臂在身后侧平举，头稍向左转，目视左前方，两腿弯曲。右腿蹬地结束后，以大腿带动小腿，右脚从后面提到左脚前，两腿成交叉以内刃落地向左前方滑出，同时左腿用力以外刃向侧后方蹬地（图 6-8），之后左大腿带动小腿：左脚由后提到右脚左前方，左脚以外刃落地向左前方滑出，形成两脚交替滑行的方式，向左转弯并滑出一个较大的弧线。做前压步滑行，上体正直稍前倾的姿势要始终保持。

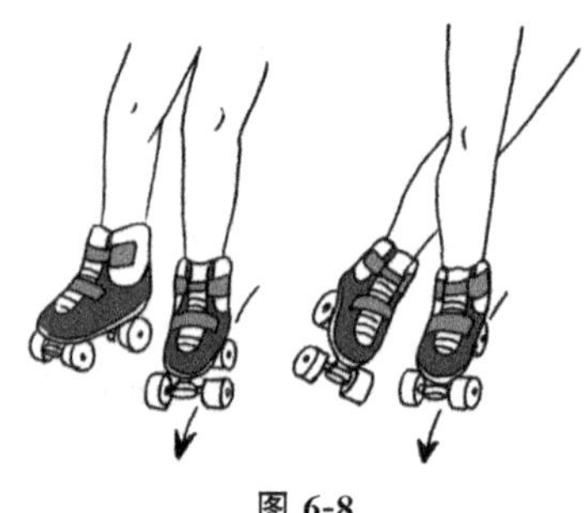

图 6-8

2.练习方法

（1）用右脚内刃蹬地，左脚以外刃沿一向左较大的弧线滑行，上体保持压步姿势，左脚不离地保持沿弧线滑行动作，右脚连续蹬地，然后收腿靠在滑足旁，再做蹬地动作，反复练习以体会前压步的正确身体姿势、身体重心的位置及蹬地动作。

（2）在上述练习基础上，每进行一次压步，双脚平行站立滑行一次，沿弧线滑行。身体重心得到较好的控制以后，可以逐渐增加压步次数，减少双脚直立滑行的次数，直至连续完成压步动作。

(二)后压步

1.技术原理

学会前压步之后,就可以开始后压步动作的学习。后压步是背对滑行方向,沿弧线滑行的一种基本动作,可分为左后压步和右后压步。同理,这两种步法除方向不同外,完成动作的方法完全相同,本书以右后压步为例。

两脚平行站立,上体稍向前倾。开始以左脚内刃蹬地,同时身体向右倾斜,双腿弯曲,以右脚外刃沿弧线向后滑行,头向右转,眼由右肩上向后看,右肩和右臂向后,左肩和左臂向前平举。左脚蹬地后抬起,在右脚前方落地成交叉以内刃沿弧线向后滑行。与此同时,右腿迅速绷直、蹬地,蹬地结束后,用大腿带动小腿跨向圆形弧线内,以外刃沿弧线向后滑行,同时重复左腿蹬地动作。根据上述动作反复交替进行,可滑出一个较大的圆形弧线。

2.练习方法

(1)在蛇形向后滑行的基础上,做两腿交叉步滑行的练习,然后再恢复蛇形向后滑行,待身体重心平衡后,再做两腿交叉步滑行,反复练习。

(2)单脚蹬地沿弧线滑行。以左脚内刃连续蹬地,做右脚外刃不间断的弧线滑行,练习时要保持好后压步的身体姿势。

(3)在上述单脚蹬地沿弧线滑行练习的基础上,结合练习蛇形向后滑行动作,进行向后压步,之后做双脚平行站立滑行,逐渐增加交叉压步的次数,多次反复后,直至掌握连续后压步动作。

(4)在学习与把握压步的过程中,一方面要始终保持正确的头、手和上体的正确姿势,这是顺利完成的保证,另一方面要左右方向平衡交替做左右方向的压步,不可有左右偏重现象,以免影响后面技术动作的学习。

六、弧线

滑行动作不光有直线，还可以有弧线。弧线滑行包括前外、前内、后外和后内，这四种弧线构成了千变万化的滑行弧线。也就是说，所有花样轮滑动作所滑出的痕迹，都离不开这四种弧线的基础，所以要想学好花样轮滑，必须认真学习和掌握好这四种弧线的滑行方法，这样才能为进一步的提高打下良好的基础。

（一）前外弧线

1.技术原理

以左脚滑前外弧线开始，右脚内刃蹬地，用左脚外刃滑出，身体稍稍向左倾斜，重心放在左脚上，左臂在前，右臂在后，左髋在前，右腿伸直在左腿后后举，左腿滑行时微屈膝。

滑行中，两肩缓慢左转，右腿由后前移。滑到圆形弧线一半时，两肩与弧线的夹角为 90°，右腿靠近滑足，两臂在身体两侧平举。在滑过弧线一半时，左臂向后，右臂向前，右髋向前，右脚在滑足前。

当滑行速度减慢时，右脚落地，滑前外弧线，左脚内刃蹬地，身体向右侧倾斜移至右腿上，右臂在前，左臂在后，右髋在前，左腿伸直在右腿后后举。其余的动作与左脚滑前外弧线完全一致，只是改变了左右的位置，身体姿势也随之进行变换，依此两脚交替反复滑行。

2.练习方法

（1）依照上述方法和身体姿势要求，以一脚外刃不间断滑行，另一腿连续蹬地，体会身体重心的位置。

（2）在上述的练习的基础上，按照动作完成方法，双脚交替做短弧线外刃滑行，体会全身的协调配合，感受身体重心的移动。

(二)前内弧线

1.技术原理

以左脚滑前内弧线开始,用右脚内刃蹬地,身体重心落在左脚内刃滑出,开始姿势左臂在体侧,右臂在前,右脚伸直后举。

滑过弧线一半时,两臂交换前后位置,右脚移至滑足前面,在滑行速度减慢时,右脚落地以内刃向前滑出,身体右移,重心落在右脚内刃上,左臂在前,右臂在体侧,其他动作除了交换左右方向外与前相同。

2.练习方法

(1)先以左脚内刃滑出,以右脚连续蹬地做左前内刃滑行,体会重心位置以及各部位的正确姿势,之后进行双脚的交替练习。

(2)在上述练习的基础上,配合身体姿势的变换,做左右脚交替前内刃短弧线滑行,然后加长弧线的长度。

(三)后外弧线

1.技术原理

以右脚滑后外弧线,可以先向右做后压步。左脚用内刃蹬地后,用右脚外刃落地向后滑弧线。开始启动后,将左脚留在右脚前面,头由右肩上向后看,左臂在前,右臂在后,身体向右倾斜,滑腿稍屈膝。通过弧线的一半后,头依旧向右看,两臂随身体左转互换前后位置,滑腿逐渐伸直,把左脚放在体后。当滑行速度减慢时,再做后压步,然后再进行右后外弧线滑行。

2.练习方法

在以后压步开始的后外弧线滑行充分掌握后,做左右脚交换的后外刃弧线滑行,交换腿的同时,头随身体转动、手臂动作交换位置而自然转动，交替重复练习。

（四）后内弧线

1.技术原理

主要以右脚内刃做向后弧线滑行。首先做向左的后压步，左脚蹬地后，右脚内刃着地向后滑弧线时，右臂在前，左臂在后，身体稍往左倾，头从左肩上向斜后方看。滑到弧线的一半后，浮足移至滑腿的侧前方，上体的姿势不变。当滑行速度减慢时，再做向左后压步，继续做右后内弧线滑行。

2.练习方法

（1）在做后压步过程中，当右脚以内刃着地做向后弧线滑行时，保持身体姿势不变，尽量延长右后内弧线滑行时间，体会身体重心的位置和滑行时身体的正确姿势。

（2）在单脚后内弧线滑行的基础上，右左脚交替进行后内刃弧线滑行。在这个时候，头、上体和手臂随着左右腿的交换而转动和变换，以保持正确的后内刃弧线滑行的身体姿势。

第三节　花样轮滑初级规定图形滑行技术

当学习并掌握了花样轮滑的基本运动技术后，就证明开始步入正轨，可以学习规定图形了。本节就来介绍花样轮滑初级规定图形的滑行技术。花样轮滑动作繁多，光规定图形就多达 17 种，而本书选取三种初级动作，供爱好者参考和学习。在具体展开之前，我们先阐释一下规定图形的基本技术内容，具体如下所示。

蹬地起滑：从站立开始，用四个轮子而不是制动器做一次清晰的蹬地，使身体获得滑行速度，从而完成图形。

滑行：是完成图形的过程，滑行方向有向前滑行和向后滑行，用刃则有向内滑行和向外滑行。

换脚:在保持充分的滑行速度后,使身体沿图形的痕迹移动,并且进行重心的转移以及浮足与滑足的交换。换脚应在图形的纵轴与横轴交叉点的附近进行。

变刃:在完成各种规定图形的过程中,伴随着身体重心和脚下用刃的改变,从一个圆滑到另一个圆时的过渡方法。过渡的位置在图形的纵横轴的交叉点处。

转体:为了顺利完成各种规定图形,身体在图形的纵轴上沿顺时针或逆时针方向转动 180°。转体还可以改变身体的方向、滑行的方向和脚下的用刃。

姿势变换:为了完成各种规定的图形,需要依靠肩、臂、头、髋和浮足的相对位置的变换来完成。

一、“8”字形

“8”字形是所有规定图形的基础。根据身体的滑行方向和用刃的不同,可分为前外“8”字形、前内“8”字形、后外“8”字形、后内“8”字形,如图 6-9 所示。具体来讲,用右脚滑一个圆,再用左脚滑一个圆,使两个圆相切,就好像一个数字“8”。对于青年人来说,滑“8”字形时,每个圆圈的直径应是 6 米,对于岁数稍小的少年来说,相应减小到 4～5 米就可以。

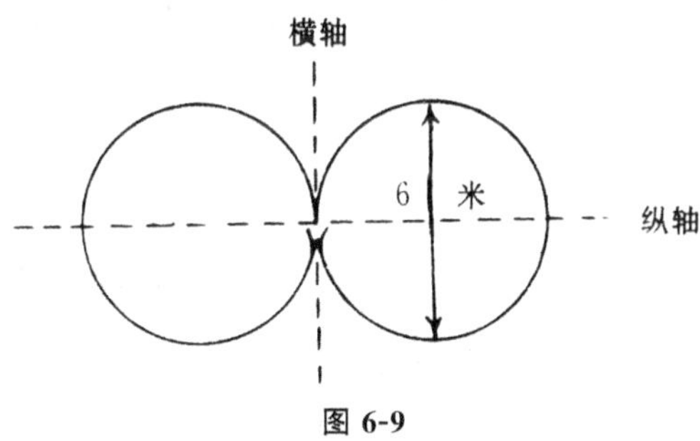

图 6-9

(一)前外“8”字形

1.预备姿势

面对滑行方向,背对所滑圆的圆心站立,右脚站在纵横轴交叉点上,四只轮子的中心点与纵轴横轴的交叉点,也就是两个圆的切点重合,左脚站在右脚后面,脚跟对脚跟,与右脚将近垂直。右肩、臂在前,左肩、臂在后,重心放在双脚中,左脚的所有轮子要紧压地面。

2.起滑

双腿膝部弯曲,身体稍后倒,重心移至左脚上,四轮压紧地面,用力蹬地。右脚沿地面上的线痕滑出。

3.滑行

保持右肩在前,右臂在前;左肩在后,左臂在后和浮足在后的身体姿势。浮腿膝部内转,稳定地靠近滑脚前移,放至图形的线痕上方与滑脚交叉,随后变换两臂的位置,右肩、臂向后,左肩、臂向前,滑腿逐渐伸直。

4.结束

保持左肩在前,左臂在前;右肩在后,右臂在后,浮足在前的姿势滑至圆的封口处。

5.换脚

当右脚滑行接近纵横轴交叉点时,四轮向圆内滑离圆形,浮足的四轮中心点准确地放到纵横轴的交叉点上,用右脚蹬地,身体重心移至左脚上沿左前外圆形线痕滑出。其他技术动作与右脚滑行方向相反,技术内容完全相同。

6.练习方法

(1)原地站立,反复进行前外弧线滑行练习。

(2)原地站立,练习蹬地起滑动作。

(3)单脚滑圆的动作还不能到头时,可增加蹬地次数,但要维持好身体姿势。然后逐渐减少蹬地的次数,延长滑行弧线直至成圆圈。

7.注意事项

(1)前外圆形的起滑,要用内刃蹬地起滑,注意身体重心的起伏不能太大。

(2)滑行姿势变换是一个过程而不是一个瞬间,所以要保持稳定,浮脚移动要靠大腿带动,尽量保持伸直姿势。

(二)前内“8”字形

1.预备姿势

面对滑行方向,胸部对着滑动的圆心站立,右脚站在纵横轴交叉点上,四只轮子的中心点与轴的原点重合,左脚在右脚后面,脚跟对脚跟,与右脚将近垂直。左肩和左臂在前,右肩和右臂在侧后,身体重心放在两脚上。

2.起滑

两腿膝部弯曲,身体往后倒一些,重心移至左脚上,四轮压紧地面,用力以内刃蹬地起滑,右脚用内刃沿地面上的线痕滑出。

3.滑行

保持左肩和左臂在前,右肩和右臂在侧后,浮足在体后的姿势滑行。接着,浮腿膝部先内转,随后由膝带动小腿靠近滑脚,在滑至圆的1/3处,浮足前移放在滑脚前的线痕上方,与滑行腿交叉。接着改变肩膀和胳臂的姿势，左肩和左臂向后，右肩和右臂向前。姿势的改变在滑行至圆的1/4、1/2和3/4处进行。浮足的移动、姿势的变换顺序没有规定，也可以先变换姿势，然后再移动浮足。

4.结束

结束时，以右肩和右臂在前，左肩和左臂在侧后，浮足在前的姿势滑至圆的封口处。

5.换脚

当滑行接近纵横轴的原点时，右脚向圆外滑离圆形，左脚以四轮中心点重合放在原点上，右脚用内刃蹬地，左脚沿左前内圆的线痕滑出。

6.练习方法

(1)先做单脚内刃滑圆的练习。滑行的速度不够时，可增加蹬地次数，以保证单脚内刃滑至圆的封口处。此练习应两脚轮换进行。

(2)在同伴的帮助下，练习者按规定的滑行姿势进行滑行，以体会正确的滑行姿势与变换姿势的适当位置。

7.注意事项

(1)滑行中，要始终保持身体倾向圆内，并且保持圆内的肩略低于圆外的肩。

(2)起滑蹬地时用刃要准确，发力要均匀，身体重心起伏不能太大。

(三)后外"8"字形

1.预备姿势

面对右脚所滑的圆心，站在纵横轴原点左侧，差不多一脚的地方。两脚平行，右肩和右臂在前，左肩和左臂在体侧。

2.起滑

起滑时，把右脚抬起，左腿屈膝，重心放在左腿上，右臂从前向后摆，左臂经体前向后摆。左脚的四轮压紧地面，用内刃蹬地，同时右脚从前经左脚尖与左脚尖相对，然后足跟朝向滑行方向落在纵横轴的原点上，沿线痕滑出，此时身体重心由左腿移到右腿上，身体稍向圆内倾斜，眼从右肩上看线痕。

3.滑行

滑行中，要保持左肩和左臂在前，右肩和右臂在后，浮足在体前的姿势。滑到圆弧的一半时，浮足小腿带动大腿保持伸直姿势逐渐由前向后移，身体也随之向外转，成左肩和左臂在体后，右肩和右臂在体前，身体面向圆外。右腿逐渐由屈蹬直，双眼从左肩上看线痕，滑至封口处。此动作当滑行至圆弧的一半时，身体也可以保持原起滑姿势不变，而进行浮足由前向后的移动。上述两种办法都可以尝试。

4.结束

保持滑行的姿势滑到封口处。由于肩、臂、头的位置影响，髋部也会随之转动，使得四轮有可能不能保持外刃沿线痕滑行而进入圆内，所以此时要格外注意髋部的正确位置，以便顺利进入换脚阶段。

5.换脚

当右脚接近纵横轴原点时，右脚向所滑圆内滑离圆形，立即用内刃蹬地换脚，左脚跟在后落在原点上，身体重心随之移动到左脚上，用外刃沿圆形线痕滑出，重心向圆心倾斜，保持右肩和右臂在前，左肩和左臂在体后，浮足在体前的滑行姿势，滑左后外圆。

6.练习方法

(1)原地两脚平行站立在原点侧的一脚远处,反复做两脚的起滑的模仿动作。

(2)由助滑开始,做后外弧线滑行,尽量延长滑行弧线,如滑不到封口处,就要增加蹬地次数,直至封口处为止,进行换脚的后外弧线滑行。反复交替进行练习。

(3)由原地两脚平行站立开始,蹬地起滑,保持正确滑行姿势,尽量延长滑行弧线,适当增加蹬地次数,直至封口。反复两脚交替练习,直到一次蹬地起滑就可以完成,再变换姿势,提高浮足的移动和换脚动作技术质量。

7.注意事项

(1)起滑时,蹬地起滑用刃要准确,身体重心尽量保持平隐。

(2)换脚时,格外注意保持髋部的正确位置。

(3)变换姿势与浮足移动的两种配合技术,都应练习掌握,以便为滑复杂图形打好基础。

(四)后内“8”字形

1.预备姿势

背对所滑的圆心,右臂位于体前,左臂放在体侧,两脚平行站在距纵横轴原点一脚远的左侧位置上。

2.起滑

两腿弯曲,左膝内扣,四轮压紧地面。抬起右脚,身体重心放在左腿上,左脚内刃用力蹬地,右脚脚跟和髋同时向右转 90°,右脚落在纵横轴原点上,脚尖对向脚尖,沿圆形线痕以内刃滑出。与此同时,右臂从前向圆外摆至体后,左臂从体侧摆至体前,浮足在体前,身体重心向圆心倾斜,面向圆内,双眼从左肩上看滑行线痕。

3.滑行

左脚蹬地后迅速抬起，脚跟转向线痕，靠近滑脚举起，保持左肩、臂在前和右肩、臂在后姿势，头转向圆内看滑行线痕。当滑至圆形的 1/2 处时，浮足小腿带动大腿靠近滑脚移向后保持伸直姿势。然后左肩和左臂向后，右肩和右臂向前，改变姿势。

4.结束

保持左肩和左臂在前，右肩和右臂在后，浮足在后的姿势，滑至圆的封口。结束时，要保持好肩部和髋部的位置，保持滑行方向的准确。

5.换脚

滑至封口处，右脚向圆外滑离圆形，立即用内刃发力蹬地，左脚落在纵横轴交叉点上，沿圆形线痕用内刃滑出。

6.练习方法

(1)原地两脚平行站立在纵横轴原点一侧的一脚处，反复做两脚的起滑蹬地练习。

(2)由助滑开始，做后内弧线滑行，尽量延长滑行弧线。当马上停止时，再次蹬地，直至滑到圆的封口处。

(3)原地两脚平行站立在纵横轴原点一侧一脚处，蹬地起滑，做后内弧线滑行，滑不到圆形封口时，可适当增加蹬地次数，直滑至封口为止。

7.注意事项

(1)对于滑行中的身体姿势变换与浮足移动的配合动作要反复练习，并注意姿势变换需在圆形的 1/2 处完成，以便为转体做准备。

(2)蹬地脚蹬离地面后，需向圆的线痕处转动脚跟，以保持身体平衡，保持稳定的滑行，要反复练习体会该动作细节。

二、变刃形

变刃是由一个圆过渡到另一个圆的一种滑行技术。它是在纵横轴原点上进行的，变刃中间身体有一个短时间的直立过程，用以完成身体重心的左右转移。变刃时，滑脚的屈伸和浮脚的摆动是完成变刃的重要条件。

在变刃图形中（图 6-10），是由每只脚先滑半个圆，到纵横轴原点时变刃，再滑行一整个圆，随后由另一只脚依前滑行一个半圆构成变刃形。因此变刃形实质上是由三个圆组成。

变刃形根据身体滑行的方向和左、右脚之分而构成四种变刃形，即右前外内—左前内外、左前外内—右前内外、右后外内—左后内外、左后外内—右后内外。这四种滑行在实质上都大同小异，本书研究的是第一种和第三种变刃形。

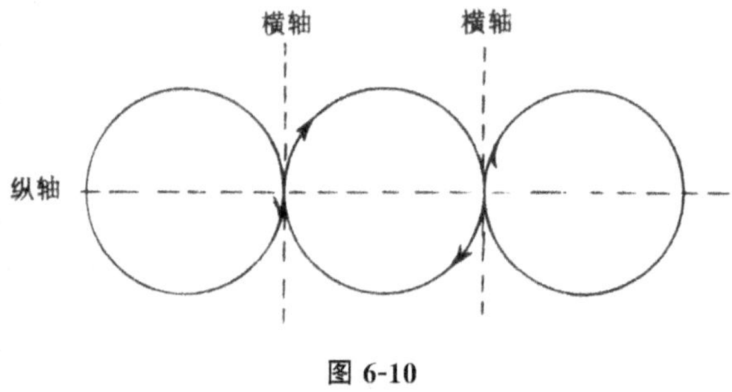

图 6-10

（一）前变刃形：右前外内—左前内外

1.预备姿势

面对横轴方向站立，左肩和左臂在前，右肩和右臂在体侧，右脚四轮放在纵横轴原点上，四轮的中心与原点相重合，左脚在右脚后面，脚跟对脚跟，与右脚大约垂直。

2.起滑

两腿膝部弯曲，身体稍后倒，重心移在左脚上，四轮压紧地面以内刃用力蹬地，右脚用外刃沿圆形线痕滑出。

3.持续滑行

保持左肩和左臂在前，右肩和右臂在体侧，浮脚在前的滑行姿势滑行。滑行至圆弧的一半时，左肩和左臂移动到后边，右肩和右臂移动到前边，浮足与滑脚靠近成交叉状，滑行腿微屈，滑至纵横轴原点。

4.二次变刃

变刃时，浮足稍前送，左髋向前，滑行腿伸直，左肩，臂稍后引，保持身体平衡越过交叉点的瞬间，浮足平稳地靠近滑脚后移，与滑脚保持一定距离腿伸直。与此同时，左肩和左臂移向前，右肩和右臂移向后，滑行腿稍屈，身体重心移向所滑的圆内，并用前内刃弧线的滑法滑完整个圆圈，再用前由"8"字形的蹬地换脚方法换脚，开始滑左前内外变刃。

5.滑行

保持右肩和右臂在前，左肩和左臂在体侧后，浮足在后的姿势滑至圆弧的 1/4 处，浮足前移，随后左肩和左臂向前，右肩和右臂向后变换姿势，滑行腿微屈，滑至纵横轴原点。

6.变刃

变刃时，浮足往前引，左肩稍往后引，左肩、臂在后，滑行腿伸直越过交叉点的瞬间，浮足平稳地靠近滑脚移向后，在滑脚后保持伸直，同时左肩和左臂移向前，右肩和右臂移向后，滑行腿由直变屈，身体倾向所滑的圆内，然后按照前外"8"字形的滑行方法完成整个圆的滑行。滑至圆的 3/4 处时，右肩和臂移向前，左肩和臂移向后，浮足在滑至圆的封口处，按上述方法重复滑右前外内的动作。

7.练习方法

(1)从右前外弧线滑行开始，做变刃“S”形曲线滑行，体会变刃时的肩部、手臂、浮足、滑脚和髋部的协调配合动作。特别是在变刃时身体重心的转移变化，达到自如控制为止。

(2)在完成上述“S”形变刃滑行时，可采用滑脚同侧手摸浮脚侧髋部的方法，体会肩和髋相向转动的动作，保证变刃时身体保持平稳。

(3)在完成右前外内—左前内外变刃形后，要继续练习左前外内—右前内外的变刃形图形，做到左右平衡，避免出现偏左或偏右的现象。

8.注意事项

(1)初学变刃形时，往往会出现中圆大、两头圆小的毛病。可采用控制起滑蹬地力量的大小来纠正；变刃后滑不到头时，可以相应增加蹬地次数进行过渡。

(2)变刃时，要不断提高浮足的前伸，两肩与髋的控制能力，滑行腿从屈到直要富有弹性，其中重要的是注意身体各部位的协调配合。

(二)后变刃形：右后外内—左后内外

1.预备姿势

面对右脚所滑的圆心，站在距纵横轴原点左侧一脚远处，双脚平行，右肩和右臂在前，左肩和左臂在后。

2.起滑

起滑时，把右脚抬起，左腿屈膝，重心放在左腿上，右臂从前向体后摆，左臂往侧后摆动。左脚四轮压紧地面，以内刃用力蹬地，同时右脚从前经过左脚尖、脚尖对脚尖，落在纵横轴原点上，沿地面上线痕滑出。与此同时，身体重心要从左腿移至右腿，身体向圆心倾斜，眼从右肩上看所滑线痕。

3.持续滑行

保持左肩、臂在体前，右肩、臂在后，浮足在前的交叉姿势滑至圆的 1/4 处时，浮足靠近滑脚移向后，两肩，臂姿势保持不变，滑行腿微屈滑至纵横轴原点。

4.二次变刃

开始时，浮足稍后引，右肩和右臂后引，肩与髋做相向的转动。滑行腿伸直，越过纵横轴原点的瞬间，浮足平稳往前移，与滑行腿交叉，肩、臂的姿势不变，滑行腿弯曲，眼从圆外看线痕。用后内“8”字形的滑行方法完成圆形的滑行。并且用后内“8”字形的蹬地换脚方法换脚，然后滑左后内外变刃。

5.滑行

滑行至圆的 1/4 处，浮足靠近滑脚平稳后移，在滑脚后保持腿伸直姿势，随后左肩，臂移向前，右肩，臂移向后，头转向圆内看线痕，滑行腿微屈，滑至圆形的纵横轴原点。

6.变刃

变刃时，浮足稍后引，右肩和右臂也同时后引，右侧髋则向前，滑行腿保持伸直。越过原点的瞬间，浮足平稳地向前移与滑行腿交叉。同时保持两肩，臂姿势不变，左肩和左臂在前，右肩和右臂在后，头从圆外看线痕。用后外“8”字形的滑行方法滑完整个圆至封口处。当接近纵横轴原点时，左脚向所滑圆内滑离图形，立刻用内刃蹬地，换脚，重复滑右后外内变刃。

7.练习方法

(1)从后外弧线滑行开始,做变刃模仿的动作进行滑行,体会变刃时的肩部、双臂、浮足,滑脚和髋部的协调配合技术。

(2)从原地平行站立开始,做后变刃形的练习,如变刃后不能滑至封口时,主动增加蹬地次数帮助滑完整个圆。练习时,两脚应交替起滑,均衡地进行练习。

(3)在基本掌握右后外内—左后内外变刃形的滑行方法后,变换脚步,做左后外内—右后内外变刃形的练习,避免出现偏左或偏右的现象。

8.注意事项

变刃动作的协调一致是完成动作的关键,滑行腿在变刃前后的屈伸要富有弹性,变刃时直立滑行过程应尽量短,身体在滑行中只能倾向所滑圆的圆心。

三、"3"字形

如图 6-11 所示,"3"字形是在滑圆形图形的基础上,在圆的纵轴上转体 180°,同时由外刃滑行变为内刃滑行,或者由内刃滑行变为外刃滑行的一种转尖图形。

"3"字形的转尖是通过转体动作得以完成的。"3"字形的要求是,转"3"的尖端要放在纵轴上,尖要指向圆心,尖端的大小约 20 厘米,被"3"字尖端分为两个圆弧形的弧度大小应相同。

完成"3"字形动作,最关键的是转体技术。它可分为转尖前的准备、转体和结束这三个部分。

"3"字形,除去一组前外后内——前外后内的滑行方法外,都是由一个向前滑转"3"和一个向后滑转"3"组成。下面仅介绍 3 种基本滑行方法。

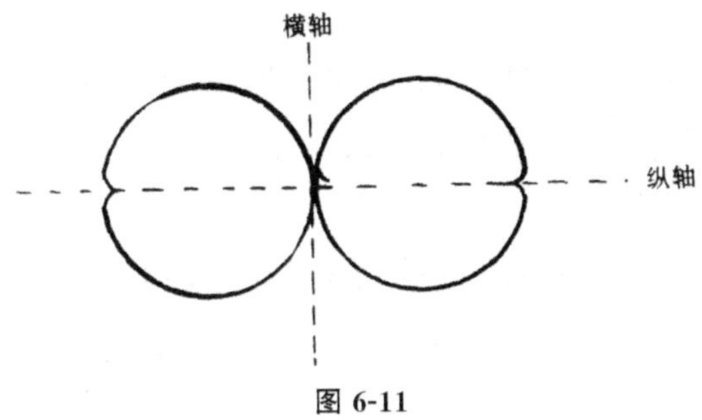

图 6-11

(一)前外“3”字形

前外“3”字形有两种滑行方法，即右前外后内—左前外后内和右前外后内—左后内前外。第二种又可分为左右脚起滑两种动作。

1.右前外后内——左前外后内

(1)预备姿势

面对滑行方向，背对所滑圆心站立，右脚站立在纵横轴原点上，四轮的中心与纵横轴交叉点相重合，左脚站在右脚后面，左脚脚跟对准脚跟，与右脚大约垂直，左肩和左臂在前，右肩和右臂在后。

(2)起滑

两腿膝部弯曲，身体稍往后倒，重心移至左腿上，用左脚内刃用力蹬地，右脚沿地面上的线痕用外刃滑出。

(3)滑行

保持右肩和右臂在前，左肩和左臂在后的姿势滑至圆的1/4处，变换姿势，左肩和左臂移向前，右肩和右臂移向后，浮足在滑脚后保持伸直姿势。滑近尖端时，肩、臂沿顺时针方向转动，髋部沿逆时针方向转动，准备转体。接下来，开始利用上体的转动带动髋和下肢转体180°。转体后，肩部、胳臂、髋部立即停止相对转动，用后内刃沿弧线滑行，左肩和左臂在后，右肩和右臂在前，浮足在滑脚后伸直，滑至封口处。

(4)结束

保持左肩和左臂在后，右肩和右臂在前的姿势，即将滑行至封口时，眼睛看着另一圆的出脚线痕。

(5)蹬地换足

与前外“8”字形相同，但需要先转体180°后滑脚跟稍右转才能滑左前外后内。滑行方法除方向和滑脚变化之外，其他与右前外后内“3”字滑法完全相近似。

此“3”字形的滑行十分特殊，在换脚跟地时，需要先向左或向右转体180°，滑脚也相应有一下角度转动后，才能做另一个圆的“3”字的滑行。这点比较特殊，是其他图形没有的。

(6)练习方法

①地转“3”练习，体会转尖时全身协调配合的感受。

②做前外弧线滑行转“3”练习，体会转尖时身体重心和姿势变化的全过程。

③做后内弧线滑行转体180°后换脚起滑的练习，体会换脚起滑的技术动作。

④按照滑行方法要求做完整滑行，重点体会转“3”前后的全身姿势变化和重心变化特点。

2.右前外后内——左后内前外

右前外后内“3”字形的动作方法已经说过，因此不再赘述。

左后内前外的动作上，蹬地换脚动作与后内“8”字形滑法相同，从右肩和右臂在前，左肩和左臂在后，浮足在前的姿势滑左后内刃，眼从圆外看线痕滑行开始，滑近尖端时，肩部与髋部做相反转动，做好转体准备。随后转体180°，由后内刃变成前外刃滑行，肩、髋立即停止相对转动，成右肩、臂在后，左肩、臂在前，浮足在后的姿势滑至圆的3/4处，变换姿势，右肩、臂移向前，左肩、臂移至体后，浮足移向前，滑至封口。换脚蹬地动作与前外“8”字形相同。

(1)练习方法

①首先回顾一下前外“8”字形和后内“8”字形的滑行方法。

然后在滑“8”字形至纵轴处时，做转体前的准备姿势和动作的模仿练习。

②原地按转体动作要求做模仿转体练习，体会转体时，肩部、髋部转动的配合与滑行腿的屈伸节奏的控制。

③在前外弧线与后内弧线滑行中，进行转“3”动作练习，加强对转体动作的感受。

④两脚要均衡地交替进行前外“3”字形练习，不能偏左或偏右。

(2)注意事项

①要重视转体前的准备动作的练习，特别是身体的平衡能力的练习。

②转“3”时，身体的协调性是动作顺利完成的保障，尤其是转“3”后，保持上下体的相对运动及时停住不动，是滑好转“3”动作的关键。

(二)前内“3”字形

这个图形是由前内后外——后外前内组成，它可分为右脚起滑和左脚起滑两种。下面研究“右前内后外——左后外前内”的动作。

1.预备姿势

面对滑行方向，胸部对准所滑圆的圆心，右脚站在纵横轴原点上，四轮的中心点与原点相重合。左脚在右脚后面，脚跟对脚跟，左脚与右脚相互垂直。左肩和臂在前，右肩和臂在体侧后。

2.起滑

两腿膝部弯曲，身体稍后倒，重心移至左脚上，四轮压紧地面，以内刃用力蹬地起滑，右脚用内刃沿地面上的线痕滑出。

3.滑行

保持左肩和臂在前，右肩和右臂在侧后，浮足在后的姿势滑至圆的1/4处。变换姿势，左肩、臂移向后，右肩、臂移向前，浮足在后交叉。滑近尖端时，做好转动脚尖的准备，左肩、左臂和左髋做反方向扭转，腰部要保持适度紧张，然后进行转体，上体带动下肢转体180°。转体后立即控制并停止转动。左肩和左臂在前，右肩和右臂在后，浮足随滑脚转向后，与滑脚交叉，眼从右肩上圆内看线痕，直至滑到封口处。用后外“8”字形的蹬地换脚方法，换脚后滑左后外前内“3”字形。

4.滑行

保持右肩和右臂在后，左肩和左臂在前，浮足在前的姿势，滑近尖端，做好转尖的准备，右肩向后、右髋向前，左髋保持不动，腰部保持适度紧张。然后进行转体，上体带动下肢转动180°，转体后立即停止上下体的相对转动，成右肩和右臂在前，左肩和左臂在体后，浮脚在前的姿势，做左前内滑行。当滑至圆的3/4处时，改变姿势，左肩和左臂移向前，右肩和右臂移向后，滑至圆的封口处，按照前内“8”字形的方法蹬地换脚，重复滑右前内后外“3”字形。

5.练习方法

(1)先复习前内“8”字和后外“8”字形动作。当滑到纵轴处时，模仿转体前的准备姿势和动作。

(2)原地做转“3”的模仿动作。

(3)在前内弧线和后外弧线滑行中，做转尖的模仿动作，体会上下体的协调配合动作和转体后控制上下体的相对转动立即停止的动作。

6.注意事项

“3”字形转体动作，在后外“3”字和后内“3”字形中的动作顺序相反，但动作完成方法完全相同。主要区别是头的朝向不同。明确其中的有机联系，抓住相互的密切关系，在练习中就可以加快节奏。

第七章　轮滑球运动训练研究

轮滑球运动是近二三十年来在我国兴起的一项新兴体育运动。我国南方将其称为“旱冰球”。该运动速度快，紧张激烈，不仅观赏价值高，还有利于培养与锻炼人的身心素质。本章主要就轮滑球运动的基本知识、基本技术及战术训练进行研究，以在实践中科学指导人们参与轮滑球运动。

第一节　轮滑球运动基本知识

一、轮滑球运动的起源与发展

(一)轮滑球运动的起源

轮滑球分单排轮轮滑球和双排轮轮滑球两种。从 1863 年美国人詹姆斯·普利姆普顿发明并设计双排轮轮滑鞋，到 1979 年，双排轮轮滑鞋已统治了轮滑运动一百多年。1979 年，美国冰球运动员奥尔森兄弟发现了一双早期的轮滑鞋，这双轮滑鞋不是普利姆普顿发明的双排轮轮滑鞋，鞋底下的轮子成一条直线。他们对这双鞋很感兴趣，于是根据轮滑鞋的原理，采用现代材料对轮滑鞋重新进行了设计。他们在冰球鞋下面安装了聚氨酯做的轮子，又装了用橡胶制的制动器，这就是现代单排轮轮滑鞋最早的原型。

斯科特·奥尔森于1983年成立了专门生产单排轮轮滑鞋和器材的公司，之后，美国乃至全世界普遍开始流行单排轮轮滑运动。单排轮轮滑鞋比双排轮轮滑鞋的性能更好，因此在轮滑鞋市场中占有很大的竞争优势。虽然当时在花样轮滑比赛中双排轮轮滑鞋仍占主流，但使用单排轮轮滑鞋的花样轮滑比赛也逐渐开始出现了。

美国及加拿大国家非常流行冰球运动，人们用冰球鞋做成轮滑鞋，并穿着这种轮滑打球，轮滑与冰球因此产生了联系。最初的单排轮轮滑球被叫作“街道冰球”。

（二）轮滑球运动的发展

随着单排轮轮滑运动的普及和发展，各种形式的轮滑组织在全世界纷纷成立。国际轮滑联合会注意到这个新项目后，决定将其纳入自己的管理范围内，并组织开展国际性的单排轮轮滑比赛，该组织还制定了轮滑球规则，最初的规则是在参考冰球规则的基础上制定的。

轮滑球运动除了鞋和地面与冰球运动有区别外，规则、器材、比赛方法等都与冰球项目类似。所以国际冰球联合会也希望可以由自己管理这个项目，于是，两个国际组织开始了对该项运动管理权的争夺，但最终无果，于是两个组织各自举办世界锦标赛。

轮滑球运动传入我国的时间较晚，20世纪80年代初，北京等城市开始出现了少数轮滑球爱好者，但这些爱好者对具体规则不熟悉，也没有正式场地和器材来练习，所以这项运动慢慢在我国销声匿迹了。后来，广州市组织业余轮滑球队，并于1988年举办了中国内地的第一次轮滑球比赛——“希尔顿杯穗港澳旱冰球邀请赛”（由广州、香港、澳门参加）。通过比赛和交流，人们对该项运动的规则、比赛方法和器材等逐步有了一些了解。

1988年年底，第一支北方轮滑球队在吉林长春组建，并接受正式训练。

1989年6月，吉林省白河林业局举行了第1届全国轮滑球锦标赛。9月,国家体委组织了由长春队和哈尔滨体院队组成的第一支中国轮滑球集训队,并在10月份参加了第3届亚洲轮滑球锦标赛,这是我国第一次参加国际正式的轮滑球比赛,在此次国际大赛上,我国夺得冠军,震惊了亚洲。

1991年8月,我国参加了第4届亚洲轮滑球锦标赛,中国队不敌中国澳门队,获得亚军。

2003年,中国冰球协会派人参观国际冰联的世界锦标赛,翻译了规则,并于2004年举办了培训班和首届全国锦标赛。

2005年我国再次举办全国锦标赛,参赛队伍有了增加。

中国轮滑协会目前已经翻译了国际轮滑联合会的规则,于2007年举办了相关技术培训,并逐渐正式举办轮滑球全国锦标赛,每届参赛队伍不断增多,技术、战术水平不断提高。在第12届、第13届亚洲轮滑球锦标赛中,我国单排轮轮滑球代表队连续获得冠军。

2008年7月,中国轮滑协会首次派中国单排轮滑球队参加单排轮滑球运动的世界锦标赛,即第14届世界单排轮滑球锦标赛暨国家队世界杯赛,我国在此次国际大赛上取得国家队世界杯铜牌、世界锦标赛第11名的好成绩。

在之后的世界轮滑球锦标赛中,我国的成绩并不理想,但借助参赛的机会了解和学习了世界先进的单排轮滑球技术战术,积累了丰富的比赛经验,在一定程度上促进了我国单排轮滑球技战术水平的提高。

2016年我国举办了“美洲狮杯”全国单排轮滑球锦标赛,其中成年男子组中由美洲狮北京体育大学队获得冠军,该赛事促进了我国各地轮滑球队之间的交流,提高了我国轮滑球运动的发展水平。

总之,近年来由于轮滑运动的普遍开展,轮滑球运动在我国也得到了快速普及,通过系统的训练,我国轮滑球技战术水平得到很大程度的提高与发展。

二、轮滑球运动的场地与器材

(一)场地

轮滑球场地地面平坦、光滑,四周围栏 1 米高,由铁管制作而成的围栏柱和横梁中间焊有粗铁丝网,靠离地面 20 厘米的高处,有用木板围成的挡板,约 2 厘米厚。围栏也可用木料或其他合适材料做成光滑平面的挡板。

轮滑球运动标准比赛场地长、宽分别是 40 米和 20 米。规则允许的场地大小,单排轮场地长、宽分别是 40～61 米、20～30 米;双排轮场地长、宽分别是 34～44 米、17～22 米。场地四角有半径为 1 米的圆弧;场地上画有明显的标志线(中线、回场线、罚球点、禁区等)(图 7-1)。

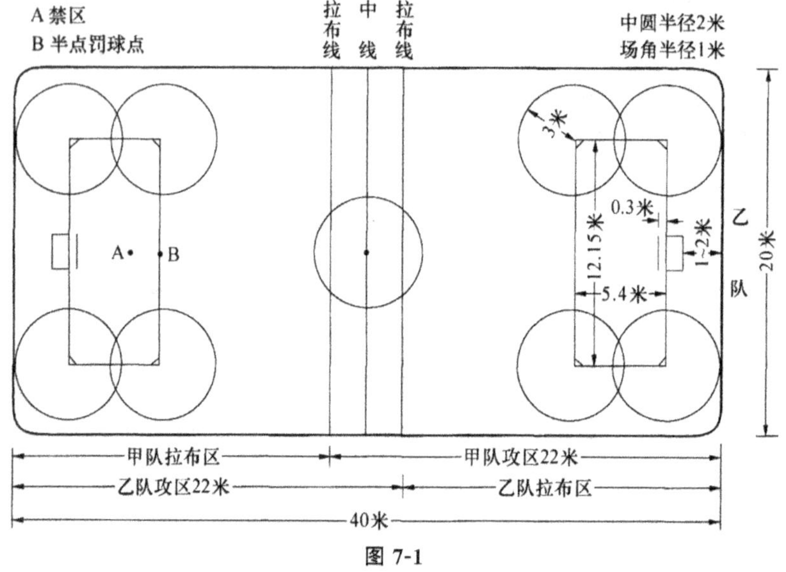

图 7-1

(二)球门

球门用圆铁管焊接而成,从内侧丈量尺寸,高、宽、顶部深度、底部深度分别是 105、170、35、92,单位为厘米。球门正面的横梁和立柱必须用直径 9 厘米的圆铁管制成，并涂成橙色（发荧光）。球门外罩一非常结实的非金属网，可将球强有力的打击挡住，球门内 35 厘米处悬挂宽 165 厘米，高 110 厘米的白色垂网，下部自由垂地，用以防止球反弹出门外。两个球门应相对放在球场两端中央（图 7-2）。

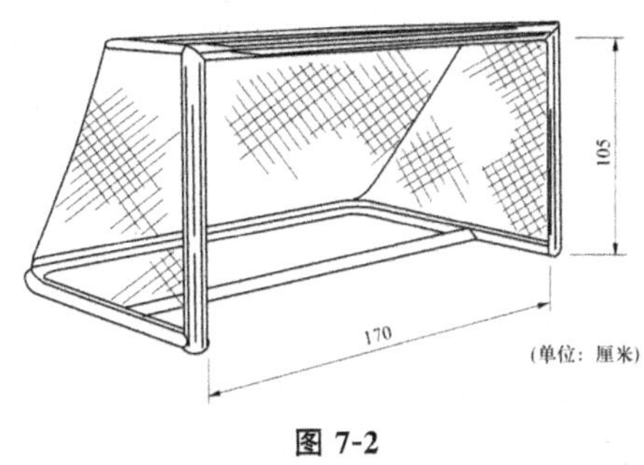

图 7-2

（三）球杆

球杆木制而成，形状如同曲棍球棍，但杆头两面是平面，均可击球。杆头最宽处应能从 5 厘米直径的圆环中穿过。全杆长大于 90 厘米，小于 115 厘米，重量在 500 克及以下范围内，外面可缠绕有色胶带或布。

（四）球

轮滑球运动所用的球是圆形，圆周长 23 厘米，重 150 克。球的颜色一般有全黑、全灰。用软木做芯，硬橡胶包在外面。球的弹性越小越好。

（五）护具

1.运动员护具

轮滑球运动员的护具主要有护腿、护膝、护身、手套。

2.守门员护具

守门员的护具主要包括上身护具（护胸、护肩、护臂），头盔面罩，护腿和手套。

第二节 轮滑球运动基本技术训练

轮滑球运动的基本技术主要包括滑行技术、杆上技术和守门员技术三种。

一、滑行技术训练

在球场上，运动员必须灵活多变，而运动员只有充分掌握了基本滑行技术，才能拥有高超的球技，在球场上才能熟练传接球、运球和射门。

(一)基本姿势

两脚左右分开，距离同肩宽，屈膝前弓成半蹲、半坐姿势，上体前倾，重心后移。双手横握球杆于腹前，球杆弯头接近地面，抬头注视前方(图 7-3)。

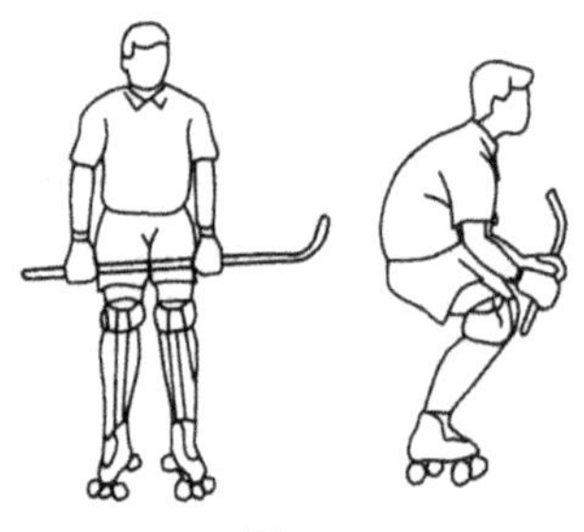

图 7-3

(二)起动

由静止状态变为滑行状态，由慢滑变为快滑就是起动技术。

1.正向起动

重心前移,膝踝关节前屈,重心上提,形成两脚的制动轮着地姿势,然后一脚后蹬,一脚前迈,蹬跑 2～3 步,上肢协调配合下肢的运动。

2.侧向起动

侧立,重心由一脚承担,非支撑脚用轮子制动轮蹬地,大腿带动小腿向前进方向转体;支撑腿再侧蹬,两脚交替成侧向蹬地起动姿势(图 7-4)。

图 7-4

(三)直线滑行

轮滑球直线滑行技术较为简单,前滑动作方法可参考速度轮滑,后滑动作方法可参考花样轮滑,即参考第五、六章(图 7-5)。

图 7-5

(四)转弯

运动员在场所要通过转弯来变换动作。轮滑球转弯技术有以下两种类型。

1.压步转弯

压步转弯是通过蹬地动作保持滑行速度，通过左右压步来改变转弯滑行方向。滑进方向多变。转弯时重心倾向转的方向，外侧脚侧蹬后，大腿带动小腿做前交叉步，同时支撑重心的腿向后侧方蹬地，保持一定的滑行速度(图 7-6)。

2.惯性转弯

滑行中利用惯性，重心倾向一侧，身体随即改变方向，从而顺利转弯的技术就是惯性转弯。惯性转弯中，可以做半径很小的转弯，转弯要迅速、突然(图 7-7)。

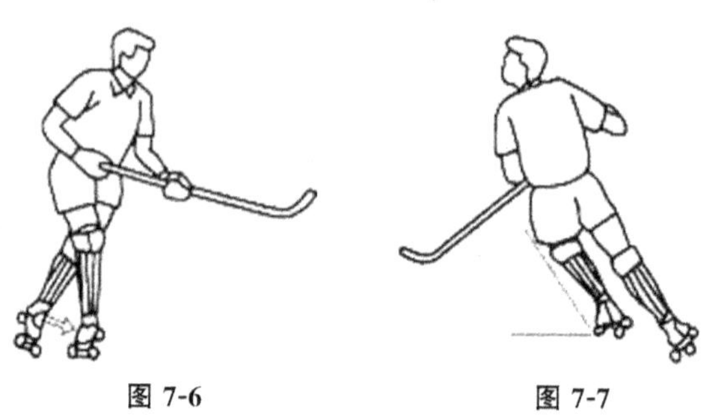

图 7-6　　图 7-7

(五)转身

由向前滑转为向后滑时，需要有一个衔接动作，即转身滑行动作。运动员转体 180°，始终保持滑行方向向前。

转身技术有以下两种方法。

1.平稳顺势转身

在惯性滑进中，身体稍直立，浮足外转 180°放在滑脚附近，并支撑重心，身体迅速 180°转动，继续滑进。滑进方向变化，滑行方法不变。

2.提重心转身

惯性滑行中，降低重心，双脚支撑滑行。转体时，双脚用力下压蹬地，提重心时，身体沿纵轴方向180°转体，屈膝前弓，落地缓冲，身体始终保持平衡。

（六）急停

1.侧急停

双脚支撑滑行，上提重心，以90°转体，内肩稍抬，用力下坐，重心落在两腿，肩侧对滑行方向，用轮子横向摩擦地面以减速，注意不要摔倒（图7-8）。

2.后急停

滑行中突然后转身180°，双脚制动轮落地，同时屈膝，上体前倾，用制动轮摩擦地面减速直至停止。倒滑中可采用这种方法急停（图7-9）。

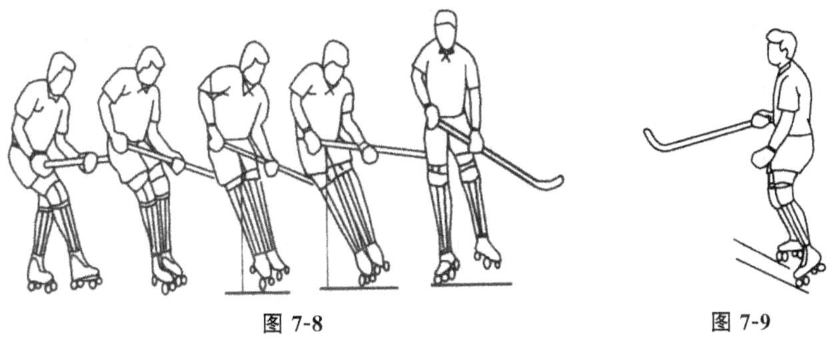

图 7-8　　图 7-9

（七）跳跃

在激烈的轮滑球比赛中，躲闪、越过障碍时都需要用到跨越技术，具体方法如下。

1.双脚跳跃

重心落在双脚，屈膝前弓。双脚同时用力蹬地，使身体向上腾空，双腿始终保持微屈，以达到缓冲的效果。

2.单脚跳跃

用一脚制动轮向后蹬地，另一脚前跨，同时伸臂展体，双脚落地时屈膝缓冲。

二、杆上技术训练

轮滑球比赛中，运球、传接球、射门等杆上技术非常重要，直接决定着能否进球，因此要加强训练。

握杆是掌握杆上技术的第一步，用比较有力且灵活的一只手握杆下端，另一只手握杆的上端，握在距离杆头 1/3～1/4 处，要保持放松。

（一）运球

轮滑球的运球技术主要包括拨球、推球、拉拍过人、倒滑运球等。下面主要分析推球与拨球的方法。

1.拨球

自然滑行，双眼注视球，双手握紧球杆，放松肩和上臂，协调用力，通过腕关节的翻转拨球，用拍面控制球，杆刃稍倾斜，然后接触球、扣住球（图 7-10）。

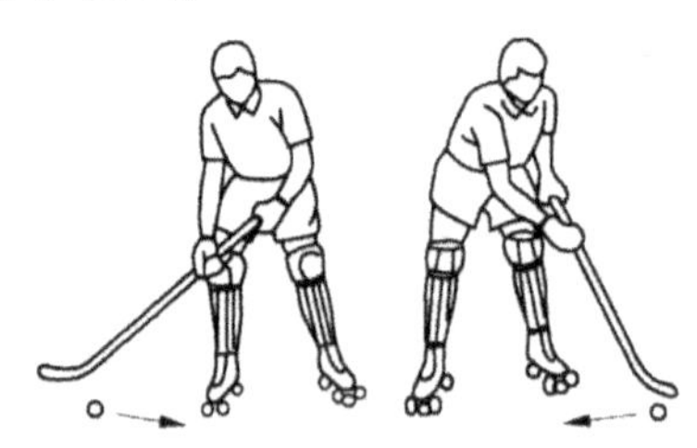

图 7-10

2.推球

推着球滑行，单手推球、双手推球均可，还可以将球推出一段距离后再追上球。

(二)传球

运动员在进攻与战术配合中必须运用传接球技术，传球时要注意多传短球，力量保持适宜，要将传球方向控制好。

1.正拍传球

先确定传球目标，用拍面中部扣住球侧身，肩对目标，拍从外侧向内侧扫，重心随之移动。如果同伴在前方，则先把球拨到体侧，用上手向后拉，下手前推传球(图 7-11)。

图 7-11

2.反拍传球

将球拨到反拍，传球时两手相向移动，使用腕力使球旋转离拍(图 7-12)。

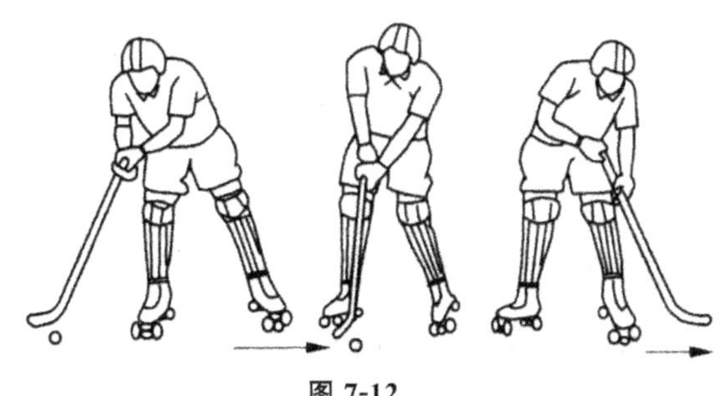

图 7-12

(三)接球

看准来球,调整位置,杆刃向来球对准,垂直来球方向。球将到时,用腕力和臂力击球,使球停住(图 7-13)。

运动员不能站在原地等球,要随机移动,接球时,力量不宜过大,避免将球弹出去。

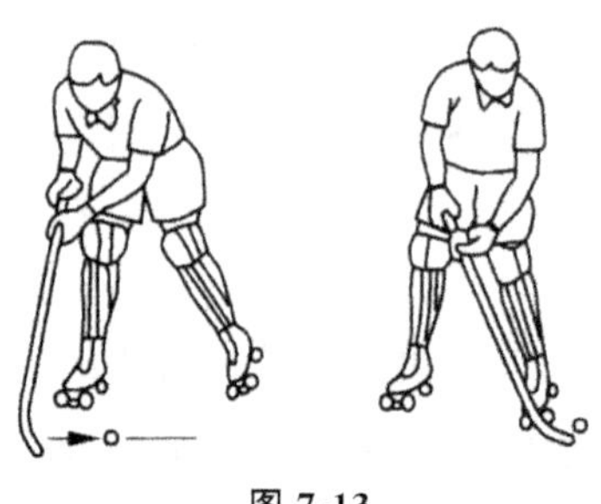

图 7-13

(四)射门

射门技术直接决定比赛胜负结果,射门技术主要有以下几种类型。

1.反拍射门

反拍射门技术有比较大的威力。射门时,两脚前后站立,将球拨到后脚,后脚支撑重心,用反拍控制球,持杆下面手一侧的肩对着球门,向后转体挥拍击球。

2.扫射

肩或胸与球门对准,将球拔到脚前方或体侧,用拍面的后半部分控制球,找准机会用拍顺地面扫球。

3.击球

击球时,先将球推出一段距离,看准目标,再将球拍举到超过肩的高度,用力挥拍击球(图 7-14)。

图 7-14

4.带球射门

重心落在后脚，保持球在前脚附近，突然翻转手腕，向上挥拍，使球飞过对方守门员的头上并进球门(图 7-15)。

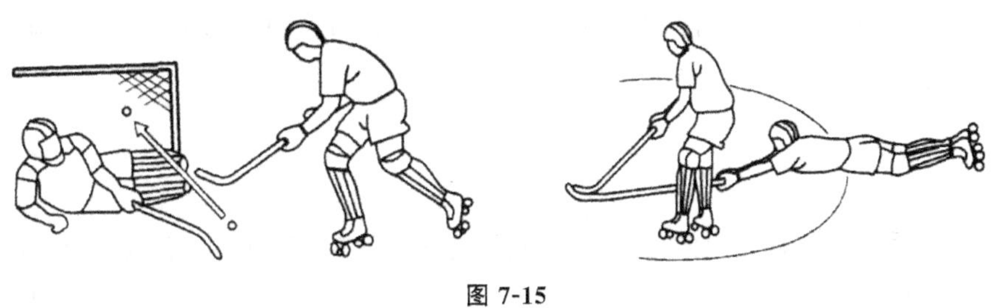

图 7-15

5.鱼跃截球

当对方绕过防守方时，防守方向进攻方鱼跃，从对方拍下扫球(图 7-16)。

图 7-16

6.勾球

防守方一腿屈膝下蹲，同时伸拍，拍面平放在地，向内扫球或向外击球(图 7-17)。

图 7-17

7.拉射

肩与球门相对,先拉球到后脚一侧,用杆刃将球扣住,重心从后向前移动,两手拉杆将球向前推射,加速后上手向后扣球,使球滚到尖部飞出(图 7-18)。

8.弹射

下手握拍位置较低一些,向后翻转两腕,球拍先后摆 30 厘米,拍面与地面平行,加速向前挥拍,触球瞬间快速屈腕用力击球,使球离拍飞行(图 7-19)。

图 7-18　　图 7-19

三、守门员技术训练

比赛时若想取得胜利,就要多得分,少失分,少失分的关键在于守门员。守门员是一个队的心脏,因此守门员的职责非常重要，守门员技术的好坏对比赛的胜负起着关键的作用。

（一）守门员的条件

轮滑球运动的守门员必须具备以下几个条件。

1.力量、耐力条件

守门员穿戴的护具比较笨重，而且还要做快速动作，因此需要具备很好的爆发力和绝对力量。另外，长时间的超低蹲姿也要求守门员具备一定的耐力。

2.灵敏条件

守门员必须能够做出快而准的分析和判断，且可随机应变，准确并协调地完成动作快，适应场上千变万化的情况，及时阻挡对手隐蔽、突然和快速射门。

3.心理条件

守门员要有坚强的意志和坚韧的精神，要能够时刻集中注意力，保持头脑冷静。

（二）基本姿势

轮滑球守门员普遍采用低姿蹲踞式。动作要领为，并拢双腿，深蹲，抬起脚跟，只用前轮和制动胶三点着地。抬头，上体放松，两臂放松置于体侧，握杆手将杆横在脚前。

（三）移动

1.侧跳

蹲姿，双脚脚尖同时蹬地侧跳。每个跳步 10～20 厘米，保持蹲姿不变。

2.侧滑

(1)右侧滑。右移时,右脚尖外转,四轮着地,用左脚脚尖向左侧蹬地,右脚右滑一步,然后脚跟提起使制动脚着地,同时迅速收回右脚,并向左脚成蹲姿。

(2)左侧滑。动作与右侧滑相同,方向相反。

(四)挡球

1.防守四角

球门四个角是最难防守的。对方常在1、2号门角上得分,特别是1号角。防守两个上角时,守门员要使用手套和整个身体;防守两个底角时要使用球杆、脚、护腿和手套。守门员在防守时应该尽可能多地运用身体部位。

2.侧倒挡球

侧倒挡球可对付晃门及远侧地面球。侧倒时前腿支撑重心,后腿压在前腿上,一手在上准备防高球。

3.半分退挡球

来球较低并偏向侧面时,身体稍前倾并转向来球方向,一脚蹬地使重心移向来球一侧,来球一侧的腿侧踢,后脚蹬地,呈跪姿。

4.杆挡球及处理球

当球贴地面射向两侧下角时,可用球杆贴地面挡球或打球。当防守做出第一个动作(用手或腿)将球挡落于门前时,要尽快用杆将球扫向两侧门线后,以防对方补射或混乱中将球碰入自己球门。

5.挡高球

当球射向非握杆手一侧时,用非握杆手的手掌(掌心面)挡球；当球射向握杆手一侧时，用握杆手的手背挡球。

四、轮滑球技术训练中易犯错误及纠正

（一）滑行技术中易犯错误与纠正

1.基本姿势

（1）易犯错误

①握杆动作不标准，球杆弯部朝上。

②上体过于直立，前倾不够。

③膝关节前屈不够。

④目光斜视。

（2）犯错原因

没有深入理解基本姿势的要领。

（3）纠正方法

①原地反复练习。

②动作顺序从头到杆、到双脚位置，认真体会领悟。

③慢滑中强化动作要领。

2.起动

（1）易犯错误

①起跑步幅过大或过小，步幅不均匀。

②上体没有向起跑方向投射。

③两眼不注视前进方向。

④两臂没有协调配合。

（2）犯错原因

缺乏良好的协调能力。

（3）纠正方法

①原地用制动轮踏步走练习。

②用制动轮连续跑练习。

③听信号起跑练习。

3.直线滑行

(1)易犯错误

①向前滑行不会利用体重蹬地,倚着身体重心滑。

②向前滑行时没有充分侧蹬。

③向后滑行时臀部不敢后坐,两眼不注视前进方向。

④两臂没有协调配合。

(2)犯错原因

缺乏单支撑能力,腿部力量较弱。

(3)纠正方法

①单脚支撑滑行练习。

②单脚支撑蹬地练习。

③单脚支撑,另一只脚向前侧方画弧侧蹬倒滑练习。

4.转弯

(1)易犯错误

①支撑腿不会及时侧蹬,形成跛足。

②转弯时身体重心内倾幅度小。

(2)犯错原因

腿部力量不够,不熟练蹬地动作。

(3)纠正方法

①单脚支撑、单脚侧蹬滑行练习。

②单脚支撑蹬地,侧蹬收腿练习。

③做“8”字转弯滑练习。

5.转身

(1)易犯错误

①转身前降速。

②转身前预备姿势错误。

(2)犯错原因

因为速度快而惧怕。

(3)纠正方法

①原地转身练习。

②慢速滑行转身练习。

③心理素质训练。

6.急停

(1)易犯错误

①急停时重心没有向反向倾倒,形成反支撑。

②急停转体角度较小。

(2)犯错原因

不清楚急停技术的动作要领。

(3)纠正方法

①原地急停练习。

②向前走步式急停练习。

③慢滑急停练习。

7.跳跃

(1)易犯错误

①起跳时摆动腿跟不上。

②落地时没有适当缓冲,造成损伤。

(2)犯错原因

缺乏协调能力。

(3)纠正方法

①原地练习。

②地面放一横杆练习。

(二)杆上技术中易犯错误与纠正

1.运球

(1)拨球

①易犯错误

第一,滑行方向与拨球方向不一致。

第二,没有翻转手腕。

第三,只低头看球不看路,动作僵硬不协调。

②犯错原因

缺乏良好的协调力。

③纠正方法

在教练员的正确指导下多练习。

(2)推球

①易犯错误

推球时用力过大。

②犯错原因

缺乏良好的控制力。

③纠正方法

进行定位准确性推球练习。

2.传球

(1)易犯错误

①没有掌握好传球时机。

②没有准确控制传球方向。

(2)犯错原因

动作不够熟练、反应慢。

(3)纠正方法

加强反应练习和规范性练习。

3.接球

(1)易犯错误

用拍面的弯曲部位接球,使球失控弹出。

(2)犯错原因

缺乏良好的控拍能力。

(3)纠正方法

在教练员的正确指导下多练习。

4.射门

(1)易犯错误

准确性差,无法正确控制球拍的方向。

(2)犯错原因

心理压力过大,操之过急,使动作变形。

(3)纠正方法

多进行原地射门练习。

第三节　轮滑球运动基本战术训练

一、个人战术训练

(一)接应与跑位

不管是完成个人战术,还是全队战术,接应与跑位都非常重要,因此必须加强这方面的训练。

跑动接应的队员,首先要注意对运球队员是否有意传球进行观察,再根据本队的路线和对方的站位跑到空当接应。要主动跑动,在跑动中突然利用速度差和变向摆脱对方紧逼。跑位有直跑接应、斜跑接应，有跟进接应和跑到第二空当接应等。跑到第二空当接应是第一名队员跑动接应，引诱站位联防的队员离开其防守位置，第二名队员跟随第一名接应队员跑动，传球队员不传给第一名接应队员，而传给背后跑位接应的队员。

（二）盯人

盯人分以下两种情况。

1.紧逼盯人

选择有利站位，贴近对方，不给对方接球摆脱的机会。对离球较近、守区门前的队员一般采取该战术。

2.松动盯人

根据球的位置，同对方保持一定距离，以便随时断截。对离球或离门较远，在边角的队员一般采用该策略。

（三）假动作

轮滑球中的假动作大致可分为以下两种类型。

1.无球假动作

（1）变相假动作。在对方紧逼情况下，为了摆脱对方，接应队员可先向一侧跑几步，突然急停，再向另一侧起速、接球。

（2）速度差假动作。在对方紧逼情况下，为了摆脱对方，可先减速滑行，引诱对方放慢速度，然后突然加速，跑向空位接球，或加速后急停。

2.有球假动作

有球假动作有以下几种情况。

（1）运球过人假动作。

（2）射门假动作。

(3)抢截球假动作。

二、进攻战术训练

(一)进攻战术的原则

(1)场上六名队员都要参与进攻。

(2)根据本队的特点和对方选用合理的进攻阵型。

(3)除守门员外,每名队员都应接受各个位置的训练,并要胜任各个位置上的职责。

(4)不管采用任何进攻战术,都要形成二打一的优势,最后在有利射门区结束进攻。

(5)通过巧妙的传、接球来掌握控球权。

(6)积极滑跑,快速传球,频繁射门,给对方造成威胁。

(7)进攻时可扩大阵型,向纵深发展,充分利用场地。但要在防守位置留一名队员做好防守准备。

训练前,教练员需将上述原则讲清楚,使全队都能熟悉规则。从而更好地发挥自己的作用。

(二)进攻阵型及打法

1.守区出球

守区出球就是进攻队把球传出自己守区,可以根据本队的实际能力选用不同阵型,并根据场上不断变化的情况调整战术。

守区出球的阵型和打法主要有以下几种。

(1)快攻

①对方将球打入攻区,本队守门员截球后,传给跑回蓝线内接应的右锋,右锋再给中锋、左锋或左卫、右卫传球,随后发起进攻保护(图 7-20)。

②右卫得球后,给交叉跑位的中锋传球,中锋再给右锋或左

锋队员传球(图 7-21)。

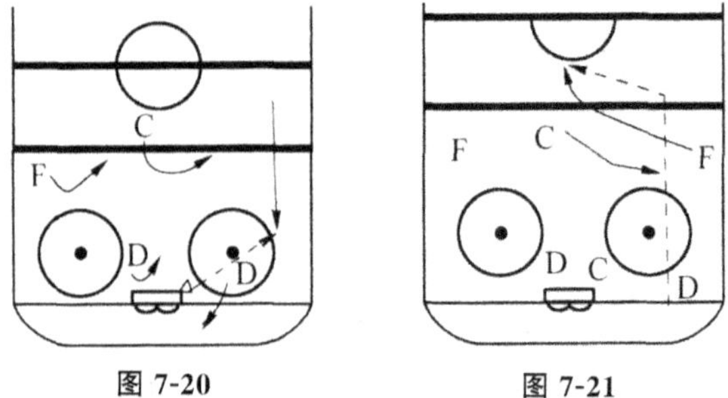

图 7-20　　图 7-21

(2)半控制出守区

如果对方顽强阻截,本方难以快攻时,用半控制出守区的打法更好一些。

①传切接应。左卫抢到球后,绕门将对方摆脱,给争球圈限制线上的左锋传球,左锋回传球,后卫然后从门后滑出接球。中锋和右锋在同一条线上接应,后卫也可以将球漏给中锋和右锋接(图 7-22)。

③利用底板反弹转移,当后卫无法顺利运球过门时,利用界墙反弹将球传给左卫队员。左卫再给前锋传球,前锋带球出守区(图 7-23)。

③右卫抢球后,做好给蓝线外横跑的左锋传球的准备。如不便给左锋传球时,可给后卫传球,右锋跑到空当上接应(图 7-24)。

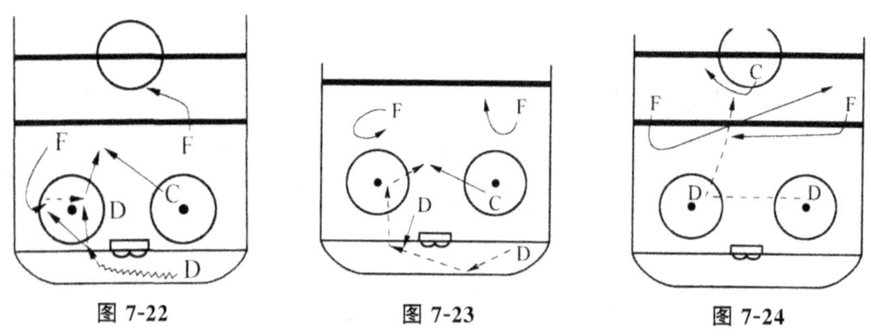

图 7-22　　图 7-23　　图 7-24

(3)控制出守区

①右卫抢球后,如果没人接应,向门后运球。中锋迂回到门

后接球，将球运向界墙角，右卫跟进。中锋可给跑向中路的左边锋传球，也可后留给右卫或自己将球运出守区（图 7-25）。

②右卫到门后控制球，中锋和左卫站在蓝线上，两边锋在红线两边板墙附近。右锋给中锋传球，中锋给跑到攻区蓝线中路的左锋传球或给插上助攻的左卫传球（图 7-26）。

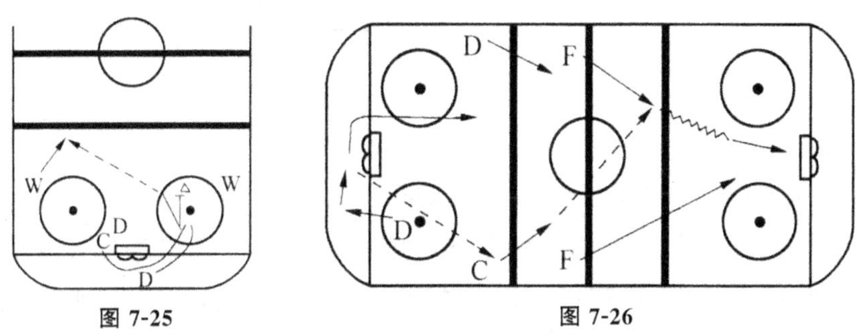

图 7-25　　图 7-26

2.中区进攻

中区进攻打法有以下几种。

(1)出守区之后的进攻

突破守区后，要迅速推进，形成二打一、三打二的有利局面。无球队员要尽可能快速跑动接应，将回追队员甩在后面，争取以多打少的有利时间。

①传切二过一（图 7-27）

进攻队突破蓝线后，以二打一从中区通过。左锋给突前的右锋传球，然后快速直跑接回传球。运球突破攻区蓝线后，从一侧逼近左锋门前，可以射门。

如果防守后卫移动过来而给射门造成压力，则将球横传给左锋打快拍。

②突分二打一（图 7-28）

左锋运球滑向防守后卫，引诱对方抢球，然后分球给右锋，突破打门。

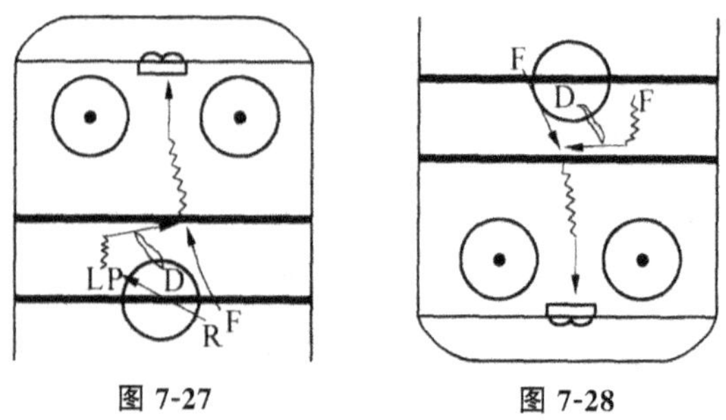

图 7-27　　图 7-28

③交叉二打一(图 7-29)

右锋给横切的左锋传球,左锋向右侧运球。右锋换位向左侧跑。当防守后卫对运球的左锋进行阻截时,左锋后留球给交叉的右锋,并给右锋做前掩护,使其顺利射门。左锋也可通过假动作绕过对方而射门。

④三打二进入中区(图 7-30)

中锋向右边传球,右边突破攻区蓝线,后留球给中锋,或给插向门前的左边锋横传球,左边锋接球射门。

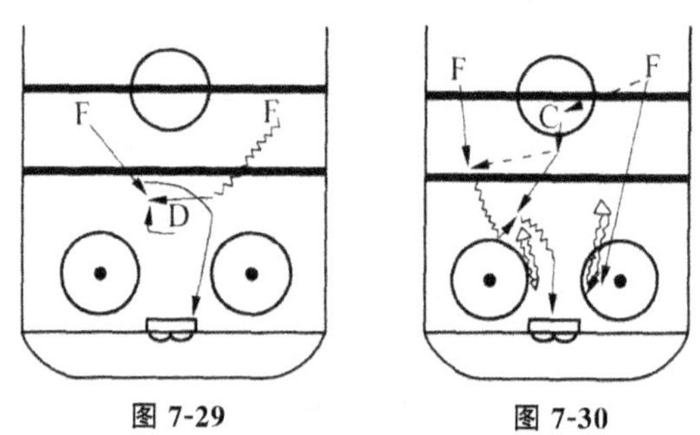

图 7-29　　图 7-30

(2)防守反击

在中区将对方球截断时开始反攻。

①右锋给右卫回传球,右卫给突破到中路空当的左锋传球,中锋与左锋交换位置,右锋对左锋侧掩护,使其顺利进入攻区(图 7-31)。

②中锋给右卫回传球,如果左锋被对方盯住,右卫则给左卫传球,左卫向跑向中路空当的右锋传球,使其进入蓝线(图 7-32)。

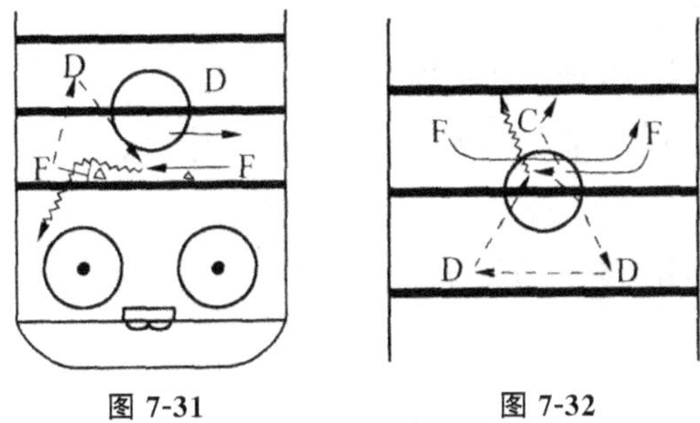

图 7-31　　　　图 7-32

(3)争球之后进攻

①中锋争球给后卫,然后滑回,和后卫平行推进,二打一过对方后卫,给插上的左卫传球,左卫接球后进入蓝线(图 7-33)。

②右卫将球打入左底板,球反弹到边板争球圈附近,右锋快滑进攻区将对方后卫挡住,中锋跟进取球发起进攻(图 7-34)。

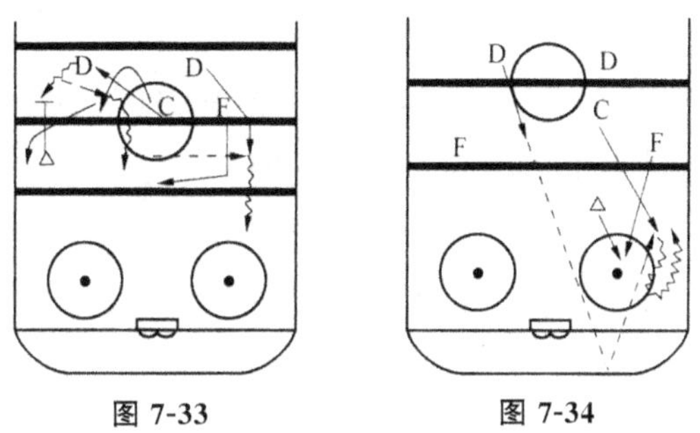

图 7-33　　　　图 7-34

3.攻区进攻

攻区进攻要注意以下要点。

(1)得分是进攻的首要目的。

(2)控制球权,形成局部二打一的有利局面。

(3)通过运球或空切到容易得分的射门区。

(4)安排一名队员将对方守门员视线遮挡住,球反弹后,另一名队员补射。

(5)射门要迅速、准确、巧妙。

刚进入攻区时的进攻如图 7-35 所示,中锋给右锋传球,如右锋不能逼进球门,可采取以下几种打法。

第一，自己射门。

第二，给中锋传球，中锋射门。

第三，给切到门前的左锋传球，左锋射门。

第四，传球给蓝线射门点左卫击球。

第五，利用板墙回传给右卫射门。

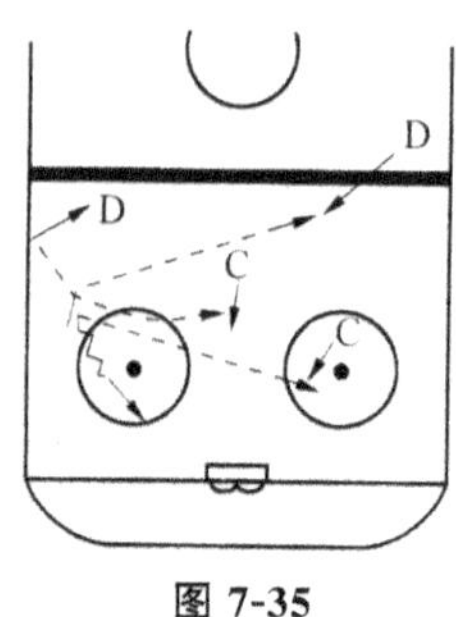

图 7-35

4.多打少战术

多打少战术比较简单，一般是正常出守区，快速通过中区，迅速组织进攻，运球或传球到有利位置射门。

(1)出守区

右卫在板墙得球后，给回守区接应的左锋传球，左锋迂回运球到中路，可以给右锋传球，也可以后留给左卫，左卫再给中锋传球(图 7-36)。

(2)中区进攻

后卫给中锋传球，中锋接球后运球出守区，在蓝线横切并掩护防守队员，为左卫插上扫清道路，中锋给左卫传球，从边线插上进入攻区(图 7-37)。

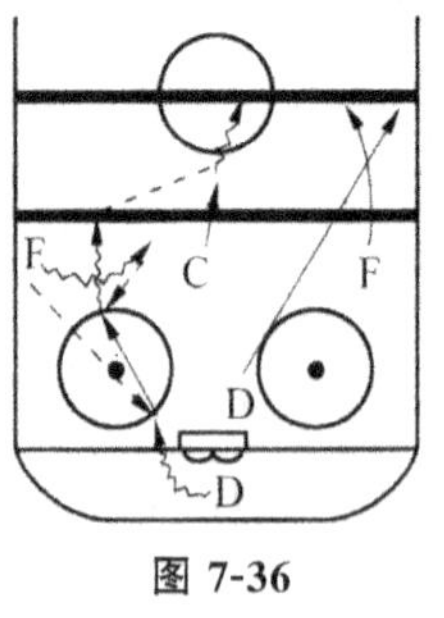

图 7-36

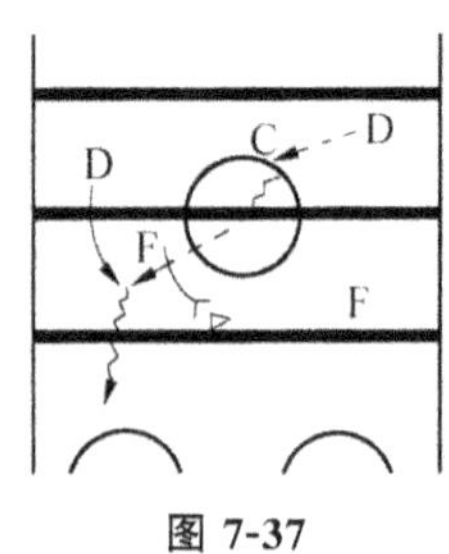

图 7-37

(3)攻区进攻

在攻区进攻要注意控制球权，然后传给后卫击球，前锋垫球，将对方守门员视线挡住，然后横传、快射，提高破门的效率。

①前锋和后卫换到能打快拍的位置。右卫给右锋传球，右锋给中锋或左锋或滑向通道的后卫传球，前锋和后卫也可以射门(图 7-38)。

②换位跟进打门。在图 7-38 基础上，右后卫传球后立即插上接应，引诱对方边锋随他移动。右锋假传球给右卫，而给移动过来的左后卫回传球，如对方不跟，也可传给右卫打门(图 7-39)。

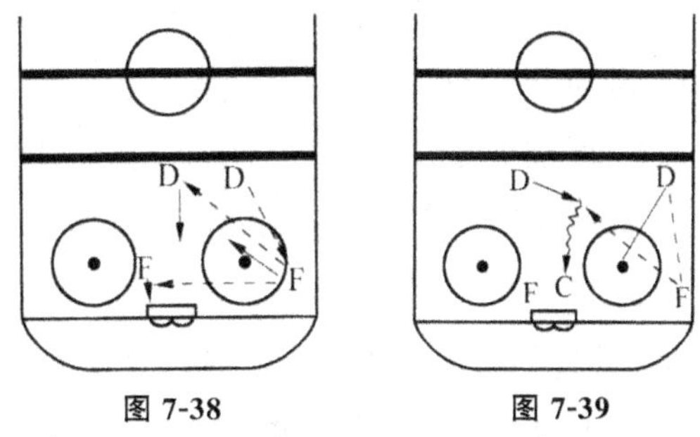

图 7-38　　图 7-39

③中锋给右锋传球，然后滑向对方防守后卫将其挡住，做前掩护，让右锋运球返到门前。这时右锋可射门、给左锋传球、给两个后卫传球，让后卫射门(图 7-40)。

④图 7-41 所示是图 7-40 边角掩护的变化。右边锋运球绕门后从另侧返上，左锋将对方后卫挡住，右锋射门。

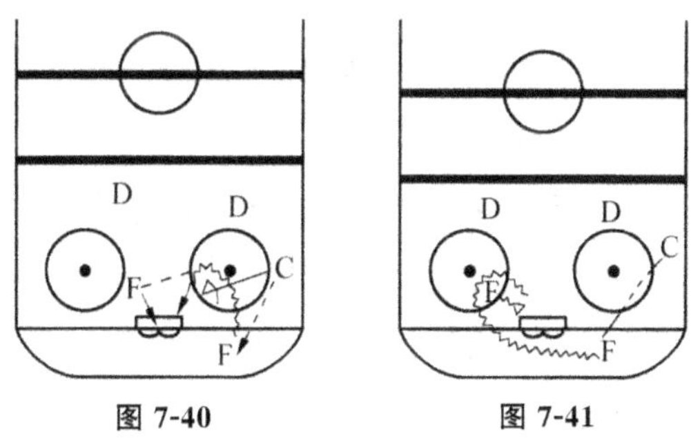

图 7-40　　图 7-41

三、防守战术训练

防守战术是指防守队为了夺得球权或保护自己球门不被对方攻破所采取的手段和某队一失去球权就处于防守状态，防守不是积极地退让，也不是等待进攻，它是有阵型的积极抢截方法。运动员要防守各区域，就要掌握好滑行、冲撞、杆抢球等技巧。

（一）防守战术的原则

（1）根据本队情况和对方特点对防守战术进行设计与运用。

（2）全体队员必须明确要采用什么防守战术。

（3）场上队员必须清楚自己在防守方面的优势与弱势。

（4）场上队员都要参加防守，前锋帮助后卫，后卫帮助守门员，形成最佳防守体系。

（5）运动员应将盯人技术熟练掌握，避免冲撞时撞空而漏人。

（6）在局部最好形成二抢一的优势。

（7）在守区，相应缩小阵型。

（8）不断干扰对方运球，阻止其射门。

（9）尽可能抢有把握抢到的球，不要随便打给对方，而应积极组织进攻。

（10）尽量不要在门前争夺。门前紧迫时，应将球打到边角或制造死球。

（11）门前只有一人时，不得离开门前到边角去纠缠。

（12）交换防守对象时，要默契配合好。

（13）在多打少或对方控制出守区时，采用联防战术。

（14）失去球权后，离球最近的队员果断阻截，其他队员迅速对离自己近的队员盯守，从攻区积极抢截，对对方进攻造成干扰。

（二）防守阵型及打法

下面分析几种常见的防守阵型与打法。

1.前场阻截

(1)1—1 前场阻截战术

如图 7-42 所示,有一名前锋突前抢截是比较可靠的。如果对方强于本队或比分领先并且接近终场时,可采用这种打法。前锋是第一个向前阻截的队员,干扰对方是其主要任务,迫使对方运球或传球失误。如被对方甩掉,另一前锋就要回追对方的另一前锋。两后卫前后排列,选择阻截地点。

(2)1—2 前场阻截战术

如图 7-43 所示,少年、青年队适合采用这种战术。左锋是第一个突前的队员。冲撞对方运球队员是其主要任务。中锋在其后面 5～7 米,如果对方失掉球,可迅速去截球。如果左锋被过,中锋可向前阻截对方。右锋是站在通道上的前锋,他的主要任务是断球和随时准备回防。左卫在蓝线内 3 米处,对对方前锋进行压迫,阻止其将球传出蓝线。右卫在蓝线外防止偷袭。

(3)1—3 前场阻截战术

如图 7-44 所示,两名前锋将对方两名后卫盯住,两名后卫和中锋在攻区蓝线和红线间断截球。

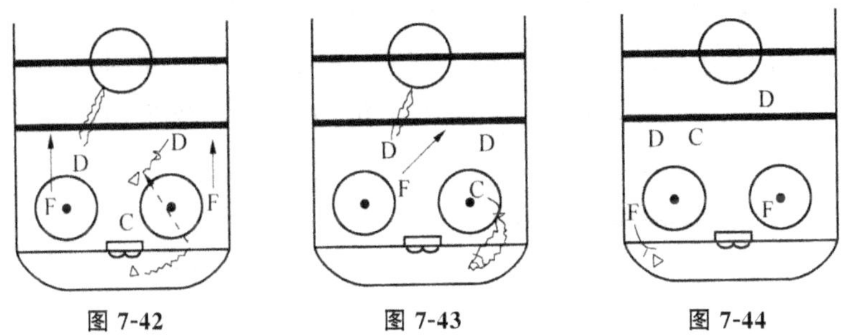

图 7-42　　图 7-43　　图 7-44

2.中区防守

以 2—1 的中区防守为例。如图 7-45 所示,两边锋在进攻队前锋内前 1～3 米。如果对方两名前锋互换位置,守方两前锋不要尾随,而应按自己回防的边线撤回。不管什么时候,后卫只要看到自己的边锋在回追对方运球队员，就要果断合理冲撞对方。这时边锋拿球发起进攻，后卫如撞漏，边锋代替后卫回防门前，另侧后卫从中路回防盯人，实施断球。

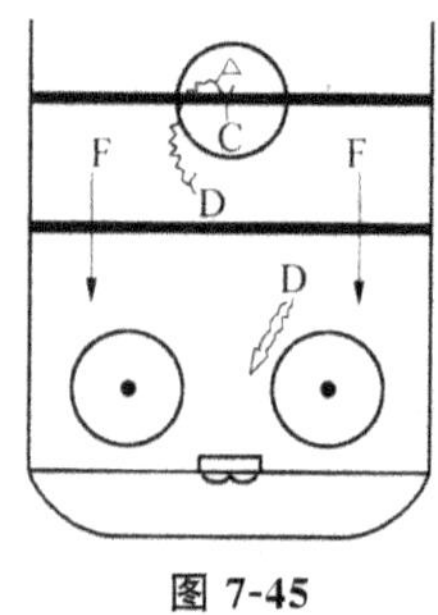

图 7-45

3.守区防守

只要球权由攻方控制，防守方就必须在防守位置上做好防守工作。在遇到一对一、一对二、二对三时，不要以身体冲撞，而应等同队队员追回时，再紧逼盯人或冲撞对方。但不可退离球门太近，到射门有利区时停止退守，阻止对方射门。

(1)守区 3－1 防守

两边锋将对方后卫盯住，两后卫看住对方两边锋。右卫到底线对对方边锋进行阻截，中锋看门前对方中锋，交由本队左锋防守，去补防对方控球边锋，如后卫冲撞成功，中锋就拿球组织快攻(图 7-46)。在这一阵型中，中锋和对角边锋兼防两名对手。

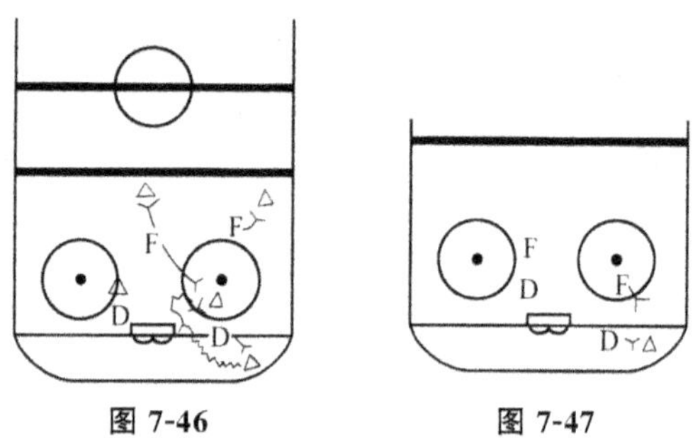

图 7-46　　图 7-47

(2)守区 3－2 防守

右卫下底线阻截，右锋下底线拿球，和后卫形成二抢一局面。

门前左卫和左锋联防，盯住对方有球侧后卫，如果球转移到左侧，左卫和左锋下底线二抢一，右卫和右锋加防门前（图 7-47）。

4.以少防多

(1)挑选上场队员

以少打多战术中，前锋与后卫队员需具备以下条件。

①前锋

第一，选择优秀的阻截能手和争球能手。

第二，拥有较强的滑行能力和判断能力，头脑清晰。

②后卫

第一，体力强壮，将对方从门前逼离。

第二，反应快，分析能力强，空间感好。

第三，能像守门员一样封、挡球。

第四，拥有较强的一对一防守能力。

(2)"三打四"防守

①守区防守

如图 7-48 所示，当对方控球时，常用的是"方形"。四名队员用方形来对球门进行保护，当球门向门前发展时，缩小方形。当对方控制球时，扩大方形。门前是方形防守中最薄弱的地方，球在底线由对角边锋来防守门前。如果守方能保持好方形，一般不易被攻破。在守区抢到球后，方形可随时瓦解。这时守队要及时运球或击球出守区解围，并制造死球。

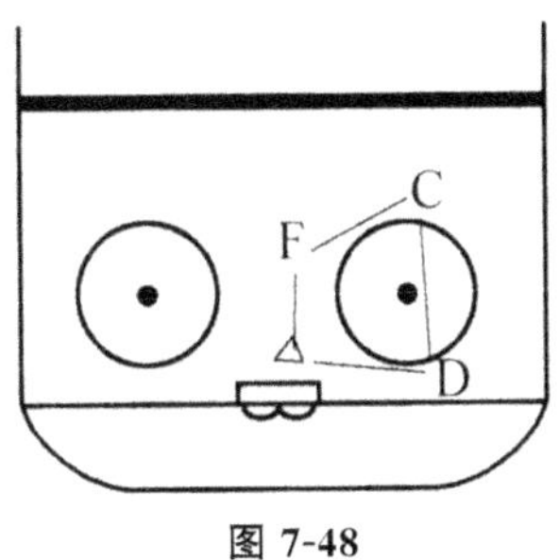

图 7-48

②在中区和攻区防守

守队把球打到攻区底线后,可采用以下两种阵型来阻截。

第一,T形阵。第一名前锋向前阻截,迫使对方传球。第二名前锋对对方接应队员进行阻截,然后第一名前锋撤回中间防守(图7-49)。

第二,紧逼阻截。如果对方控制进攻能力弱,采用紧逼阻截策略能打乱对方阵脚。两名前锋靠近一侧,紧逼对方控球队员,一名后卫靠边板压蓝线,另一名后卫在蓝线和红线之间的中路防守(图7-50)。

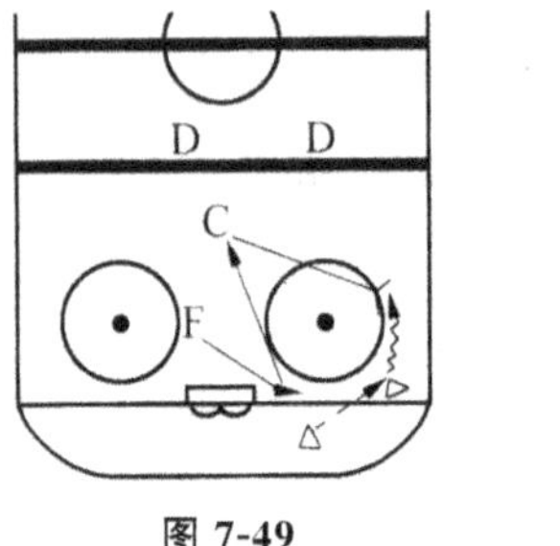

图 7-49

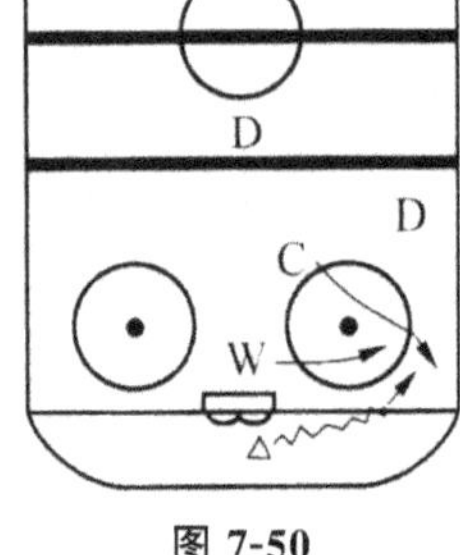

图 7-50

第八章　其他轮滑运动训练研究

随着轮滑运动的发展也逐渐演变出了其他的运动形式以满足人们多样化需求，如自由式轮滑、轮滑游戏等。本章主要就以上轮滑运动的衍生形式的训练进行研究。

第一节　自由式轮滑

一、自由式轮滑概述

（一）自由式轮滑简介

21 世纪，自由式轮滑运动开始传入我国。这一项运动是在音乐节奏下，围绕轮滑桩进行各种花式动作，不会受到场地过多的限制，比较安全，加上其循序渐进的技术体系、时尚的轮滑体验以及表演性强等优点，在各大中城市迅速开展起来。经过近十几年的发展，由于群众基础广大，全球每年都会有各级别自由式轮滑的公开赛，促进了这项运动的发展。

自由式轮滑比赛中，运动员所获得成绩主要是由裁判员根据运动员在比赛场上的临场发挥的具体表现来进行评分，或众选手竞技结果相互比较后，判断名次来进行决定的。

(二)自由式轮滑的种类

目前自由式轮滑世界锦标赛的竞赛项目有：

(1)平地花式绕桩(男子/女子)。

(2)多人花式绕桩。

(3)速度过桩(男子/女子)。

(4)花式刹停。

(5)花式对抗。

(三)自由式轮滑的特点

1.以技巧为主体

自由式轮滑不是机能项目，与田径、游泳、速滑等项目不同，而与跳水、体操、花样滑冰等项目类似。在这个项目中，获得成功依赖正确的技术和动作的难度以及练习的数量。

2.以平衡为基础

自由式轮滑需穿着轮滑鞋在地面上滑动，并在滑动的基础上完成滑行、旋转、跳跃等各种技术动作，因此掌握平衡是完成各类动作的基础。

3.以桩为载体

无论是滑行、旋转还是跳跃，都围绕桩进行，技巧的核心和准确性以及艺术表现都依靠桩体现出来。在编排上，三种不同的桩距给运动员提供了不同层次的表演平台；在音乐上，节奏的演绎也是通过桩来完成。因此，桩是自由式轮滑演绎的载体。

4.以艺术表演为灵魂

这项体育与艺术相结合的运动，不但要有高超的技巧，也必须要有很强的艺术表现力和创造力。编排一套动作是一个创作过程，要有丰富的想象力，才能使一套动作套路清楚地表达出音乐的主题，具有更高的艺术感染力。如果说技术水平是主体，那么艺术水平则是促进技术水平不断发展的灵魂。只有技术动作达到高质量才具有艺术性和竞争性，只有富于创新的编排和艺术表现形式，才能体现自由式轮滑运动的魅力。

5.以创新为动力

自由式轮滑运动是一项刚刚起步的运动，整项运动需要不断思考、不断创新，才能趋于成熟，不断发展。

二、自由式轮滑辅助技术

（一）静态的辅助技术

静态的辅助练习可以帮助练习者拉伸韧带，完成度可以层层递进，进阶完成则为整个动作。

1.内蟹/内蟹步

两脚尖相对，左右脚轮滑鞋的第一个轮子相互靠近，打开踝关节，打开角度越大越好。这个动作是自由式轮滑最基础的动作，对韧带的柔韧性和力量都有要求。

2.蟹步/外蟹步

两脚后跟相对，左右脚轮滑鞋的最后一个轮子相互靠近，打开踝关节，角度越大越好。

3.蟹剪

两脚跟相对，左右脚高低位置，打开踝关节，角度越大越好。

4.鱼形向前

双脚并拢，腰部带动双脚同时沿着桩向前滑动。

5.鱼形向后

双脚并拢，腰部带动双脚同时沿着桩向后滑动。

（二）刹车技术

1.A 字形刹车

适用于在速度较慢的情况下，由双脚向内扣做葫芦步，使两脚成内蟹步，通过轮子与地面的摩擦力，降低速度从而刹车。

2.转身刹车

适用于在中等速度的情况下，双脚外展做外蟹步，同时转身转弯将力分解，从而降低速度。转身刹车对身体的掌控要求比较高，不建议初学者立刻采用。

3.T 字形刹车

这是自由式轮滑里最常见的一种刹车。上身保持直立，右脚在前保持正前方，左脚紧跟右脚的脚后跟，并且和右脚的全脚掌保持 90°，两脚形成一个 T 字形，通过左脚的轮子与地面的摩擦降低速度。反之，左脚在前右脚在后也同样适用。

三、自由式轮滑常用技术

（一）横向平行上下坡

横向平行上下斜坡（图 8-1），是指利用基本的横向平行踏步技术横向跨步上下坡，是初学者常用的上下坡技术，用于较陡或是带波纹横条的不利于滑行的坡面。在上坡时，在坡上的脚先跨；下坡时，在坡下的脚先跨。

（1）双脚平行站立侧对坡面。

（2）左脚往坡上跨步并落地。

(3)重心移到左脚。

(4)右脚收回,重复上述动作。

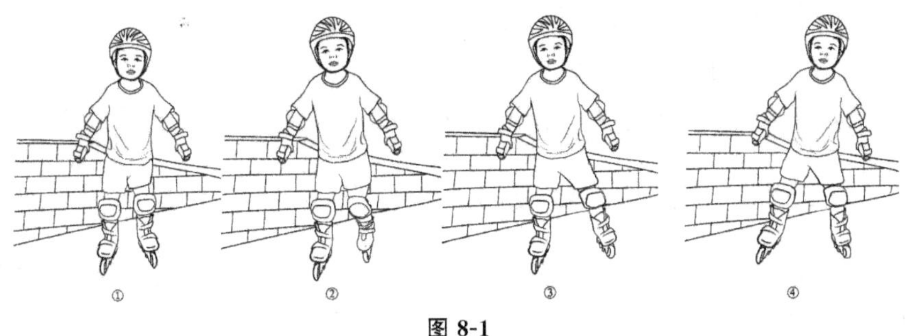

图 8-1

(二)“A”形下斜坡

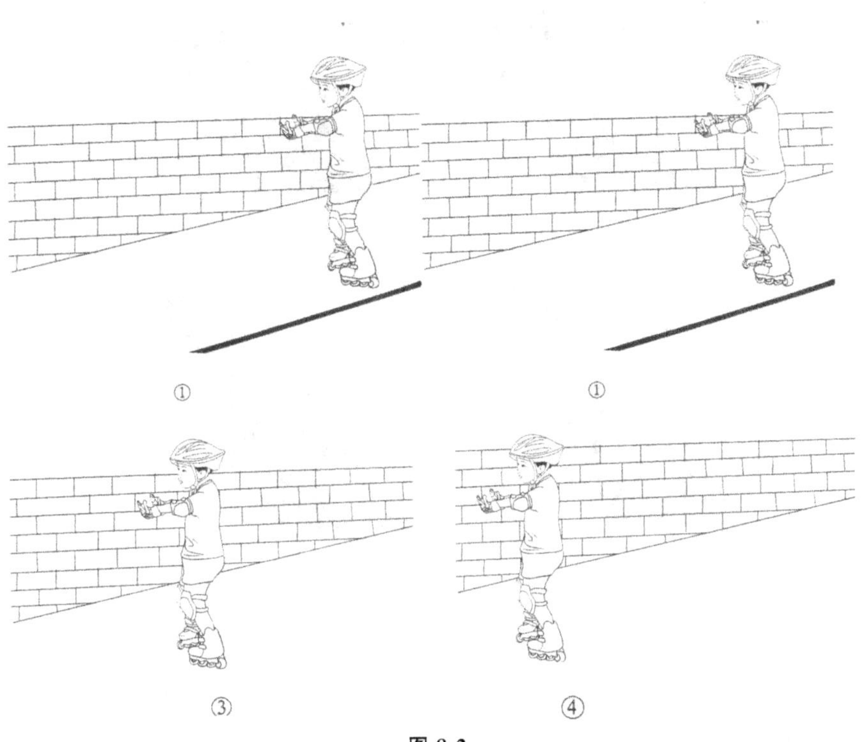

图 8-2

“A”形下斜坡(图 8-2),是指利用双脚站立成内“八”字形与地面产生的摩擦力缓慢下滑。“A”形下斜坡要求对“A”形刹停技术掌握较熟练,并且斜坡不是很长很陡,还要求滑行者在下坡过程中能随时做出“A”形制动。

(1)目视前下方,双手平行抬起。

(2)双手五指分开,掌心朝前。

(3)重心前倾,略微屈膝。

(4)保持“A”形站立,滑行下坡。

(三)滑行通过松软地面

当遇到不同于平坦硬质地面的松软地面时,滑行者需要减速,注意安全。动作如图 8-3 所示。

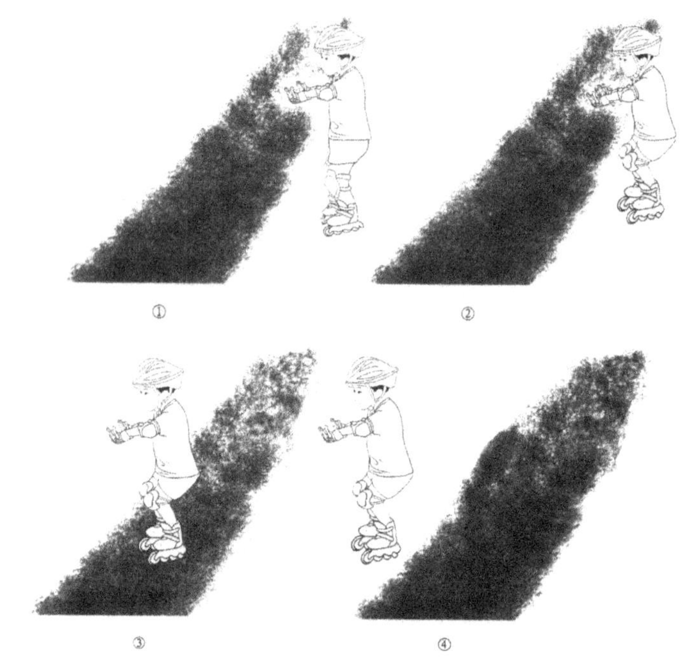

图 8-3

(1)双手五指分开,掌心朝前平抬于胸前,做好自我保护。

(2)在快到松软地面时,应主动屈膝下蹲降低重心,以确保滑行平稳,避免因轮子陷入而摔倒。

(3)刚进入松软地面时,先不要急于蹬收滑行,应保持平行滑行,确定平稳后再做动作。

(4)重心逐渐上提,有利于减轻轮子滑过松软地面时造成的压力,从而轻松滑过。

(四)跳跃式通过不能滑行的地面

跳跃障碍技术(图 8-4)对于大部分障碍物都适用。不过,也要视障碍物的高度和自身能力来决定是否采用。平常可以在草地上或松软的地面进行原地上下跳跃的练习,一点点增加高度,再借助双臂上提的力量,使得跳跃的高度增加。

(1)快到障碍时,主动屈膝下蹲。

(2)至障碍物前,双脚同时往下蹬地,身体主动往上提起。

(3)双脚离地,然后再往上屈腿收膝,腾空通过障碍地面。

(4)落地时主动屈膝缓冲。

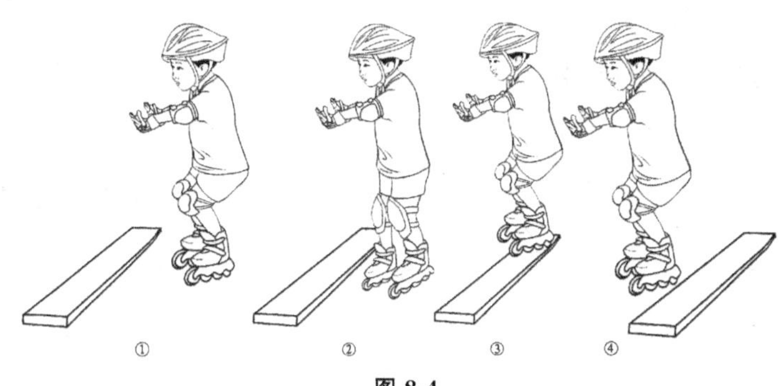

图 8-4

(五)侧向平行制动

图 8-5

侧向平行制动(图 8-5)是一种急停技术,它是由“A”形刹停技术转化而来，滑行者能在直线滑行中，直接横转刹停，快速制动。

(1)平行滑行时屈膝下蹲，双膝内扣。

(2)重心移到左脚，并主动向左侧转身。

(3)身体侧对前方，右脚主动以后脚掌向前下方用力蹬出。

(4)直体成侧内“八”字形站立。

(六)直道加速启动技术

直道加速是指在滑行过程中两只脚以“八”字形分别向侧后方用力蹬地，奋力往前跑，加速滑行(图 8-6)。

(1)以前后外“八”字形屈膝蹲立，主动向前快速摆臂。

(2)以外“八”字形蹬跑。

(3)起跑加速，双脚分别蹬地。

图 8-6

第二节　轮滑游戏

一、轮滑游戏的意义与作用

轮滑游戏是以促进身体健康、增强参与者体质为基本目的，以它特有的内容、情节、形式、规格和要求为活动特点而呈现的一种有组织的现代体育活动。它既可作为一般性身体练习的教学与训练的基本内容,也可作为各项运动的准备活动和身体机能恢复的特殊活动内容,同时还是可以培养广大青少年学生遵守纪律、顽强拼搏、战胜困难、克服一切不利客观条件,发扬团结互助、热爱集体、积极进取等优良道德品质和塑造现代人的美好心灵的一种优化体育手段。

轮滑游戏不仅对全面发展青少年的身体素质有积极作用,而且能激发青少年对轮滑运动的兴趣和热情,培养我国轮滑运动的后备力量,挖掘人才潜能,对发展学生的智力水平和创造性、发挥体育天赋都有重要的意义和作用。

轮滑游戏的内容丰富多彩,富有知识性、技巧性和趣味性,且竞争性较强。其游戏方法简单易行,一学就会,一练就成,很容易激发广大青少年踊跃参加轮滑运动的积极性、自觉性和自愿性。学生通过轮滑游戏的学习,能够提高、改善速度轮滑的技术与奔跑能力。另外,轮滑游戏不受场地限制,所需器材设备简单,便于广泛普及与开展,因此深受广大青少年、儿童的喜爱。

二、轮滑游戏的内容与方法

(一)队列练习

目的与任务:使学生尽快熟悉轮子与地面接触、摩擦的感觉,提高支撑、站立、移位等动作能力。

场地:室内或室外场地上。

游戏方法:按队列口令在场地上做队列练习,如立正、稍息、向右转、向后转、踏步走和各种队形变换。

规则与要求:队列、队形要整齐,变换队形要迅速准确,口令清晰,学生的情绪饱满、精力充沛。

(二)喊数小集体抱团

目的与任务:提高学生的反应和滑行能力,发扬小团体的合作精神。

场地：不限。

游戏方法：学生在正常滑走时，老师突然喊一句“两个人一伙抱团”，即两个人迅速抱成一团；喊“5个人一伙抱团”，即5个人迅速抱成一团。抱团时学生不能分离或摔倒，摔倒或抱团人数多于或少于所喊的数即为失败，谁找不到团伙抱团也为失败。

规则与要求：失败者要受罚。例如，为同学们唱一首歌或学动物叫，还可做一个有趣的滑稽动作。

（三）列车行走

目的与任务：尽快熟悉轮滑鞋，有助于提高学生踝关节对地面支撑和快速行走的能力。

场地与器材：最好在轮滑场地直道上进行。

游戏方法：将学生的班级人数分成相等的两队，两列纵队站好，两队之间相隔2米。每个纵队的后者扯前者的衣服或扶腰、肩，小步伐滑进，同队齐喊“一二、一二”的口令，使动作协调一致。先滑到终点的队伍即为优胜队。

规则与要求：

（1）距离起点、终点50～60米，纵队队形不能脱节，否则判为失败。比赛可进行1次，也可采用三局二胜制。

（2）停止游戏时最好用内八字停止法。该游戏在课堂快结束时进行较为合适。

（四）定距交换实心球

目的与任务：提高学生的起跑和急停能力。

场地与器材：在直道上进行，实心球不能少于4个。

游戏方法：把全班人数分成几组，人数相等。听到信号后，每组排头持实心球起跑，在规定距离的标志圈内急停交换实心球，滑回后，将球传给第二个人，依次进行，先滑跑结束组为优胜队。

规则与要求：两队在游戏进行中，队员始终持球，在传球过程中不能抛球或投球,否则视为犯规。要求起跑快,急停稳,传递球时要准确(图 8-7)。

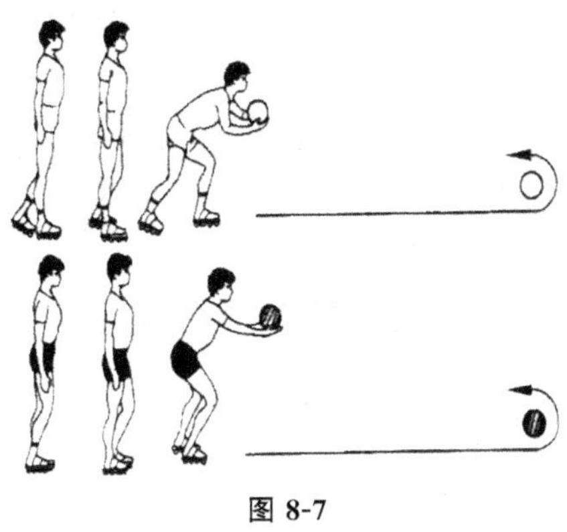

图 8-7

(五)看谁滑得远

目的与任务:提高学生惯性滑行和支撑平衡的能力。

场地:在轮滑场直道上进行。

游戏方法:

(1)直立滑行比远。把全班人数分成几个横排,若干人排站在起点线上。听到口令后,第一排学生迅速助跑 3～5 步后,从滑行标志线开始并脚直立支撑滑进,看谁身体不斜且滑行得远。

(2)蹲下滑比远。方法同上,助跑后两脚并拢,可蹲抱膝或不抱膝滑进。

(3)燕式平衡滑远。方法同上,助跑后做燕式平衡滑进,两人手拉手做也可以。

(4)单脚平衡滑远。方法同上,助跑后单脚支撑滑进。

(5)单脚倒出滑远。方法同上,助跑后一只脚支撑,另一只脚倒着滑进。

(六)长龙滑跑

目的与任务:发展学生下肢力量,改进滑与蹬的动作,提高滑行水平,培养学生的协调素质和集体主义精神。

场地:在轮滑场直道上进行。

游戏方法：将全班人员分成两列人数相等的纵队，滑行技术较好的学生为排头，两个纵队相距 2 米，每组后者拉住前者的衣服或扶腰。学生听到口令后出发，在滑跑时每个人相当于一节车厢，不能脱节，而且每组成员同喊“一二、一二”的口令，使动作协调一致，看哪队不脱节，先滑到终点者为优胜队（图 8-8）。

图 8-8

规则与要求：

（1）滑行技术好的学生应站在排头或排尾位置，技术不好的学生站在队伍中间。

（2）在滑跑时不能脱节，如有脱节应马上追上，追不上者为失败。这个游戏最好在课堂结束时进行。

（七）老鹰抓小鸡

目的与任务：培养学生的灵敏性和灵活性，提高滑行能力。

场地：最好在轮滑场地的中心进行。

游戏方法：把人数分成若干小组，每组成一路纵队；纵队后者拉住前者的衣服或扶前者的腰、肩部，排头学生为“母鸡”，另选一人为“老鹰”。老师发出口令，“老鹰”向“鸡群”扑去，“母鸡”张开胳膊阻拦“老鹰”，保护“小鸡”，“老鹰”左右盘旋滑行，使“母鸡”防不胜防。“老鹰”拍或抓到一个“小鸡”或“小鸡”队列突然中断，都算“小鸡”失败。最后选失败的“小鸡”充当“老鹰”或选另一人担任“老鹰”（图 8-9）。

图 8-9

规则与要求：

(1)“老鹰”和“小鸡”听到口令后起动滑行跑。

(2)“小鸡”的队伍中断就算“小鸡”失败，另选一人担任“老鹰”。

(八)过长江，过黄河

目的与任务：提高练习者的反应能力，提高起动、急停转弯和快速滑跑的能力。

场地与器材：在场地上画 4 条线，每两条线相距 5～8 米。

游戏方法：把全班人分成两个横排，面对面相距两米站好。教师先明确一个队为长江队，另一个队为黄河队。当老师喊“长江队”时，长江队队员应迅速转体滑跑到端线，黄河队队员则马上追拍长江队队员，如果黄河队队员追拍到一名长江队队员，则黄河队得 1 分。为了使失败队提高滑行水平，在游戏结束后，可给失败队一个小小的惩罚，如从长江队队员被追拍到的地方，轻轻揪着失败队队员的耳朵滑回原处(图 8-10)。

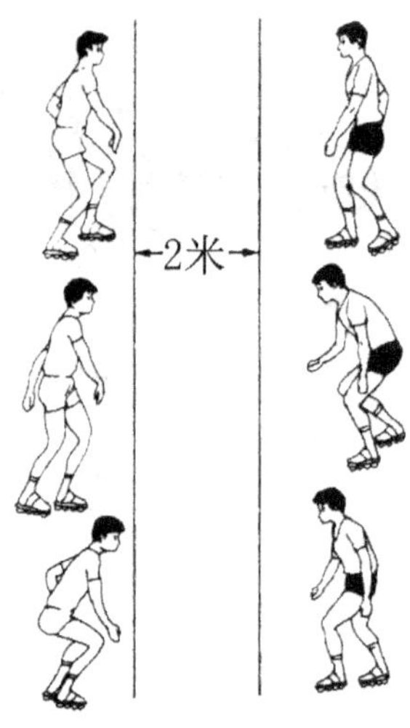

图 8-10

规则与要求：

(1)未喊口令就起动，则不论是追赶队或逃跑队都视为犯规。

(2)只要在端线内拍中 1 名队员即得 1 分。

(3)在端线外拍中不得分。

(九)地面滚传球接力

目的与任务：提高学生的快速反应和起跑能力，培养学生的集体主义精神。

场地：场地大小不限，球若干个(没有球可用其他物体代替)。

游戏准备：将全班学生分成人数相等的两列纵队，两队之间相距 2～3 米。两个纵队的学生站好，上体前倾，两腿自然分开 1 米左右(比肩稍宽)。

游戏方法：当老师喊“开始”时，球从排头队员两腿之间的地面上甩滚到排尾，当滚到排尾时，排尾的学生应马上接迎抱球，并迅速滑跑到排头前面站好，两腿叉开，继续向排尾地面甩滚球，按上述顺序依次进行，直至排头滚完为止，先滚完的队即为优胜队(图 8-11)。

图 8-11

规则与要求:如果有球从某人脚旁边甩出界外或滚到外面时,应迅速捡回球,再从原地某人两脚分开的地方往后甩滚到排尾,如不按规则进行即为犯规。

(十)轮滑手球赛

目的与任务:

(1)发展灵敏素质,提高支撑、平衡、转弯滑跑、急停等能力。

(2)培养集体主义合作精神。

场地与器材:轮滑场地中心,球 1 个。

游戏与方法:把全班同学分成两个人数相等的大组,双方在场地中心争球,争球时不得跳起,射门多的组即为优胜队。在场上按一定距离分设两个球门,没有门可采用其他物体来代替(图 8-12)。

图 8-12

规则与要求：不许有打、拉、绊、推人或踢球动作，违者罚出场外，可设守门员1名。比赛中队员可以使用抱球、传球、跑滑拍球过人躲闪等技术。射门得分，进1球得1分。若违反规则，由对方发任意球。

(十一)地面拍球接力赛

目的与任务：可提高腿和手协调配合滑行的能力。

场地与器材：场地大小均可，球两个。

游戏方法：把全班学生分成两列人数相等的纵队，两个排头学生之间相距2～4米。当老师喊"开始"口令时，先由排头开始迅速滑跑拍球。滑拍到前方标志杆时，转弯继续拍球回滑到终点；第二个人继续滑跑拍球。按上面的要求，以下各队员依次进行，直至全队滑跑拍球接力完毕为止，先拍球滑完全程的队即为优胜队(图8-13)。

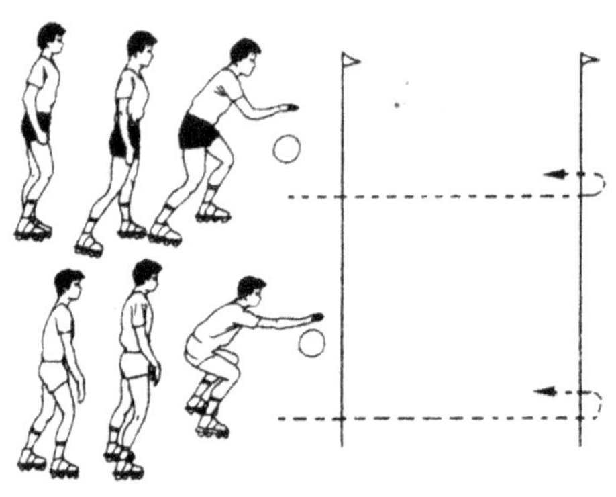

图 8-13

规则与要求：任何一组队员都应连续不断地在滑行中拍球，不得抱球滑走或抛球滑跑，违者犯规，取消游戏资格。

(十二)双人滑跑接力

目的与任务：提高滑行配合能力与协调关系。

场地：在直道滑跑场地上进行，一般距离30～50米。

游戏方法：将全班学生分成两列人数相等的纵队，每队两个为一组；分成若干小组。两人手经胸前交叉并互相握好(类似花样滑冰双人握法）。听到老师喊“开始滑”的口令，第一排头小组迅速起动滑跑，滑到指定的标志杆再转头滑回到终点，第二个小组开始接着滑跑，依次进行，直至全队滑完，先滑完全程的队伍即为优胜队，也可以采用其他双人滑跑的方式进行（图 8-14）。

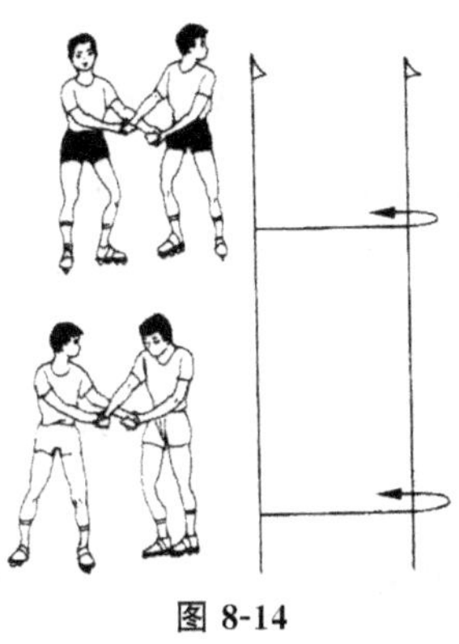

图 8-14

规则与要求：

（1）接力时要用拍手接力法。

（2）以三局两胜制决定胜负。

（十三）螺旋形滑跑接力

目的与任务：改进弯道滑行技术，提高左脚支撑和右腿蹬展的技巧。

场地：在轮滑场地中心，在场地上画两个半径为 8～10 米的圆圈。

游戏方法：把全班学生分成两个人数相等的队。两组排头同时迅速沿着逆时针方向开始螺旋形滑跑压步，滑到第二个圆圈时，用拍手接力法，第二人按第一人路线接着滑，下个队员依次进行直至全队滑完为止，先滑完全程的队伍即为优胜队。

规则与要求：

（1）如果弯道压步做不好，可做左脚支撑、右脚连续蹬展腿动作。

（2）根据场地条件，可分几组或一组进行，用秒表计时来判定胜负队。

(十四)倒滑接力赛

目的与任务:培养学生的倒滑能力,增强倒滑支撑平衡及协调能力。

场地:在轮滑场直道上进行。

游戏方法:将全班学生分成人数相等的两队,两队之间相隔 3 米左右,每队再分成两组,同队的两组面对面站在相距 20～30 米的两条起点线后,每组排头学生做背向滑跑的预备姿势。听到老师的“开始”口令后,一组排头立即开始倒滑,滑到对组起点线后,同对组排头拍手接力:对组排头随即倒滑,全队都滑过一次后,先滑完的队为优胜队(图 8-15)。

图 8-15

规则与要求:

(1)倒滑过程中,身体稍向前倾,以防向后跌倒。

(2)倒滑时,要时刻向后观察,力求保持路线正直和避免碰撞。

(3)如在滑行过程中跌倒,必须马上站起来继续滑行。

(十五)大拉网捞鱼游戏

目的与任务:提高急转快速滑行的技术,培养学生统一行动、听从指挥的集体主义精神。

场地与器材:轮滑场地,放两个标志物代替大门,场地中心画一个争球点,篮球、排球、足球、手球任选一个。

游戏方法：将全班学生分成人数相等的两大组，每组队员的滑行实力接近。老师做地滚传球比赛的主裁判。每队一人来到争球点争球，用球向下抛地的动作争球，然后两队队员用手拨球。比赛中，不得用轮滑鞋踢球，避免发生伤害事故；不设守门员；队员用手将球拨入对方大门，进球多的队为优胜队（图 8-16）。

图 8-16

规则与要求：比赛队员不能用轮滑鞋踢球，在拨球时不能用手触及对方队员的身体，否则视情节轻重合理判罚，轻罚对方发球，重罚出场休息 2 分钟。队员要遵守规则，公平竞争，争取优胜。

（十六）全程分段滑跑接力

目的与任务：有助于提高全程滑跑能力，培养比赛对抗的竞争意识。

场地：在轮滑场直道上进行。

游戏方法：均匀地把人员分成两组，可根据场地分配接力区距离。例如，全程周长 200 米，每隔 100 米站 1 人。听到开始信号后，排头起跑，用互相推接触或拍手传递的方法接力，先滑跑完全程的队为优胜队。

规则与要求：如果前面接力队员滑跑摔倒时，接力人可前去拍手接力，没拍手为犯规。

(十七)单脚支撑滑圈比远

目的与任务:提高单脚切圆滑行、支撑平衡的基本能力,培养变道单脚超越过人的能力。

场地与器材:在场地上画 1 个半径为 6～9 米的圆圈,圆圈线最好为红色实线,在圈上摆 4 个标志块。在第一标志块处画一条长 1 米的起点线,在两条直道与第一标志块间画一条延长 10 米左右的助跑线。

游戏方法:把全班学生分为人数相等的两队,也可两人一组进行分组赛。各组参赛的两名队员要比单脚划圈的长度,滑行远者为本队得 1 分,得分多的队为优胜队。可先用左脚滑进,第二轮再换另一脚支撑滑行,不能双脚支撑滑行(图 8-17)。

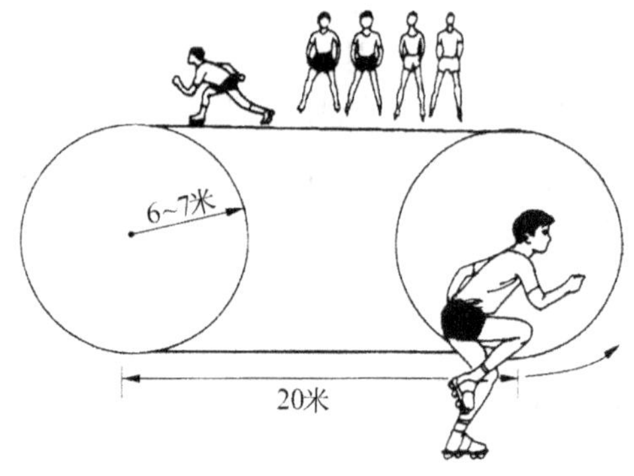

图 8-17

规则与要求:单脚滑进时,轮滑鞋不能接触标志物,否则视为犯规。手可触及地面,保持身体平衡。滑行助跑速度要快,身体姿势要平稳。

(十八)轮滑起跑比快

目的与任务:锻炼学生的反应速度、协调等素质,提高学生直道滑跑的基本能力。

场地与器材:在轮滑场地直道上进行,起点线与终点线相距 30～50 米。秒表 1 块。

游戏方法:听到口令后统一起跑滑行,同时开动秒表。可分组进行，从起点开始至终点止，以计时方法决定胜负。

(十九)推人比滑远

目的与任务：提高快速滑行的技术水平，发扬同学之间相互配合的精神。

场地：在轮滑直道上进行。

游戏方法：把全班学生分成人数相等的两组。每组第一名队员站在起跑线上，老师发出口令后开始，第一组队员助跑推人滑行，到分界线处推人起立，蹲下的人惯性往前双脚并拢滑行，看哪组蹲下人滑得远。

规则与要求：第一组进行完，再轮第二组，两人交换位置，一推一蹲(图 8-18)。

图 8-18

参考文献

[1]王合霞.轮滑技巧[M].北京:中国社会出版社,2010.

[2]王延光.轮滑[M].长春:吉林文史出版社,2014.

[3]谢向阳,潘明亮.轮滑运动[M].广州:华南理工大学出版社,2012.

[4]付进学,李瑶章.轮滑快速入门不求人[M].北京:北京体育大学出版社,1997.

[5]李爱君.超图解学轮滑[M].北京:北京理工大学出版社,2014.

[6]陈晨.自由式轮滑教程[M].北京:高等教育出版社,2014.

[7]刘聪.大众轮滑的社会价值探讨[J].哈尔滨体育学院学报,2010(28).

[8]胡芳.研究轮滑文化及其社会价值[J].文体用品与科技,2013(04).

[9]邢宝萍.论大众轮滑在后奥运时代的社会价值[J].运动,2010(8).

[10]张瑞林.健身健美[M].北京:高等教育出版社,2005.

[11]秦吉宏.我国轮滑运动现状与发展战略研究[D].北京体育大学,2007.

[12]王永为.影响我国速度轮滑运动发展的因素及对策研究[D].北京体育大学,2006.

[13]张远辉.石家庄市区少儿轮滑俱乐部现状研究[D].河北师范大学,2013.

[14]宋侹颋.上海市八所高校直排轮滑运动开展现状及对策

研究[D].华东师范大学,2009.

[15]杨世勇.体能训练[M].北京:人民体育出版社,2012.

[16]谭成清,李艳翎.体能训练[M].长沙:湖南师范大学出版社,2012.

[17]周家颖,李山.体能训练教程[M].北京:北京体育大学出版社,2015.

[18]孙显墀,孙一,蒙猛.速度轮滑运动技术与训练[M].北京:人民体育出版社,2015.